똑똑

똑똑한 독해 똑똑!

초등
한자 어휘

3단계 | 나무

초등 3·4학년

STAFF

발행인 정선욱
퍼블리싱 총괄 남형주
기획·개발 조비호 김태원 김한길 신영한 김성준 김정희 육인선 민소희
디자인·마케팅 김정인 김라니 차혜린
제작·유통 서준성 신성철

똑똑 초등 한자 어휘 3단계 나무 202307 제1판 1쇄

펴낸곳	이투스에듀(주) 서울시 서초구 남부순환로 2547
전화	1599-3225
등록번호	제2007-000035호
ISBN	979-11-389-1760-5 [63700]

초등 한자 어휘

생일 生日   학생 學生

형제 兄弟   일이삼사오
—二三四五

우리말 중 한자어가 절반 가량을 차지한다는 사실을 아시나요?

사물의 이름을 나타내는 단어인 명사만 보면 한자어가 70~80%를 차지한다고 해요.

그렇기 때문에 한자어를 모르면 우리말 단어 또한 제대로 알기 어렵고

'글을 읽고 내용을 정확히 이해하고 판단하는 능력'인 문해력을 기르기도 어렵겠죠.

문해력을 기르려면 한자 어휘 공부를 시작하세요!

한 편의 글을 정확히 이해하려면, 어휘의 의미를 아는 게 우선입니다.

똑똑 초등 한자 어휘 시리즈는

'한자 어휘 – 문장 – 글'의 단계적 학습으로

어휘의 의미와 쓰임새를 배울 수 있고,

다양한 문제 풀이와 쓰기 활동을 통해

문해력을 기르는 데 도움을 주는 훈련서입니다.

이 책의 구성과 특징

똑독 초등 한자 어휘 3단계 나무편

본문

1 주제별 한자

주제별로 묶은 한자의 뜻과 소리를 배우고, 직접 써 보며 익힐 수 있어요.

2 한자 유래

한자의 유래를 통해 한자를 쉽고 재미있게 학습할 수 있어요.

1 한자 어휘

앞에서 배운 한자가 쓰인 어휘를 한눈에 확인할 수 있어요.

2 어휘의 뜻

한자 어휘가 어떤 뜻을 가졌는지 알 수 있어요.

1단계 낱말 알아보기

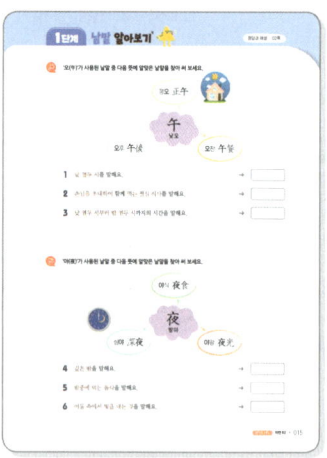

2단계 문제 풀기

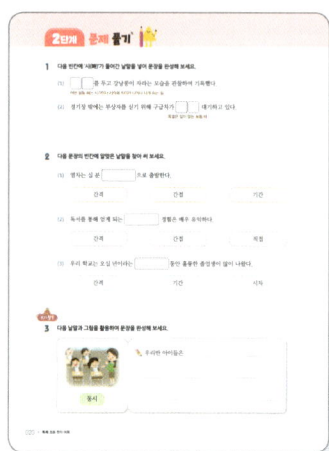

1 문제 풀이

한자 어휘의 쓰임을 파악하는 문제를 풀며 문장 이해력을 높일 수 있어요.

2 쓰기 활동

한자 어휘를 활용하여 문장을 써 보는 쓰기 활동을 하며 글쓰기 능력을 기를 수 있어요.

3단계 글로 익히기

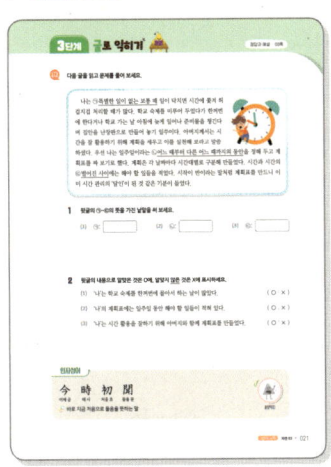

① 글 읽기
한자 어휘가 사용된 다양한 분야의
글을 읽을 수 있어요.

② 어휘의 뜻
글에 쓰인 어휘의 뜻을 보고
어휘의 의미를 되새길 수 있어요.

③ 문제 풀이
문제를 풀며 글의 내용을 이해하는
이해력과 문제 해결 능력을 기를 수 있어요.

④ 한자성어
한자 어휘와 관련 있는 한자성어를 배울
수 있어요.

⑤ 붙임딱지
하루 공부가 끝날 때마다 붙임딱지를
붙여 마무리할 수 있어요.

정답과 해설

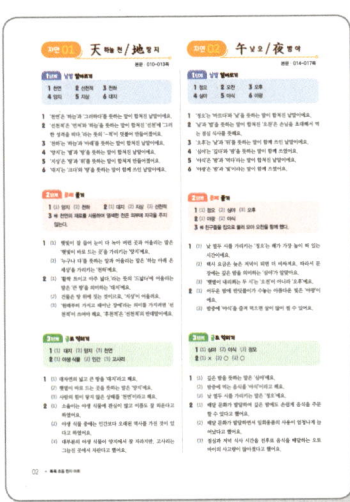

- 한자 어휘가 어떤 뜻을 가졌는지 한눈에 확인할
  수 있어요.
- '문제 풀기'와 '글로 익히기'의 정답을 확인하고
  정답인 이유를 쉽게 알 수 있어요.

워크북

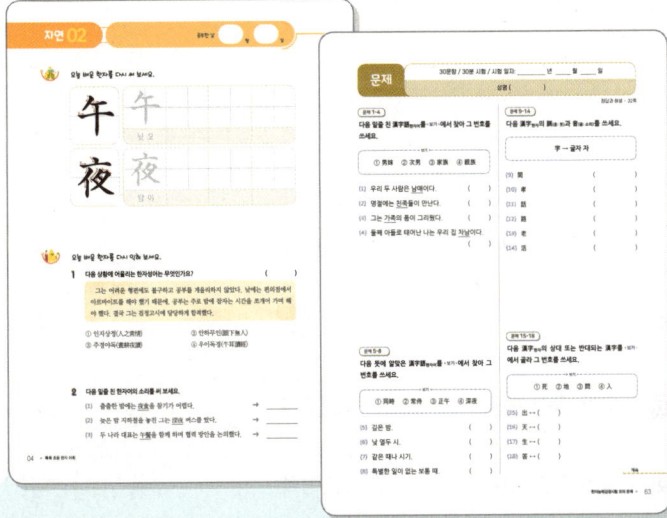

① 한자 쓰기
한자를 쓰는 순서를 배우고 직접 써 보며
해당 한자를 완벽하게 외울 수 있어요.

② 문제 풀이
다양한 문제를 풀며 앞에서 배운
한자 어휘를 다시 한번 확인할 수 있어요.

③ 한자능력검정시험 모의 문제
한자능력검정시험 모의 문제를 풀며
시험에 대비할 수 있어요.

이 책의 차례

자연

방향

생활

똑똑 초등 한자 어휘
어떻게 공부할까요?

1

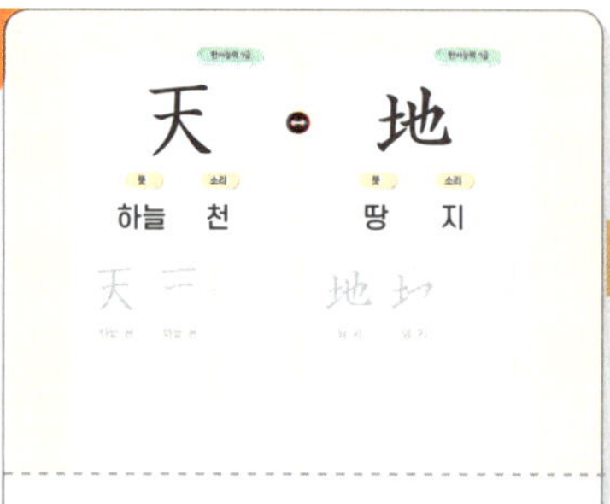

天 · 地
하늘 천   땅 지

한자어의 뜻과 소리를 배우고 직접 써 봐요.

2

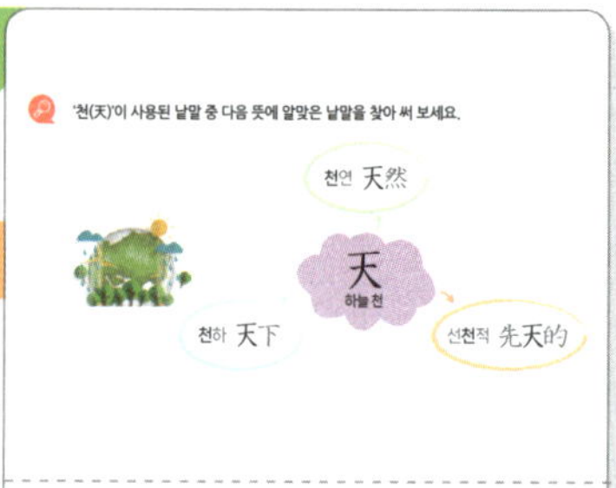

'천(天)'이 사용된 낱말 중 다음 뜻에 알맞은 낱말을 찾아 써 보세요.

천연 天然
천하 天下
天 하늘 천
선천적 先天的

한자어가 사용된 낱말을 확인해 봐요.

3

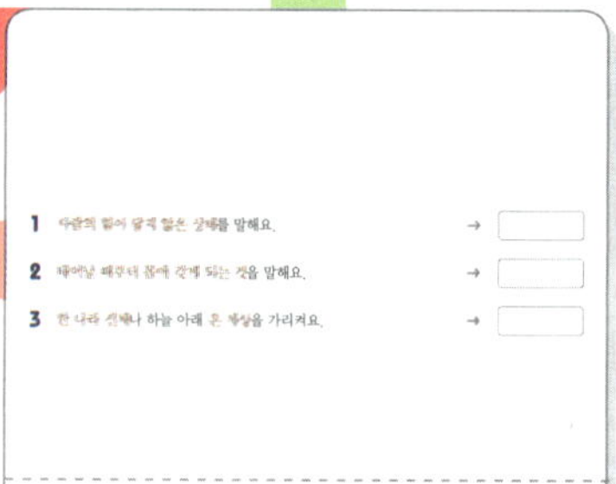

낱말의 뜻을 보고 어떤 낱말인지 알아봐요.

4

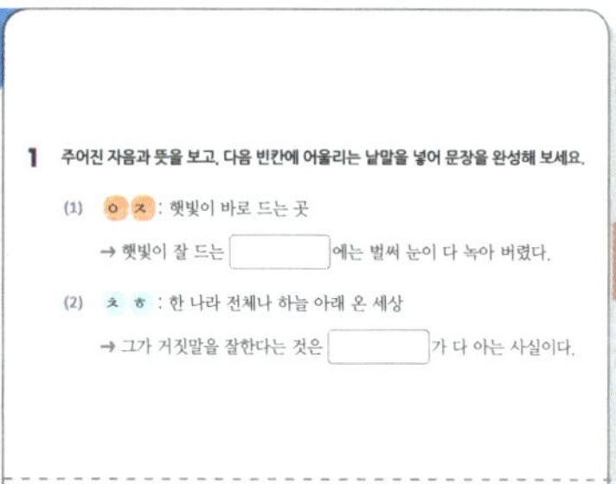

1 주어진 자음과 뜻을 보고, 다음 빈칸에 어울리는 낱말을 넣어 문장을 완성해 보세요.

문장 속 한자 어휘의 의미를 파악하는 문제를 풀어 봐요.

5

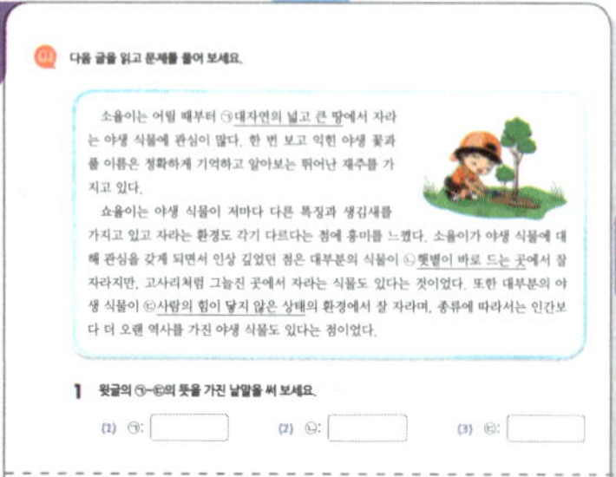

다음 글을 읽고 문제를 풀어 보세요.

글을 읽으며 낱말의 뜻을 확인하고 문제를 풀어 봐요.

6

워크북

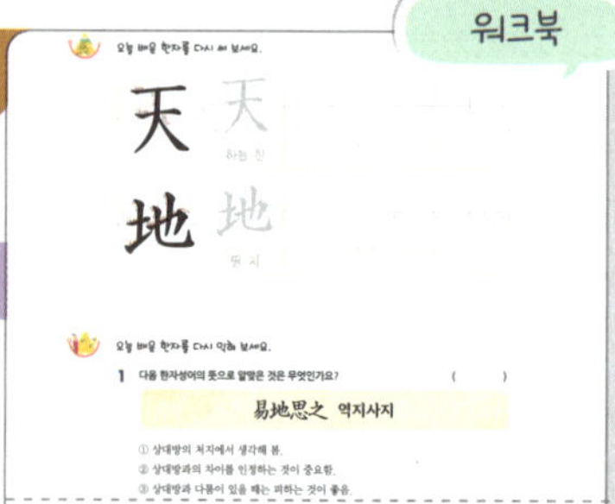

天 天
地 地

배운 한자의 획순을 확인하며 써 보고 다양한 문제를 풀며 한자 어휘를 완벽하게 익혀 봐요.

자연

한자능력 7급

한자능력 7급

天 ↔ 地

뜻	소리
하늘	천

뜻	소리
땅	지

天   二

하늘 천   하늘 천

地   土也

땅 지   땅 지

 → 呆 → 天

💡 天은 사람의 머리 위에 하늘이 있다는 뜻으로, 원래는 사람 모양 위에 하늘을 뜻하는 동그라미를 그렸지만, 나중에는 단순히 획을 긋는 것으로 바뀌었어.

 → 地 → 地

💡 地는 흙을 뜻하는 글자와 물을 담는 주전자 모양의 글자를 결합하여 만든 것으로, 흙과 물이 있는 땅을 표현한 한자야.

🔍 '천(天)'이 사용된 낱말 중 다음 뜻에 알맞은 낱말을 찾아 써 보세요.

천연 天然

天
하늘 천

천하 天下

선천적 先天的

1 사람의 힘이 닿지 않은 상태를 말해요. → ☐

2 태어날 때부터 몸에 갖게 되는 것을 말해요. → ☐

3 한 나라 전체나 하늘 아래 온 세상을 가리켜요. → ☐

🚩 '지(地)'가 사용된 낱말 중 다음 뜻에 알맞은 낱말을 찾아 써 보세요.

지상 地上

地
땅 지

대지 大地

양지 陽地

4 햇볕이 바로 드는 곳을 말해요. → ☐

5 땅의 위 또는 이 세상을 가리켜요. → ☐

6 대자연의 넓고 큰 땅을 뜻하는 말이에요. → ☐

1 주어진 자음과 뜻을 보고, 다음 빈칸에 어울리는 낱말을 넣어 문장을 완성해 보세요.

(1) ㅇ ㅈ : 햇빛이 바로 드는 곳

→ 햇빛이 잘 드는 [　　　　　]에는 벌써 눈이 다 녹아 버렸다.

(2) ㅊ ㅎ : 한 나라 전체나 하늘 아래 온 세상

→ 그가 거짓말을 잘한다는 것은 [　　　　　]가 다 아는 사실이다.

2 다음 문장에 어울리는 낱말을 골라 ○표 하세요.

(1) 드넓은 (대지 / 천연)에 촉촉이 비가 내린다.

(2) 우뚝 솟은 이 건물은 (지상 / 지하)에서 가장 높은 건축물이다.

(3) 장애는 (선천적 / 후천적)으로 타고나는 것만 있는 것이 아니다.

쓰기 활동

3 다음 낱말과 그림을 활용하여 문장을 완성해 보세요.

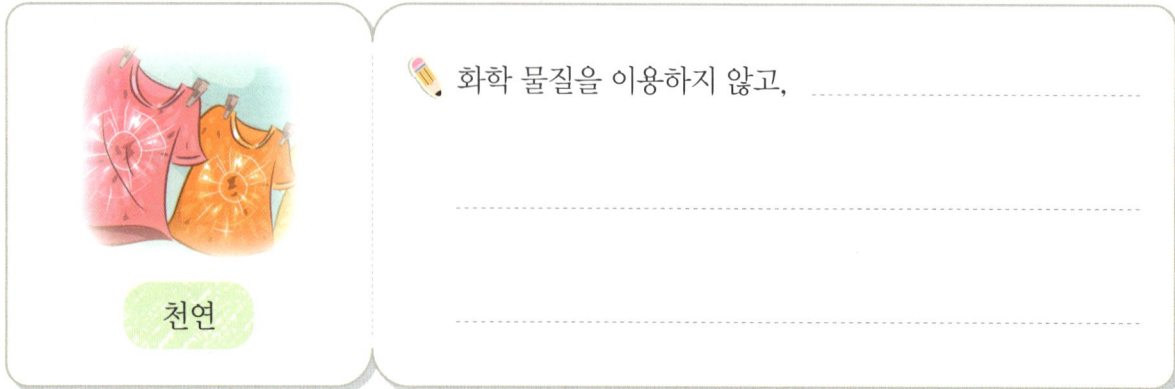

천연

✏️ 화학 물질을 이용하지 않고, ...

....

....

다음 글을 읽고 문제를 풀어 보세요.

소율이는 어릴 때부터 ㉠대자연의 넓고 큰 땅에서 자라는 야생 식물에 관심이 많다. 한 번 보고 익힌 야생 꽃과 풀 이름은 정확하게 기억하고 알아보는 뛰어난 재주를 가지고 있다.

쇼율이는 야생 식물이 저마다 다른 특징과 생김새를 가지고 있고 자라는 환경도 각기 다르다는 점에 흥미를 느꼈다. 소율이가 야생 식물에 대해 관심을 갖게 되면서 인상 깊었던 점은 대부분의 식물이 ㉡햇볕이 바로 드는 곳에서 잘 자라지만, 고사리처럼 그늘진 곳에서 자라는 식물도 있다는 것이었다. 또한 대부분의 야생 식물이 ㉢사람의 힘이 닿지 않은 상태의 환경에서 잘 자라며, 종류에 따라서는 인간보다 더 오랜 역사를 가진 야생 식물도 있다는 점이었다.

1 윗글의 ㉠~㉢의 뜻을 가진 낱말을 써 보세요.

(1) ㉠: ⬜

(2) ㉡: ⬜

(3) ㉢: ⬜

2 윗글의 내용을 보고 빈칸에 알맞을 말을 써 넣으세요.

(1) '소율이'는 ⬜ 의 이름을 잘 외운다.

(2) 야생 식물 중에는 ⬜ 보다 역사가 오래된 것도 있다.

(3) 야생 식물 중에 ⬜ 처럼 햇볕이 잘 들지 않는 곳에서 자라는 것도 있다.

한자성어

易　地　思　之
바꿀 역　땅 지　생각 사　갈 지

🔍 상대방의 처지에서 생각해 본다는 말

붙임딱지

공부한 날

월 일

한자능력 준7급

午

↔

한자능력 6급

夜

뜻	소리
낮	오

뜻	소리
밤	야

午	午	
낮 오	낮 오	

夜	夜	
밤 야	밤 야	

유래

💡 午는 본래 절굿공이를 그린 한자야. 절굿공이 같은 막대를 꽂아 한낮을 나타냈다는 데서 '낮'을 뜻하는 말로 쓰이게 되었어.

유래

💡 夜는 사람의 겨드랑이에 점을 찍은 글자에 저녁을 나타내는 글자를 더해 '밤'을 뜻하는 말로 쓰이게 되었는데, 밤은 낮과 달리 사람 곁에 있는 것으로 생각했기 때문이야.

'오(午)'가 사용된 낱말 중 다음 뜻에 알맞은 낱말을 찾아 써 보세요.

정오 正午

午
낮 오

오후 午後

오찬 午餐

1 낮 열두 시를 말해요. → ☐

2 손님을 초대하여 함께 먹는 점심 식사를 말해요. → ☐

3 낮 열두 시부터 밤 열두 시까지의 시간을 말해요. → ☐

'야(夜)'가 사용된 낱말 중 다음 뜻에 알맞은 낱말을 찾아 써 보세요.

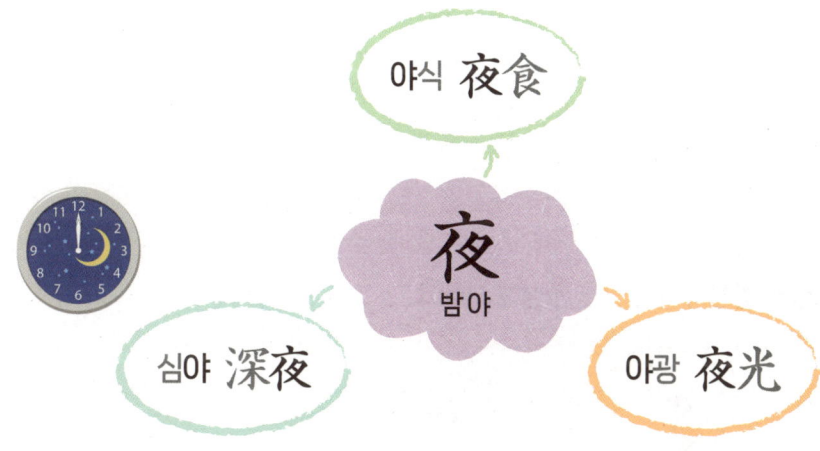

야식 夜食

夜
밤 야

심야 深夜

야광 夜光

4 깊은 밤을 말해요. → ☐

5 밤중에 먹는 음식을 말해요. → ☐

6 어둠 속에서 빛을 내는 것을 말해요. → ☐

1 다음 문장에 어울리는 낱말을 골라 ○표 하세요.

(1) 해가 가장 높이 떠 있는 시간은 (정오 / 심야)이다.

(2) 지하철과 버스가 끊기는 (심야 / 정오)에는 택시 요금이 비싸다.

(3) 하루 중에서 햇볕이 내리쬐는 (오전 / 오후) 두 시가 가장 더운 시간이다.

2 다음 문장의 빈칸에 알맞은 낱말을 찾아 써 보세요.

(1) 밤하늘에 반딧불이가 수놓은 ⬚⬚⬚⬚⬚ 이/가 아름답다.

| 야식 | 야광 | 심야 |

(2) 그녀는 한동안 ⬚⬚⬚⬚⬚ 을/를 즐겨 먹어서 살이 많이 쪘다.

| 야식 | 야광 | 심야 |

쓰기 활동

3 다음 낱말과 그림을 활용하여 문장을 완성해 보세요.

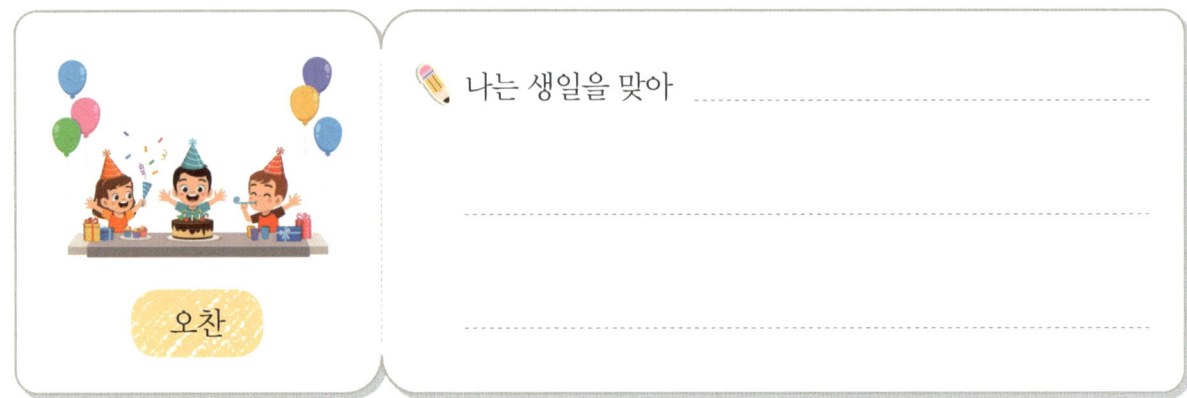

오찬

✏️ 나는 생일을 맞아 ....

....

....

📖 다음 글을 읽고 문제를 풀어 보세요.

　　음식을 시켜 먹는 배달 문화가 발달하면서 우리 삶에도 많은 변화가 일어났다. 첫째, 음식을 포장하는 데 포장용 그릇과 젓가락 등이 사용되면서 일회용품의 사용이 엄청나게 늘어났다. 둘째, ㉠깊은 밤에도 손쉽게 음식을 주문할 수 있게 되면서 ㉡밤중에 먹는 음식을 접할 기회가 많아졌다. 문제는 밤중에 먹는 음식이 비만을 일으키는 주된 원인이 된다는 것이다. 셋째, 빠른 배달 서비스가 강조되면서, 배달 수단인 오토바이 사고가 크게 늘어났다. 실제로 점심시간인 ㉢낮 열두 시나 저녁 식사 시간을 전후로 오토바이의 사고량이 많아졌다.

1 윗글의 ㉠~㉢의 뜻을 가진 낱말을 써 보세요.

(1) ㉠: ☐　　　(2) ㉡: ☐　　　(3) ㉢: ☐

2 윗글의 내용으로 알맞은 것은 O에, 알맞지 않은 것은 X에 표시하세요.

(1) 심야에는 배달로 음식을 주문하기 어렵다. 　　　　　　(O ┊ X)

(2) 음식 배달이 많아지면서 일회용품의 사용이 늘어났다. 　　(O ┊ X)

(3) 식사 시간을 전후로 배달 수단인 오토바이의 사고량이 증가했다. 　(O ┊ X)

한자성어

晝 耕 夜 讀
낮 주　밭 갈 경　밤 야　읽을 독

🔍 낮에는 농사짓고 밤에는 글을 읽는다는 뜻으로, 어려운 상황 속에서도 꿋꿋이 공부함을 이르는 말

붙임딱지

공부한 날

월   일

한자능력 준7급   한자능력 준7급

時 ✚ 間

뜻	소리		뜻	소리

때   시   사이   간

때 시   때 시

사이 간   사이 간

유래

→ 甞 → 時

💡 時는 태양이 일정한 규칙에 의해 움직인다는 의미를 담고 있는 한자야. 시간을 나타내는 말이지만 때에 따라 '기회'라는 뜻으로 쓰이기도 해.

유래

→ 閒 → 間

💡 間은 어두운 밤에 문틈으로 달빛이 비치는 모습을 나타낸 한자야. 처음에는 달을 뜻하는 한자가 붙어 쓰였지만, 나중에는 해를 뜻하는 한자로 바뀌게 되었어.

🔍 '시(時)'가 사용된 낱말 중 다음 뜻에 알맞은 낱말을 찾아 써 보세요.

1 같은 때나 시기를 말해요. →

2 특별한 일이 없는 보통 때를 말해요. →

3 어떤 일을 하는 시간이나 시각에 차이가 나거나 나게 하는 일을 말해요. →

🚩 '간(間)'이 사용된 낱말 중 다음 뜻에 알맞은 낱말을 찾아 써 보세요.

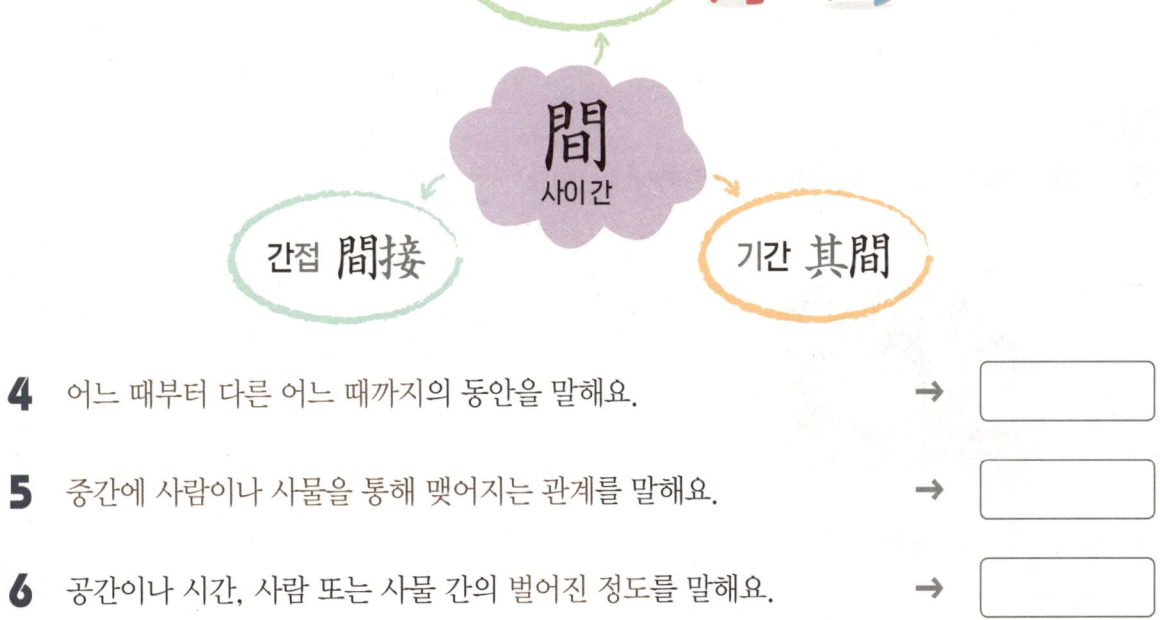

4 어느 때부터 다른 어느 때까지의 동안을 말해요. →

5 중간에 사람이나 사물을 통해 맺어지는 관계를 말해요. →

6 공간이나 시간, 사람 또는 사물 간의 벌어진 정도를 말해요. →

1 다음 빈칸에 '시(時)'가 들어간 낱말을 넣어 문장을 완성해 보세요.

(1) ☐☐ 를 두고 강낭콩이 자라는 모습을 관찰하여 기록했다.

어떤 일을 하는 시간이나 시각에 차이가 나거나 나게 하는 일

(2) 경기장 밖에는 부상자를 싣기 위해 구급차가 ☐☐ 대기하고 있다.

특별한 일이 없는 보통 때

2 다음 문장의 빈칸에 알맞은 낱말을 찾아 써 보세요.

(1) 열차는 십 분 ☐☐☐ 으로 출발한다.

간격   간접   기간

(2) 독서를 통해 얻게 되는 ☐☐☐ 경험은 매우 유익하다.

간격   간접   직접

(3) 우리 학교는 오십 년이라는 ☐☐☐ 동안 훌륭한 졸업생이 많이 나왔다.

간격   기간   시차

쓰기 활동

3 다음 낱말과 그림을 활용하여 문장을 완성해 보세요.

동시

✏️ 우리반 아이들은 _____

_____

_____

📖 다음 글을 읽고 문제를 풀어 보세요.

> 나는 ㉠특별한 일이 없는 보통 때 일이 닥치면 시간에 쫓겨 허겁지겁 처리할 때가 많다. 학교 숙제를 미루어 두었다가 한꺼번에 한다거나 학교 가는 날 아침에 늦게 일어나 준비물을 챙긴다며 집안을 난장판으로 만들어 놓기 일쑤이다. 아버지께서는 시간을 잘 활용하기 위해 계획을 세우고 이를 실천해 보라고 말씀하셨다. 우선 나는 일주일이라는 ㉡어느 때부터 다른 어느 때까지의 동안을 정해 두고 계획표를 짜 보기로 했다. 계획은 각 날짜마다 시간대별로 구분해 만들었다. 시간과 시간의 ㉢벌어진 사이에는 해야 할 일들을 적었다. 시작이 반이라는 말처럼 계획표를 만드니 이미 시간 관리의 '달인'이 된 것 같은 기분이 들었다.

1 윗글의 ㉠~㉢의 뜻을 가진 낱말을 써 보세요.

(1) ㉠: ☐☐☐☐☐

(2) ㉡: ☐☐☐☐☐

(3) ㉢: ☐☐☐☐☐

2 윗글의 내용으로 알맞은 것은 O에, 알맞지 <u>않은</u> 것은 X에 표시하세요.

(1) '나'는 학교 숙제를 한꺼번에 몰아서 하는 날이 많았다. (O ┊ X)

(2) '나'의 계획표에는 일주일 동안 해야 할 일들이 적혀 있다. (O ┊ X)

(3) '나'는 시간 활용을 잘하기 위해 아버지와 함께 계획표를 만들었다. (O ┊ X)

한자성어

今 時 初 聞
이제 금　때 시　처음 초　들을 문

🔍 바로 지금 처음으로 들음을 뜻하는 말

붙임딱지

한자능력 준7급

한자능력 6급

道 = 路

뜻	소리
길	도

뜻	소리
길	로(노)

道 首
길 도 　 길 도

路 뫄
길 로(노) 　 길 로(노)

유래

💡 道는 '가다'를 뜻하는 글자와 '머리'를 뜻하는 글자를 합해 만든 한자야. 사람이 가야 할 올바른 길이라는 뜻의 의미가 더해지면서 '도리'를 뜻하는 말로 쓰이게 되었어.

유래

💡 路는 각각의 발이 입구에 도달하는 모습을 그린 한자야. 오고가는 발이 많다는 뜻에서 사람들이 다니는 길이나 도로라는 뜻을 갖게 되었어.

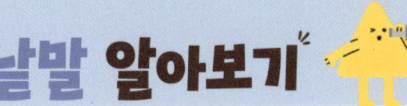
'도(道)'가 사용된 낱말 중 다음 뜻에 알맞은 낱말을 찾아 써 보세요.

도로 道路

道
길 도

보도 報道

효도 孝道

1 부모를 잘 섬기는 일을 말해요. → [   ]

2 일반 사람들에게 새로운 소식을 알리는 것을 뜻해요. → [   ]

3 사람이나 차 따위가 다닐 수 있도록 만들어 놓은 길을 말해요. → [   ]

'로/노(路)'가 사용된 낱말 중 다음 뜻에 알맞은 낱말을 찾아 써 보세요.

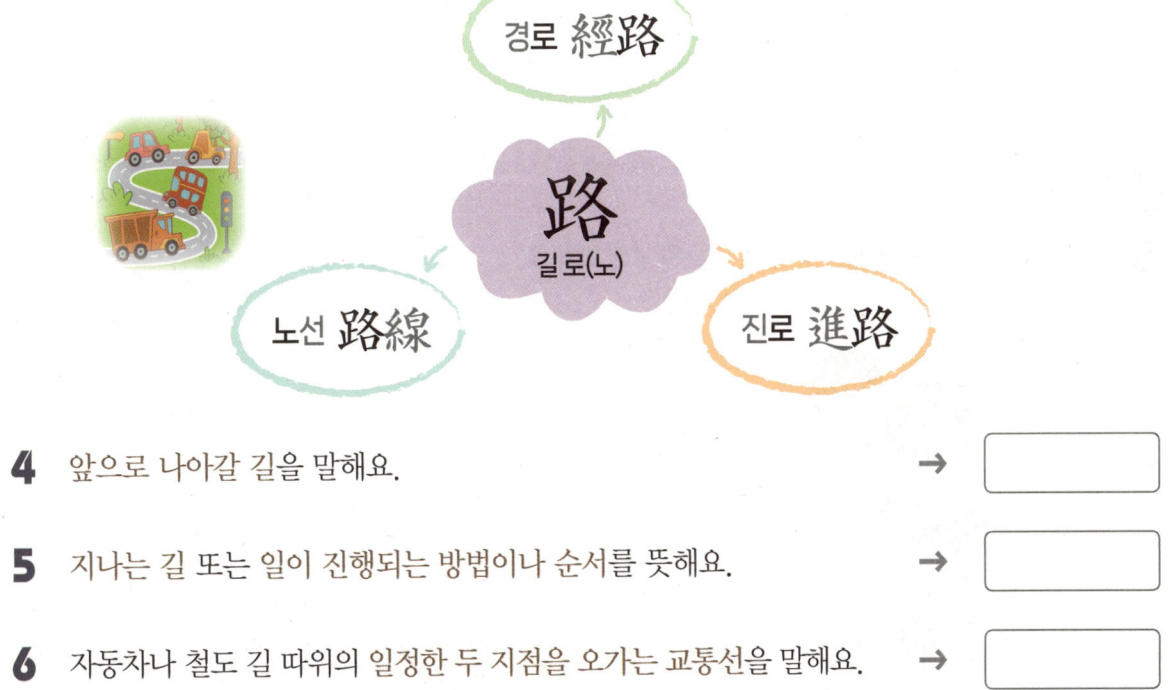

경로 經路

路
길 로(노)

노선 路線

진로 進路

4 앞으로 나아갈 길을 말해요. → [   ]

5 지나는 길 또는 일이 진행되는 방법이나 순서를 뜻해요. → [   ]

6 자동차나 철도 길 따위의 일정한 두 지점을 오가는 교통선을 말해요. → [   ]

2단계 문제 풀기

1 다음 문장에 어울리는 낱말을 골라 ○표 하세요.

(1) 그는 신문 (보도 / 보급)의 내용이 사실인지 확인했다.

(2) (진로 / 경로)는 자신의 소질에 맞는 것으로 정하는 것이 바람직하다.

(3) 차와 사람이 함께 다니는 (도로 / 진로)에서는 각별히 안전에 주의해야 한다.

2 다음 빈칸에 '로/노(路)'가 들어간 낱말을 넣어 문장을 완성해 보세요.

(1) 버스 [ ][ ]을 잘 몰라서 엉뚱한 버스를 탔다.
      자동차나 철도 길 따위의 일정한 두 지점을 오가는 교통선

(2) 기후의 변화로 인해 철새들의 이동 [ ][ ]가 바뀌었다.
                                      지나는 길

3 다음 낱말과 그림을 활용하여 문장을 완성해 보세요.

효도

✏️ 부모님의

다음 글을 읽고 문제를 풀어 보세요.

수진이는 얼마 전 TV 다큐멘터리 부문에서 '올해의 기자'로 뽑힌 박공정 씨의 이야기를 접했다. 결혼 후 평범한 가정주부로 지내 온 박공정 씨는 뒤늦게 기자의 길을 걷게 되었다고 했다. 그녀는 세계 곳곳을 누비며 ㉠일반 사람들에게 새로운 소식을 알리는 일에 보람을 느낀다고 말했다. ㉡앞으로 나아갈 길을 고민해 오던 수진이는 물불을 가리지 않고 자신의 일에 최선을 다하는 그녀가 멋있다고 생각했다. 여러 ㉢일이 진행되는 방법을 통해 자신이 하고 싶은 일을 고민했던 수진이는 장차 훌륭한 기자가 되어 사람들의 눈과 귀가 되어 주리라고 마음먹었다.

1 윗글의 ㉠~㉢의 뜻을 가진 낱말을 써 보세요.

(1) ㉠: [   ] 하는   (2) ㉡: [   ]   (3) ㉢: [   ]

2 윗글의 내용으로 알맞은 것은 O에, 알맞지 <u>않은</u> 것은 X에 표시하세요.

(1) 수진이는 원래 기자가 되는 것이 꿈이었다.   (O ┊ X)

(2) 박공정 씨는 결혼 전부터 꾸준히 기자로 일해 왔다.   (O ┊ X)

(3) 박공정 씨는 TV 다큐멘터리 부문에서 '올해의 기자'로 뽑혔다.   (O ┊ X)

한자성어

安 貧 樂 道
편안할 안   가난할 빈   즐길 낙   길 도

🔍 가난한 생활을 하면서도 편안한 마음으로 도리를 즐겨 지킨다는 말

붙임딱지

한자 놀이

주어진 한자를 따라 써 보며 미로를 탈출해 보세요.

天 地

正 午

道 路

時 間

방향

方 모방 / 向 향할 향

한자능력 준7급

한자능력 6급

方 ➕ 向

뜻	소리
모	방

뜻	소리
향할	향

方 方
모방 모방

向 向
향할 향 향할 향

유래

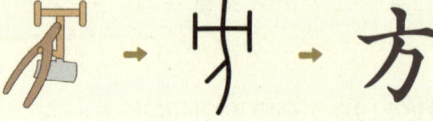

💡方은 소가 끄는 쟁기를 그린 한자야. 밭을 가는 소는 일정한 방향을 향해 나아가므로 '방향'이라는 뜻을 갖게 되었어. 밭의 모양이 사각형이므로 '네모'라는 뜻도 가지게 되었어.

유래

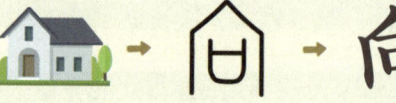

💡向은 집과 창문의 모양을 그린 한자야. 창문은 보통 어느 방향을 향하게끔 되어 있어 '방향'이라는 뜻을 갖게 되었어.

'방(方)'이 사용된 낱말 중 다음 뜻에 알맞은 낱말을 찾아 써 보세요.

방안 方案

方
모방

방언 方言

방향 方向

1 어떠한 쪽. 또는 목표를 향해 나아가는 쪽을 말해요. →

2 어느 한 지방에서만 쓰는, 표준어가 아닌 말을 말해요. →

3 일을 처리하거나 해결하여 나갈 방법이나 계획을 말해요. →

'향(向)'이 사용된 낱말 중 다음 뜻에 알맞은 낱말을 찾아 써 보세요.

지향 志向

向
향할 향

편향 偏向

향상 向上

4 한쪽으로 치우치는 것을 뜻해요. →

5 어떤 목표나 원하는 쪽으로 쏠리어 향하는 것을 뜻해요. →

6 실력, 수준 따위가 나아지거나 나아지게 하는 것을 말해요. →

1 주어진 자음과 뜻을 보고, 다음 빈칸에 어울리는 낱말을 넣어 문장을 완성해 보세요.

(1) ㅂ ㅇ : 일을 처리하거나 해결하여 나갈 방법이나 계획

→ 우리 반 아이들이 문제를 해결할 [   ]을 찾기 위해 모였다.

(2) ㅂ ㅎ : 어떠한 쪽

→ 처음부터 길을 잘못 들어서 목적지와 반대쪽 [   ]으로 와 버렸다.

2 다음 문장에 어울리는 낱말을 골라 ○표 하세요.

(1) 한쪽의 주장만 듣다 보면 (편향 / 지향)된 생각을 할 수 있다.

(2) 시골에 가면 그 지역 사람들이 사용하는 (방언 / 방안)을 들을 수 있다.

(3) 각국의 대표들은 미래 (지양 / 지향)의 태도로 지구의 재난에 함께 대비할 것을 약속하였다.

3 다음 낱말과 그림을 활용하여 문장을 완성해 보세요.

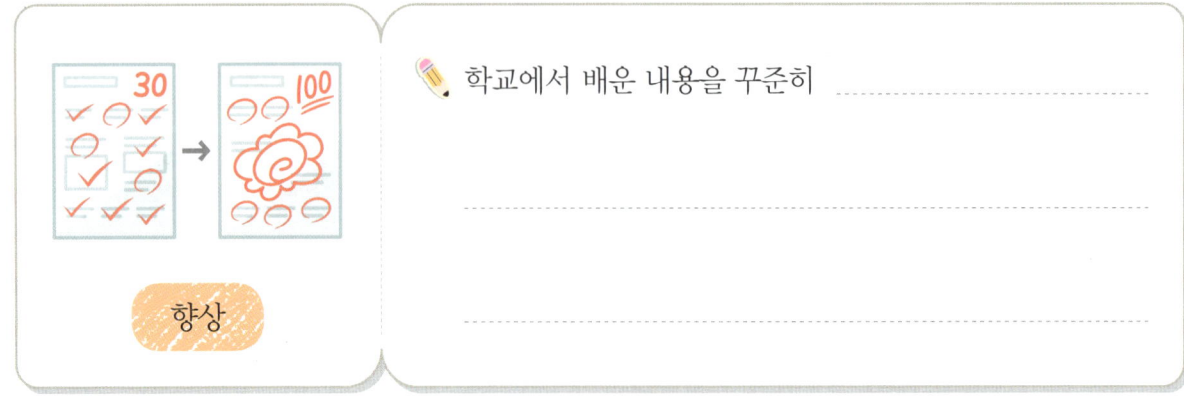

✏️ 학교에서 배운 내용을 꾸준히 ....

....

....

다음 글을 읽고 문제를 풀어 보세요.

> 새로 문을 연 '프라임 학원'을 소개합니다. '프라임 학원'은 샛별 초등학교에서 소방서 ㉠쪽으로 300미터 가량 떨어진 위치에 자리하고 있습니다. 학생들에게 쾌적한 공부 환경을 제공하기 위하여 24시간 공기 순환 시스템을 작동하고 있습니다. 최고의 선생님들이 학생들의 잘못된 공부 습관에 대해 ㉡해결하여 나갈 방법이나 계획을 제시하고 공부에 대한 흥미를 갖게 만들어 줍니다. '프라임 학원'에 등록하면 몇 달 안에 학생의 ㉢실력, 수준 따위가 나아진 성적을 확인하실 수 있게 될 것입니다. 지금 당장 '프라임 학원'의 문을 두드려 주세요.

1 윗글의 ㉠~㉢의 뜻을 가진 낱말을 써 보세요.

(1) ㉠: [   ]   (2) ㉡: [   ]   (3) ㉢: [   ]된

2 윗글의 내용을 요약하려고 해요. 빈칸에 들어갈 낱말을 찾아 써 보세요.

→ '프라임 학원'은 샛별 초등학교에서 소방서 쪽으로 멀지 않은 위치에 [   ]하고 있어요. 이 학원에서는 학생들에게 쾌적한 공부 환경을 [   ]하며, 학생의 잘못된 공부 습관을 바로 잡아 주고 공부에 흥미를 갖게 만들어 줍니다. 이 학원에 [   ]하면 몇 달 안에 학생의 성적이 나아진 것을 확인하실 수 있어요.

한자성어

四	方	八	方
넉 사	모 방	여덟 팔	모 방

🔍 여기저기 모든 방향이나 방면을 뜻하는 말

붙임딱지

한자능력 준7급

한자능력 준7급

上 ↔ 下

뜻	소리
위	상

뜻	소리
아래	하

上	ㅏ	
위 상	위 상	

下	丁	
아래 하	아래 하	

유래

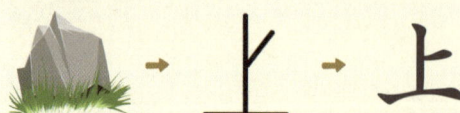

💡 上은 어떤 일정한 위치를 'ㅡ'로 표시하고 그 위에 물건이 얹어져 있는 모양새를 나타내고 있어. 그래서 '위' 또는 '위쪽'을 뜻하는 말로 쓰여.

유래

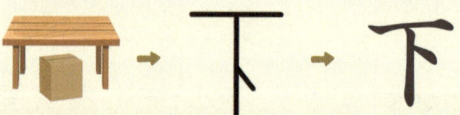

💡 下는 어떤 일정한 위치를 'ㅡ'로 표시하고 그 아래에 물건이 놓여져 있는 모양새를 나타내고 있어. 그래서 '아래' 또는 '아래쪽'을 뜻하는 말로 쓰여.

🔍 '상(上)'이 사용된 낱말 중 다음 뜻에 알맞은 낱말을 찾아 써 보세요.

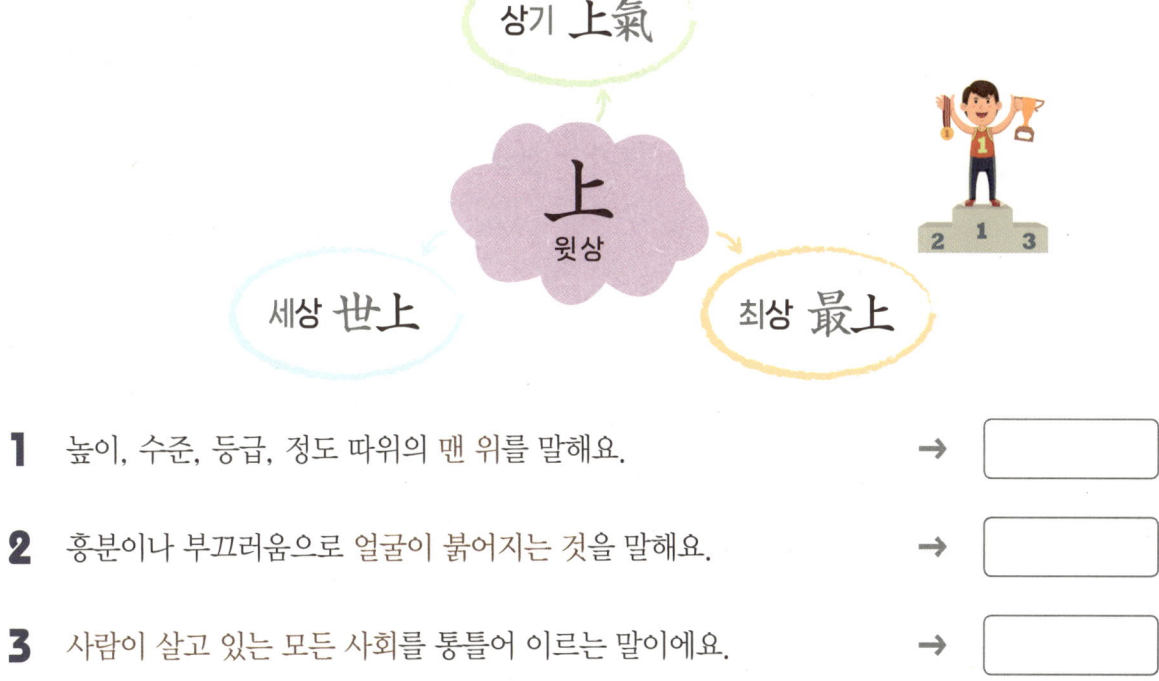

1 높이, 수준, 등급, 정도 따위의 맨 위를 말해요. → ☐

2 흥분이나 부끄러움으로 얼굴이 붉어지는 것을 말해요. → ☐

3 사람이 살고 있는 모든 사회를 통틀어 이르는 말이에요. → ☐

🚩 '하(下)'가 사용된 낱말 중 다음 뜻에 알맞은 낱말을 찾아 써 보세요.

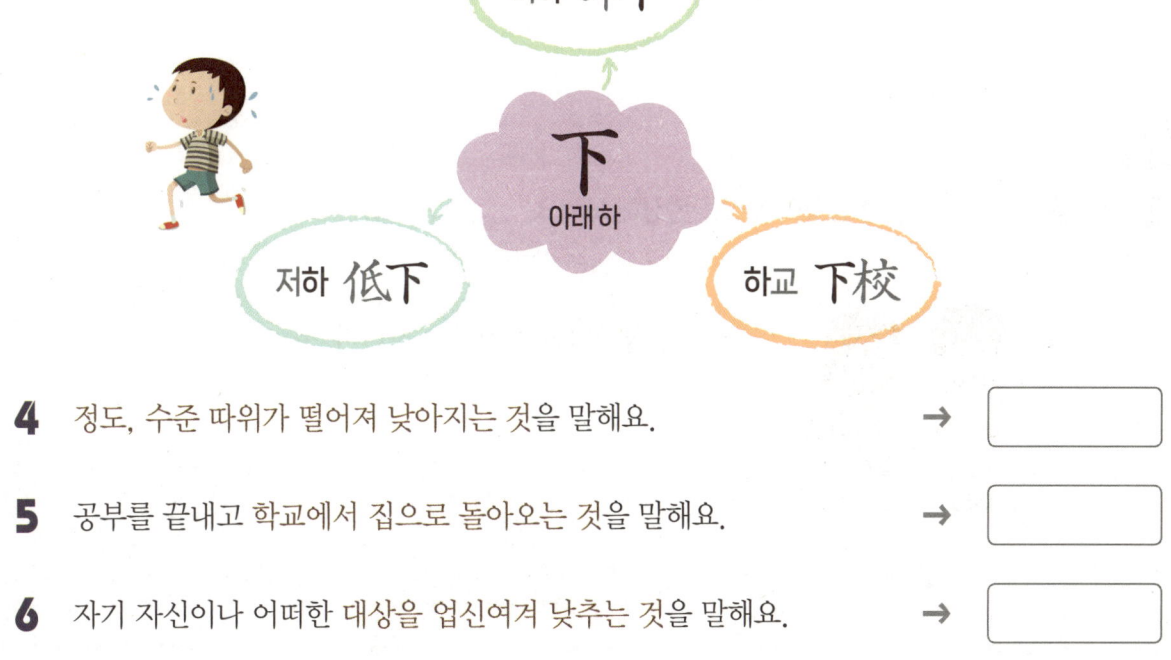

4 정도, 수준 따위가 떨어져 낮아지는 것을 말해요. → ☐

5 공부를 끝내고 학교에서 집으로 돌아오는 것을 말해요. → ☐

6 자기 자신이나 어떠한 대상을 업신여겨 낮추는 것을 말해요. → ☐

1 다음 문장에 어울리는 낱말을 골라 ○표 하세요.

(1) 기술이 발전하면서 우리가 사는 (세상 / 최상)도 많이 변했다.

(2) 수업이 끝난 (저하 / 하교) 시간에 학교 앞은 학생들로 북적인다.

(3) 개인의 행복과 경험의 가치를 (최상 / 세상)으로 여기는 젊은이들이 늘고 있다.

2 다음 문장의 빈칸에 알맞은 낱말을 찾아 선으로 이어 보세요.

(1) 다른 사람을 (   )하는 것은 올바르지 못한 행동이다.　　　　• 　　　　　• 저하

(2) 만화책을 보느라 매일 늦게 잤더니 체력이 (   )되었다.　　　　• 　　　　　• 비하

 쓰기 활동

3 다음 낱말과 그림을 활용하여 문장을 완성해 보세요.

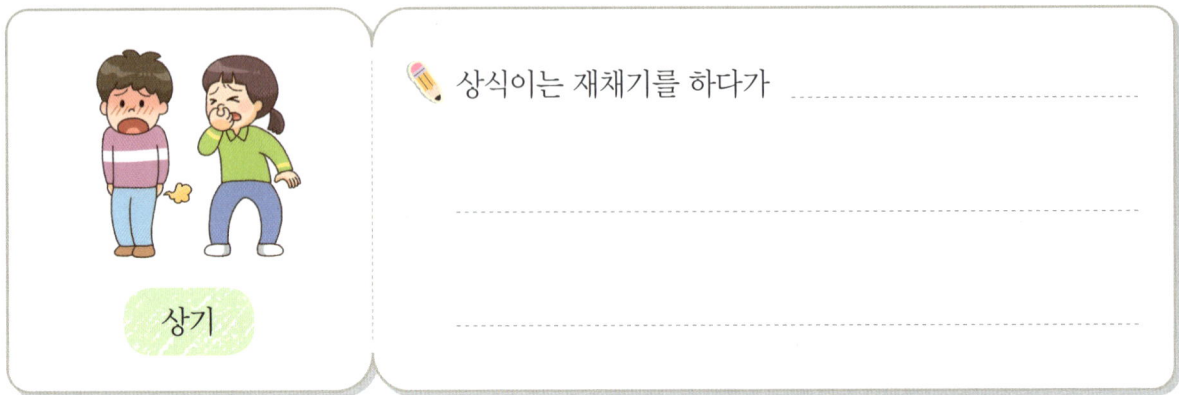

상기

✏️ 상식이는 재채기를 하다가 _____

_____

_____

다음 글을 읽고 문제를 풀어 보세요.

　최근 들어 학생들의 시력이 ㉠떨어져 낮아지는 문제로 고민하는 학부모들이 많습니다. 학생들이 어렸을 때부터 스마트폰과 같은 미디어 기기를 지나치게 많이 접한 탓이라고 할 수 있습니다. 실제로 ㉡공부를 끝내고 학교에서 집으로 돌아오는 길에서도 스마트폰에서 눈을 떼지 못하는 학생들을 많이 볼 수 있습니다. 그런데 이와 같은 학생들의 생활 태도는 시력을 망치는 것 외에도 교통사고를 일으킬 수 있다는 점에서 문제라고 할 수 있습니다.

　㉢사람이 살고 있는 모든 사회는 빠르게 변화하고 있습니다. 정보화 시대에서 미디어 기기는 없어서는 안 되는 물건이 되었습니다. 하지만 때와 장소를 가리지 않고 미디어 기기를 사용하는 것이 문제가 된다면, 그 적절한 사용 방법과 시간에 대한 고민을 해 봐야 할 것입니다.

1 윗글의 ㉠~㉢의 뜻을 가진 낱말을 써 보세요.

(1) ㉠: ☐☐☐☐ 되는　(2) ㉡: ☐☐☐☐ 하는　(3) ㉢: ☐☐☐☐

2 윗글의 내용으로 알맞은 것은 O에, 알맞지 않은 것은 X에 표시하세요.

(1) 길을 걸으며 스마트폰을 사용하는 학생들이 많다.　(O ┊ ×)

(2) 지나친 미디어 기기의 사용으로 학생들의 시력이 나빠지고 있다.　(O ┊ ×)

(3) 글쓴이는 학생들이 미디어 기기를 사용하는 것을 금지해야 한다고 생각한다.
　(O ┊ ×)

한자성어

雪　上　加　霜
눈 설　윗 상　더할 가　서리 상

🔍 눈 위에 서리가 덮인다는 뜻으로, 곤란한 일이나 불행한 일이 잇따라 일어남을 이르는 말

붙임딱지

한자능력 준7급   한자능력 준7급

左 ↔ 右

뜻	소리
왼쪽	좌

뜻	소리
오른쪽	우

左   ナ
왼쪽 좌   왼쪽 좌

右   ナ
오른쪽 우   오른쪽 우

유래

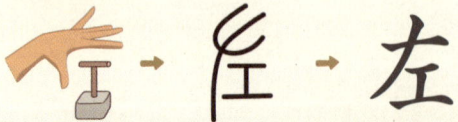

💡 左는 손에 공구를 쥔 모습을 나타낸 한자야. 손에 도구를 쥐고 오른손이 하는 일을 돕는다는 의미에서 '왼손', 또는 '왼쪽'이라는 뜻을 갖게 되었어.

유래

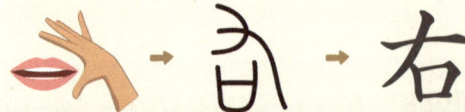

💡 右는 '손'을 뜻하는 글자에 '입'을 뜻하는 글자가 더해져 만들어졌어. 밥을 입에 떠 넣을 때 오른손을 많이 사용하기 때문에 '오른쪽'이라는 뜻을 갖게 되었어.

'좌(左)'가 사용된 낱말 중 다음 뜻에 알맞은 낱말을 찾아 써 보세요.

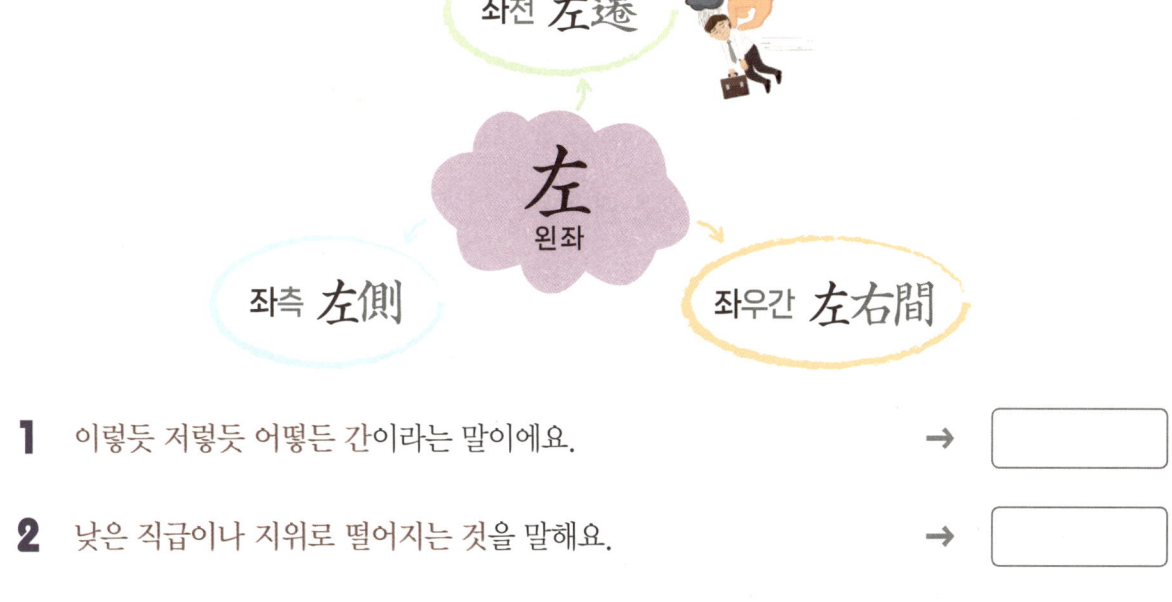

좌천 左遷

左 왼좌

좌측 左側

좌우간 左右間

1 이렇듯 저렇듯 어떻든 간이라는 말이에요. → ☐

2 낮은 직급이나 지위로 떨어지는 것을 말해요. → ☐

3 북쪽을 향하였을 때의 서쪽, 혹은 왼쪽을 말해요. → ☐

'우(右)'가 사용된 낱말 중 다음 뜻에 알맞은 낱말을 찾아 써 보세요.

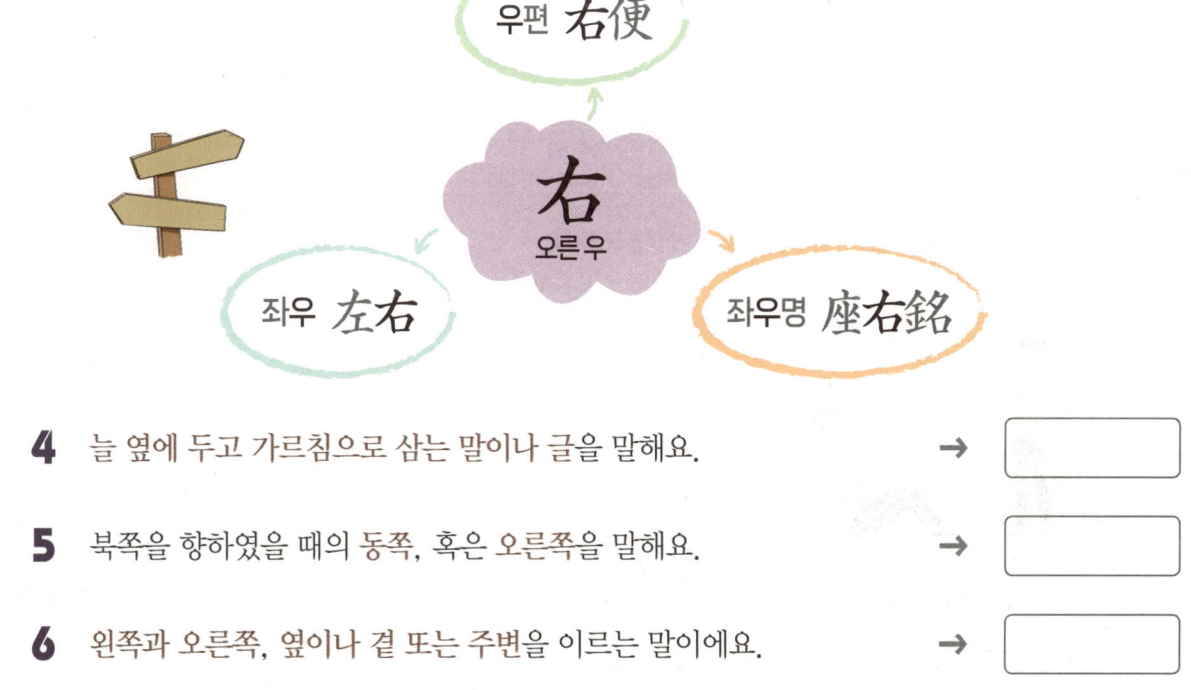

우편 右便

右 오른우

좌우 左右

좌우명 座右銘

4 늘 옆에 두고 가르침으로 삼는 말이나 글을 말해요. → ☐

5 북쪽을 향하였을 때의 동쪽, 혹은 오른쪽을 말해요. → ☐

6 왼쪽과 오른쪽, 옆이나 곁 또는 주변을 이르는 말이에요. → ☐

1 다음 문장의 빈칸에 알맞은 낱말을 찾아 써 보세요.

(1) 그는 일처리를 잘못하여 부장에서 과장으로 [ ]되었다.

> 좌초   좌천   좌측

(2) '하면 된다.'라는 [ ]은 내가 무슨 일이든 해낼 수 있었던 원동력이다.

> 좌우간   좌우명   좌우익

2 다음 문장에 어울리는 낱말을 골라 ○표 하세요.

(1) 지도에서 동해 바다는 한반도의 (우편 / 좌편)에 있다.

(2) 그는 자신을 도와 줄 사람이 있는지 (좌우 / 좌우간)을/를 살폈다.

(3) 우리나라에서는 자동차를 운전하는 사람이 (좌측 / 우측)에 앉는다.

쓰기 활동

3 다음 낱말과 그림을 활용하여 문장을 완성해 보세요.

좌우간

_____

_____

_____ 가장 중요하다.

📖 다음 글을 읽고 문제를 풀어 보세요.

꼼꼼 씨의 ㉠늘 옆에 두고 가르침으로 삼는 말이나 글은 '돌다리도 두들겨 보고 건너자.'이다. 그는 무슨 일을 하든 신중하고 조심스러운 태도로 하기 때문에 실수를 하는 일이 드물다. 하루는 꼼꼼 씨가 운전을 하고 있었는데, 사거리에서 차를 ㉡북쪽으로 향하였을 때 동쪽과 같은 쪽으로 돌리기 위해 서서히 속도를 줄이고, ㉢옆이나 곁 또는 주변을 두루 살폈다. 아무도 없는 줄 알았지만 갑자기 자전거 한 대가 튀어나왔다. 꼼꼼 씨는 사거리에서 잠시 차를 세우고 주변을 살피고 있었기 때문에 위험한 순간을 피할 수 있었다. 그는 뿌듯해하며 자신 있게 핸들을 오른쪽으로 꺾었다. 그 순간 "아뿔사!" 앞서가던 자전거를 쫓던 또 한 대의 자전거와 부딪히고 말았다. 사고는 정말 순식간에 일어났다.

1 윗글의 ㉠~㉢의 뜻을 가진 낱말을 써 보세요.

(1) ㉠: ☐☐☐☐ (2) ㉡: ☐☐☐☐ (3) ㉢: ☐☐☐☐

2 윗글의 내용으로 알맞은 것은 O에, 알맞지 <u>않은</u> 것은 X에 표시하세요.

(1) '꼼꼼 씨'가 사고를 낸 것은 방심했기 때문이다. (O ┊ X)

(2) '꼼꼼 씨'는 평소에 신중하고 조심스러운 성격을 갖고 있다. (O ┊ X)

(3) '꼼꼼 씨'는 사거리에서 차를 멈추지 않은 채 바로 우회전을 했다. (O ┊ X)

한자성어

右 往 左 往
오른쪽 우 갈 왕 왼쪽 좌 갈 왕

🔍 이리저리 왔다 갔다 하며 일이나 나아가는 방향을 헤아리지 못하는 모양

붙임딱지

한자능력 준7급

한자능력 준7급

前 ↔ 後

뜻	소리
앞	전

뜻	소리
뒤	후

前 肯

앞 전   앞 전

後 彳

뒤 후   뒤 후

유래

💡 前은 칼로 묶여 있던 배의 밧줄을 끊어 배가 앞으로 나아가는 상황을 나타낸 한자야. '앞'이나 '먼저', '앞서 나가다'라는 뜻으로 쓰이고 있어.

유래

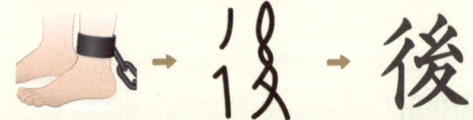

💡 後는 족쇄를 찬 노예가 길을 걷는 모습을 그린 한자야. 발에 족쇄가 채워져 걸음이 뒤처진다는 데에서 '뒤', '뒤떨어지다' 등의 뜻을 갖게 되었어.

🔍 '전(前)'이 사용된 날말 중 다음 뜻에 알맞은 날말을 찾아 써 보세요.

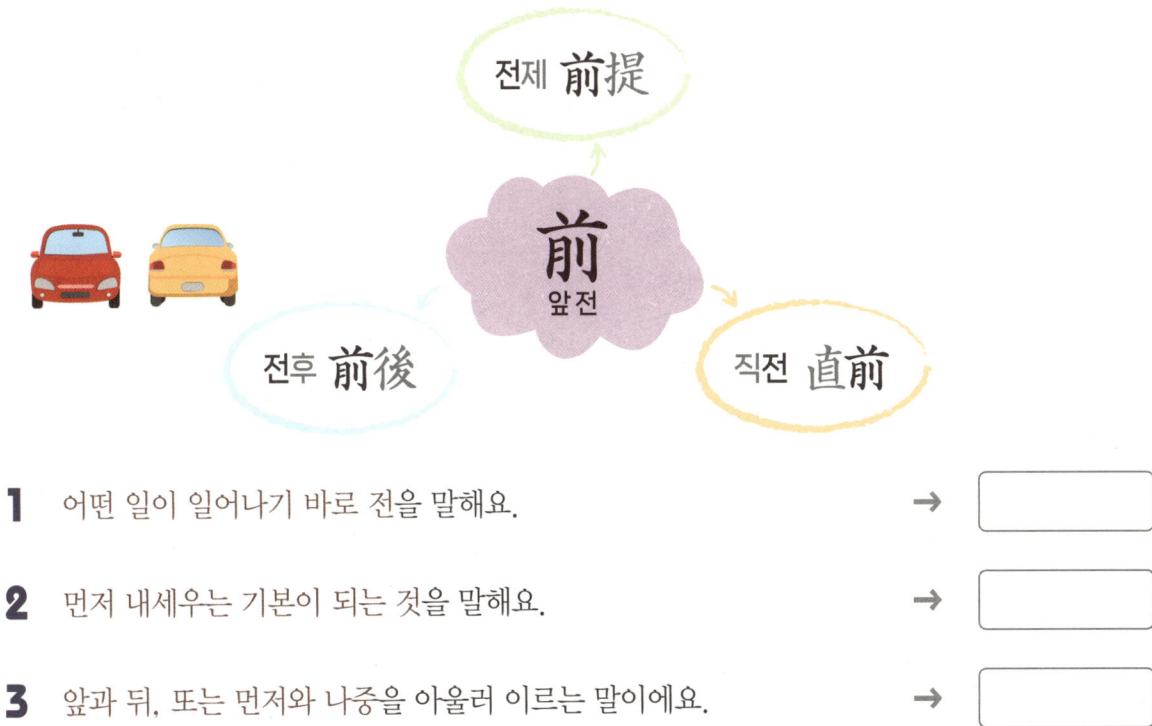

1 어떤 일이 일어나기 바로 전을 말해요.　　　→

2 먼저 내세우는 기본이 되는 것을 말해요.　　　→

3 앞과 뒤, 또는 먼저와 나중을 아울러 이르는 말이에요.　　→

🚩 '후(後)'가 사용된 날말 중 다음 뜻에 알맞은 날말을 찾아 써 보세요.

4 뒤에서 도와주는 것을 말해요.　　　→

5 기준이 되는 때를 포함하여 그보다 뒤를 말해요.　　→

6 과거에 한 일을 뉘우치거나 안타까워하는 것을 말해요.　　→

1 다음 문장의 빈칸에 알맞은 낱말을 찾아 선으로 이어 보세요.

(1) 감기약을 먹은 (　　　　　)에 몸이 한결 나아졌다. •

• 이후

(2) 밥을 먹기 (　　　　　)에 물을 너무 많이 마시면, 소화력이 떨어질 수 있다. •

• 직전

2 다음 문장에 어울리는 낱말을 골라 ○표 하세요.

(1) 우리는 다투게 된 (상하 / 전후) 사정을 선생님께 말씀드렸다.

(2) 이 단체는 주변 사람들의 (후회 / 후원)(으)로만 운영되고 있다.

(3) 아무런 (주제 / 전제) 조건 없이 우리에게 사랑을 베풀어 주시는 분은 부모님뿐이다.

3 다음 낱말과 그림을 활용하여 문장을 완성해 보세요.

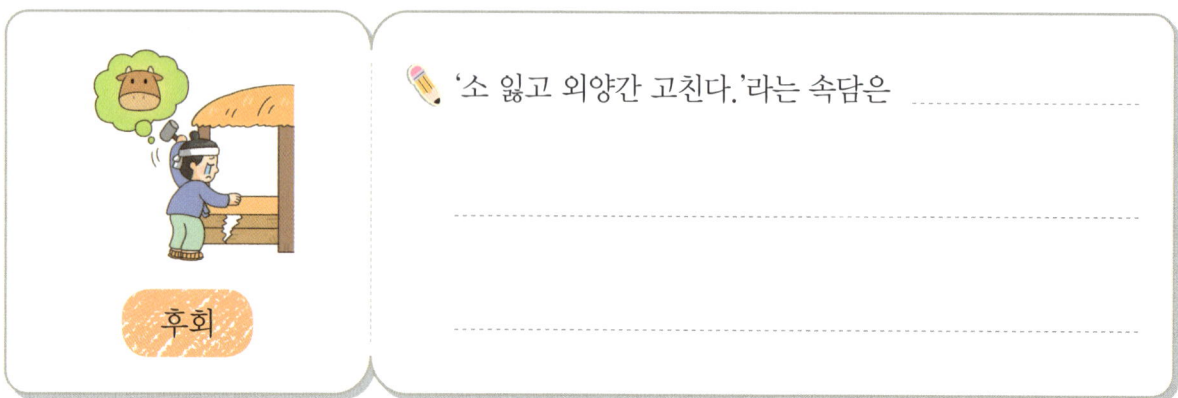

✏️ '소 잃고 외양간 고친다.'라는 속담은

📖 다음 글을 읽고 문제를 풀어 보세요.

　　배고프고 어려운 이웃을 위하여 8년째 천 원 식당을 운영하고 있는 김 ○○씨는 방송 카메라를 향해 선한 미소를 지어 보였습니다. 시장 구석에 천 원 식당이 생긴 것은 벌써 19년 전입니다. 식당 주인인 어머니가 돌아가신 ㉠때보다 뒤에는 김 ○○씨가 맡아서 운영해 온 것입니다. 요즘 같이 물가가 비싼 때도 천 원 식당이 운영될 수 있는 것은 전국 곳곳의 사람들이 ㉡뒤에서 도와준 덕분입니다. 보이지 않는 따뜻한 손길과 정성이 모여 어려운 이웃에게 한 끼 식사를 값싸게 제공할 수 있었던 것입니다. 힘든 일이지만, 김 ○○씨는 단 한 번도 천 원 식당을 물려받은 것을 ㉢뉘우치거나 안타까워한 적은 없다고 말했습니다.

1 윗글의 ㉠~㉢의 뜻을 가진 낱말을 써 보세요.

(1) ㉠: [   ]　　(2) ㉡: [   ] 해 준　　(3) ㉢: [   ] 한

2 윗글의 제목으로 가장 알맞은 것은 무엇인가요?　　(　　　)

① 대를 잇는 식당 주인의 손맛
② 시장 구석의 숨은 '맛집'을 찾아서
③ 따뜻한 마음이 만들어 낸 최고의 한 끼
④ 식당 주인이 값싼 음식 가격을 유지할 수밖에 없는 사연
⑤ 어려운 이웃을 남몰래 후원하는 우리 동네 키다리 아저씨

한자성어

雨 後 竹 筍
비 우　뒤 후　대 죽　죽순 순

🔍 비가 온 뒤에 여기저기 솟는 죽순이라는 뜻으로, 어떤 일이 한때에 많이 생겨남을 이르는 말

붙임딱지

內 안내 / 外 바깥 외

한자능력 준7급

한자능력 8급

內 ↔ 外

뜻	소리
안	내

뜻	소리
바깥	외

안 내	안 내

바깥 외	바깥 외

유래

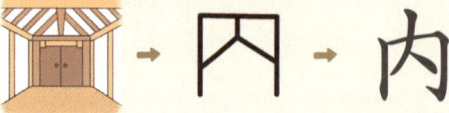

🔍 內자는 한옥과 같은 전통 집의 안쪽 모습을 나타낸 한자야. 그래서 '안'이나 '속'이라는 뜻을 갖게 되었어.

유래

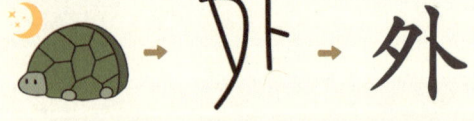

🔍 外는 '저녁'과 '점괘'를 뜻하는 말이 합쳐져 만들어진 한자야. 옛날에는 보통 아침에 점을 쳤는데, 가끔 저녁에 점을 치는 예외적인 경우도 있었어. 그래서 '바깥', '예외' 등을 나타내는 뜻을 갖게 되었어.

🔍 '내(內)'가 사용된 낱말 중 다음 뜻에 알맞은 낱말을 찾아 써 보세요.

1 어떤 성질이나 뜻 따위를 속에 품는 것을 뜻해요. → ☐

2 겉으로 드러나지 아니한 실제의 마음, 즉 속마음을 말해요. → ☐

3 안과 밖을 아울러 이르거나 수량이 약간 덜하거나 넘는 것을 말해요. → ☐

🚩 '외(外)'가 사용된 낱말 중 다음 뜻에 알맞은 낱말을 찾아 써 보세요.

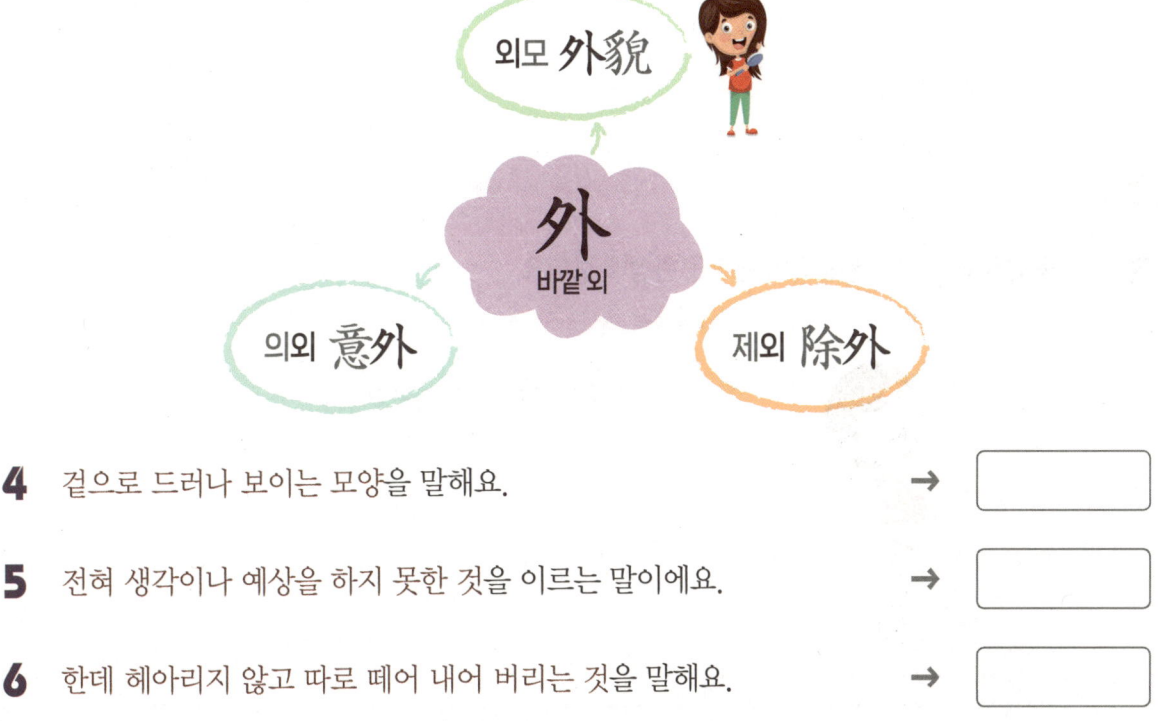

4 겉으로 드러나 보이는 모양을 말해요. → ☐

5 전혀 생각이나 예상을 하지 못한 것을 이르는 말이에요. → ☐

6 한데 헤아리지 않고 따로 떼어 내어 버리는 것을 말해요. → ☐

1 다음 문장의 빈칸에 알맞은 낱말을 보기 에서 골라 써 보세요.

보기

외모   내심   내외

(1) 사춘기가 되면 누구나 [   ]에 관심이 많아진다.

(2) 그는 반장으로 뽑히자 표현은 안 했지만 [   ] 기뻤다.

(3) 선생님께서는 원고지 400자 [   ](으)로 발표문을 써 오라고 하셨다.

2 다음 문장의 빈칸에 알맞은 낱말을 찾아 선으로 이어 보세요.

(1) 백 명의 선발 인원 중에서 오십 명이 (   )되고 절반만 남았다. •

• 내포

(2) 언니의 미소는 무슨 꿍꿍이를 (   )한 것 같은 느낌이 들게 했다. •

• 제외

 쓰기 활동

3 다음 낱말과 그림을 활용하여 문장을 완성해 보세요.

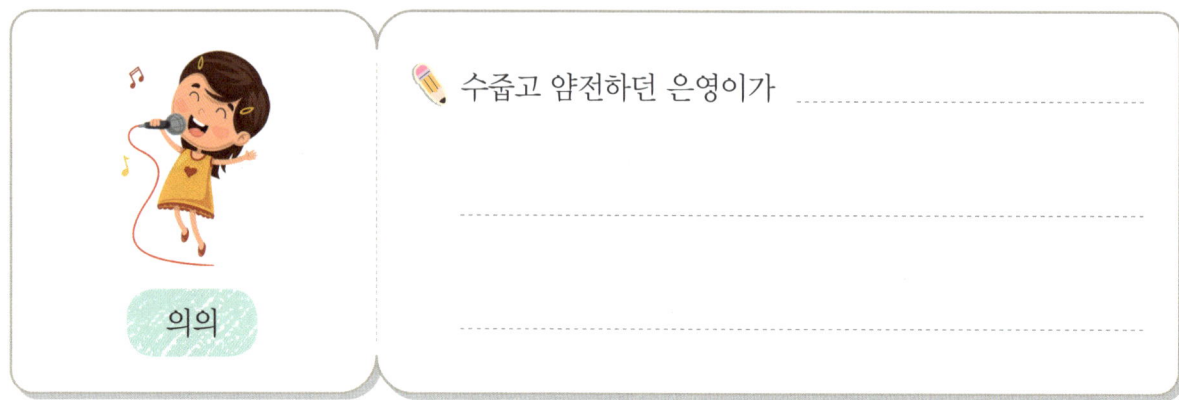

의의

✏ 수줍고 얌전하던 은영이가 _____

_____

3단계 글로 익히기

📖 다음 글을 읽고 문제를 풀어 보세요.

시를 감상할 때는 시어가 ㉠어떤 성질이나 뜻 따위를 속에 품은 의미를 생각하며 감상해야 합니다. 시인은 ㉡속마음으로 하고 싶었던 이야기를 직접적으로 말하기보다 다른 것에 빗대어 표현하고는 합니다. 따라서 겉으로 드러난 내용에만 집중하면 시를 제대로 감상할 수 없습니다.

시는 리듬을 만드는 운율을 가지고 있는데, 이러한 운율은 글자 수를 비슷하게 맞출 때 나타나기도 하고 특정한 글자가 반복되어 나타나기도 합니다. 시를 좋아하지 않는 사람도 이러한 운율을 제대로 느끼며 시를 감상하다 보면, ㉢전혀 생각이나 예상을 하지 못하게 시의 매력에 빠지게 될 수도 있을 겁니다.

1 윗글의 ㉠~㉢의 뜻을 가진 낱말을 써 보세요.

(1) ㉠: ☐☐☐☐ 한　　(2) ㉡: ☐☐☐☐　　(3) ㉢: ☐☐☐ 로

2 윗글의 내용으로 알맞은 것은 O에, 알맞지 않은 것은 X에 표시하세요.

(1) 시에는 빗대어 표현하는 방법이 사용된다.　　　　　　　(O ┊ X)

(2) 시를 제대로 감상하려면 겉으로 드러난 내용에 집중해야 한다.　(O ┊ X)

(3) 운율은 글자 수를 비슷하게 맞추거나 특정한 글자를 반복할 때 나타난다. (O ┊ X)

한자성어

外 柔 内 剛
바깥 외　부드러울 유　안 내　굳셀 강

🔍 겉으로는 부드럽고 순하게 보이나 속은 굳센 사람의 성격을 나타내는 말

붙임딱지

長 길장 / 短 짧을단

한자능력 8급

한자능력 준6급

長 ↔ 短

뜻	소리
길	장

뜻	소리
짧을	단

長 툥

길 장   길 장

短 矢

짧을 단   짧을 단

유래

 → 툥 → 長

💡 長은 머리칼이 긴 노인을 그린 한자야. 노인이 긴 머리칼을 휘날리는 모습을 나타낸 거지. 그래서 '길다', '어른'과 같은 의미를 가지게 되었어.

유래

 → 短 → 短

💡 短은 '투호'라는 화살 던지기 놀이에서 온 한자야. 화살을 던지면 활로 쏘는 것보다 짧게 날아가기 때문에 '짧다', '가깝다'라는 뜻을 갖게 되었어.

🔍 '장(長)'이 사용된 낱말 중 다음 뜻에 알맞은 낱말을 찾아 써 보세요.

성장 成長

長
길장

장기 長期   최장 最長

1 긴 기간을 말해요.   → ☐

2 가장 길다는 의미예요.   → ☐

3 사람이나 동식물이 자라서 점점 커지는 것을 말해요.   → ☐

🚩 '단(短)'이 사용된 낱말 중 다음 뜻에 알맞은 낱말을 찾아 써 보세요.

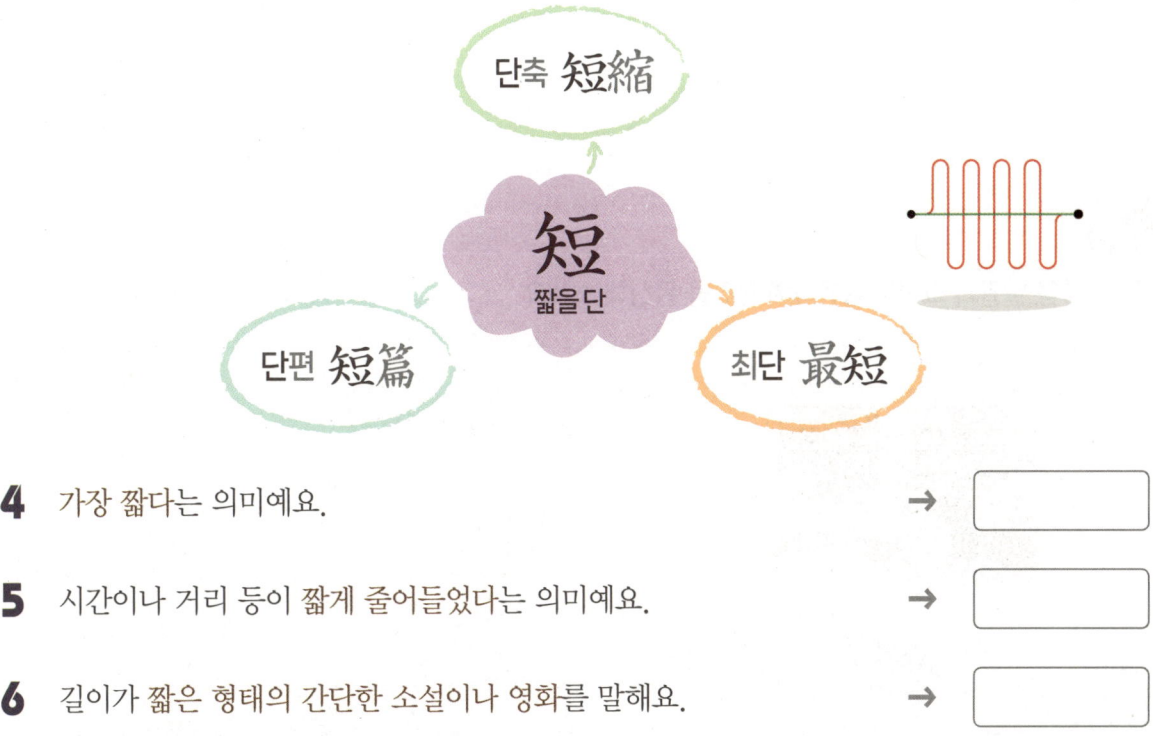

단축 短縮

短
짧을단

단편 短篇   최단 最短

4 가장 짧다는 의미예요.   → ☐

5 시간이나 거리 등이 짧게 줄어들었다는 의미예요.   → ☐

6 길이가 짧은 형태의 간단한 소설이나 영화를 말해요.   → ☐

1 '장(長)'과 '단(短)'이 들어간 **보기** 의 낱말 중 빈칸에 알맞은 낱말을 골라 써 보세요.

보기

> 단축   성장   최단   최장

(1) 두 점을 잇는 [   ] 거리는 직선이다.

(2) 청소년기는 몸도 마음도 [   ]이 매우 빠른 때이다.

2 다음 문장에 어울리는 낱말을 골라 ○표 하세요.

(1) 버스가 생기면서 집으로 가는 시간이 (압축 / 단축)되었다.

(2) 그 사건은 해결하기 어려워서 (장기 / 단기) 수사가 필요하다.

(3) 이 드라마는 엄청나게 인기를 끌며 (최단 / 최장) 기간 동안 많은 사랑을 받았다.

쓰기 활동

3 다음 낱말과 그림을 활용하여 문장을 완성해 보세요.

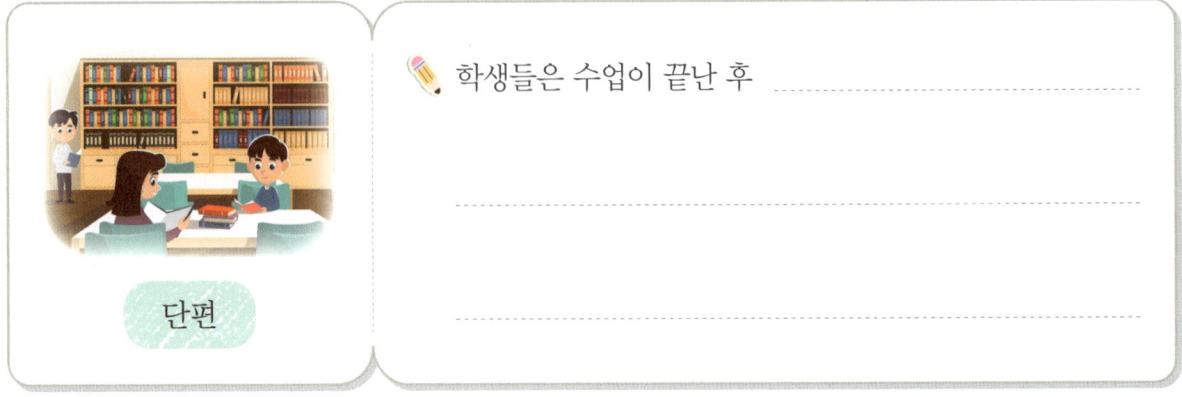

단편

✏️ 학생들은 수업이 끝난 후 _____

_____

_____

📖 다음 글을 읽고 문제를 풀어 보세요.

> 지난달부터 아버지와 함께 저녁에 동네 한 바퀴를 달리기로 약속했는데, 현재까지는 장기적으로 잘 지키고 있다. 모든 일에는 장점과 단점이 있는 법이니 물론 힘든 점도 있지만, 무엇보다도 ㉠가장 짧은 기간에 살이 정말 많이 빠졌다.
>
> 처음에는 10초만 뛰어도 숨이 차서 헐떡거리느라 자주 멈추고는 했는데, 이제는 점점 속도가 붙어서 동네 한 바퀴를 도는 데 걸리는 시간이 상당히 ㉡짧게 줄어들었다.
>
> 원래 나는 걷는 걸 싫어해서 매번 부모님을 졸라 가까운 곳도 차를 타고 다녔는데, 이제 단거리는 걸어서 가자고 내가 먼저 부모님께 말씀드리게 되었다. 달리기를 하면서 몸도 마음도 ㉢자라서 점점 커진 것 같아 기쁘다.

1 윗글의 ㉠~㉢의 뜻을 가진 낱말을 써 보세요.

(1) ㉠: [   ]   (2) ㉡: [   ]되었다   (3) ㉢: [   ]한

2 윗글의 내용으로 알맞은 것은 O에, 알맞지 않은 것은 X에 표시하세요.

(1) '나'는 달리기를 시작한 후 살이 많이 빠졌다. (O ┊ X)

(2) '나'는 아침마다 아버지와 함께 동네 한 바퀴를 달린다. (O ┊ X)

(3) '나'는 먼 거리도 차를 타지 않고 걸어가는 습관이 생겼다. (O ┊ X)

한자성어

長 幼 有 序
길 장 어릴 유 있을 유 차례 서

🔍 어른과 어린이 사이에는 순서와 질서가 있다는 말

붙임딱지

한자능력 7급

한자능력 7급

뜻	소리
날	출

뜻	소리
들	입

出 屮
날출   날출

入 丿
들입   들입

유래

💡 出은 식물의 싹이 차츰 땅 위로 나오며 자라는 모양을 본뜬 한자야. '나다'라는 뜻 외에 '나가다' 또는 '떠나다'라는 뜻을 가진 말로 쓰이고 있어.

유래

💡 入은 하나의 줄기 밑에 뿌리가 갈라져 땅속으로 뻗어 들어가는 모습을 나타낸 한자야. '들어가다' 또는 '빠져들다'라는 뜻으로 쓰이고 있어.

'출(出)'이 사용된 낱말 중 다음 뜻에 알맞은 낱말을 찾아 써 보세요.

지출 支出

出
날 출

출입 出入

출현 出現

1 어느 곳을 드나드는 것을 말해요. →

2 어떤 목적을 위하여 돈을 쓰는 것을 말해요. →

3 나타나거나 또는 나타나서 보인다는 뜻의 말이에요. →

'입(入)'이 사용된 낱말 중 다음 뜻에 알맞은 낱말을 찾아 써 보세요.

개입 介入

入
들 입

몰입 沒入

입문 入門

4 깊이 파고들거나 빠지는 것을 말해요. →

5 무엇을 배우는 길에 처음 들어서는 것을 말해요. →

6 자신과 직접적인 관계가 없는 일에 끼어드는 것을 말해요. →

1 다음 문장의 빈칸에 알맞은 낱말을 찾아 써 보세요.

(1) 저축하는 돈을 늘리려면 [   ]을 줄여야 한다.

> 지출   출입   출현

(2) 이 비밀 공간의 [   ]은 우리와 관계가 있는 사람에게만 허락된다.

> 지출   출입   출현

2 다음 문장에 어울리는 낱말을 골라 ○표 하세요.

(1) 갑작스런 산짐승의 (출입 / 출현)으로 사람들은 겁에 질렸다.

(2) 그는 정치에 (입문 / 입학)한 지 십 년 만에 대통령 후보가 되었다.

(3) 지나치게 다른 사람 일에 (개입 / 몰입) 하는 것을 '오지랖이 넓다'라고 표현한다.

쓰기 활동

3 다음 낱말과 그림을 활용하여 문장을 완성해 보세요.

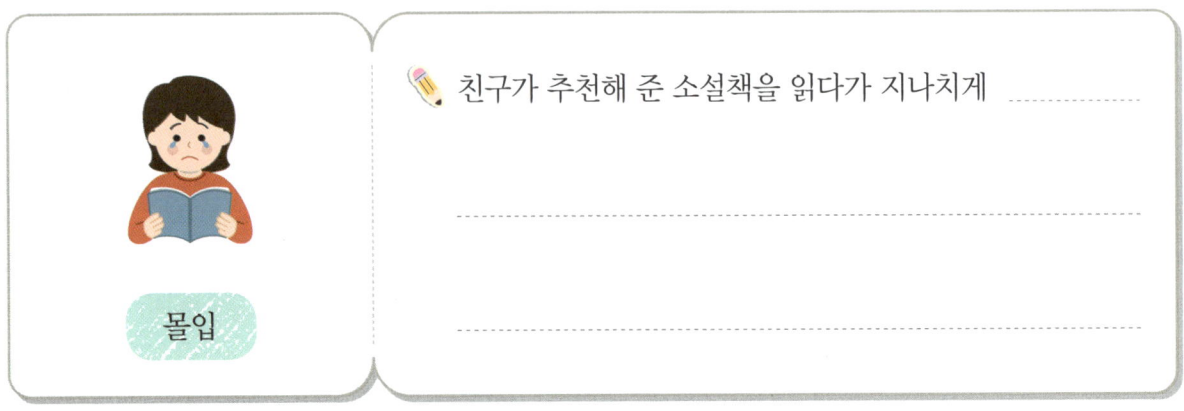

✏️ 친구가 추천해 준 소설책을 읽다가 지나치게

몰입

다음 글을 읽고 문제를 풀어 보세요.

    염소와 물고기가 달리기와 수영 중에서 어느 것이 더 힘든지에 대해 이야기하고 있었다. 그런데 거북이의 ㉠나타남으로 대화는 싸움으로 번지고 말았다. 염소와 물고기는 거북이에게 각자 자기편을 들어 달라고 졸라댔다. 거북이는 뜻하지 않게 ㉡자신과 직접적인 관계가 없는 일에 끼어들게 된 것이다. 염소는 물에서는 몸이 쉽게 떠오르는 반면에, 땅에서는 자신의 몸무게를 견디는 큰 힘이 필요하다고 주장했다. 물고기는 수영을 할 때는 땅에서보다 몸이 자유롭지 못해 움직이는 데 많은 힘이 필요하다고 주장했다. 염소와 물고기는 자기주장을 펼치는 데에만 ㉢깊이 빠져서 상대방의 말을 들으려 하지 않았다. 거북이는 난감해서 고개만 내저을 뿐 아무 말도 할 수 없었다.

1 윗글의 ㉠~㉢의 뜻을 가진 낱말을 써 보세요.

(1) ㉠: ☐☐☐☐☐ (2) ㉡: ☐☐☐☐☐ 하게 (3) ㉢: ☐☐☐☐☐ 해서

2 윗글의 내용으로 알맞은 것은 O에, 알맞지 <u>않은</u> 것은 X에 표시하세요.

(1) 염소는 달리기가 수영보다 더 큰 힘이 필요하다고 주장하였다. (O ┊ X)

(2) 물고기는 땅에서보다 물에서 자유롭게 움직일 수 있다고 주장하였다. (O ┊ X)

(3) 거북이는 자기주장을 펼치는 데 몰입하여 누구의 편도 들어 줄 수 없었다. (O ┊ X)

한자성어

單 刀 直 入
홑단 칼도 곧을직 들입

🔍 바로 요점이나 본문제를 중심적으로 말함을 이르는 말

붙임딱지

한자 놀이

한자어의 소리가 올바르면 O로, 그렇지 않으면 X로 따라가며 길을 찾아보세요.

생활

공부한 날

월 일

한자능력 준6급

한자능력 준7급

飲 + 食

뜻	소리
마실	음

뜻	소리
먹을	식

飲	飠	
마실 음	마실 음	

食	令	
먹을 식	먹을 식	

유래

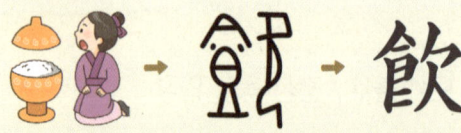

💡 飲은 음식 앞에서 입을 크게 벌리고 있는 모습을 표현한 한자야. 오늘날에는 물 또는 술을 '마시다'라는 뜻으로 쓰이게 되었어.

유래

💡 食은 음식을 담는 그릇과 그 뚜껑을 나타낸 한자야. 그래서 '음식'이나 '먹다'라는 의미로 쓰이게 된 거야.

'음(飲)'이 사용된 낱말 중 다음 뜻에 알맞은 낱말을 찾아 써 보세요.

1 사람이 먹고 마시는 먹거리를 뜻해요. →

2 술 따위를 지나치게 마시는 것을 말해요. →

3 음료 따위의 맛을 알기 위해 시험 삼아 마셔보는 일을 말해요. →

'식(食)'이 사용된 낱말 중 다음 뜻에 알맞은 낱말을 찾아 써 보세요.

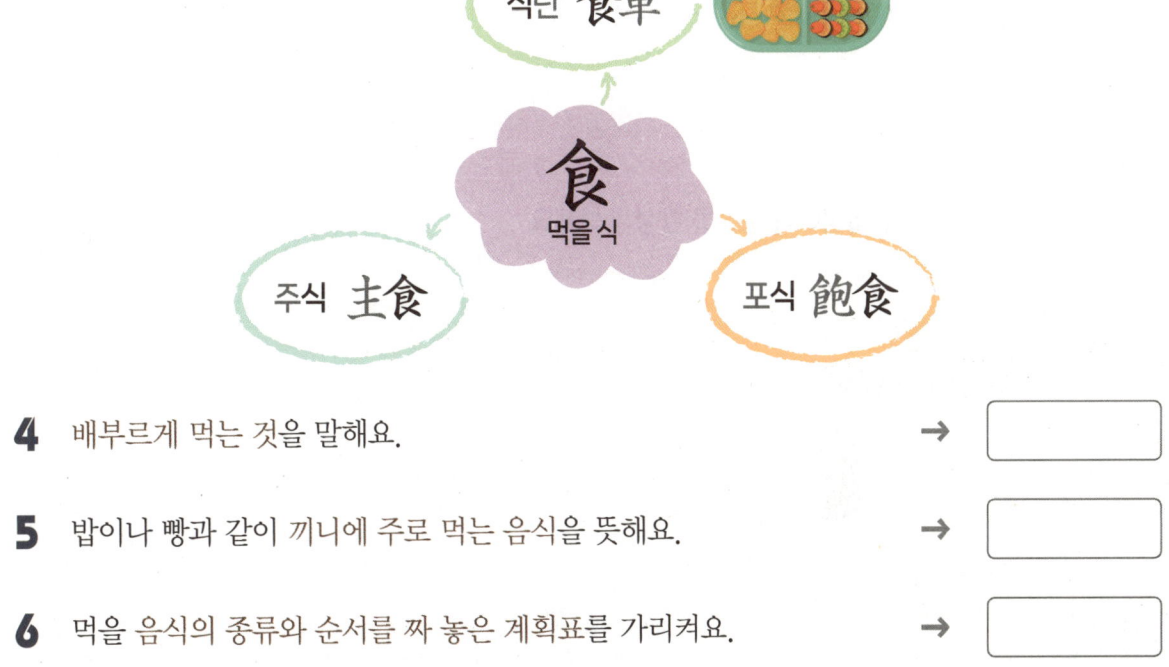

4 배부르게 먹는 것을 말해요. →

5 밥이나 빵과 같이 끼니에 주로 먹는 음식을 뜻해요. →

6 먹을 음식의 종류와 순서를 짜 놓은 계획표를 가리켜요. →

1 다음 문장의 빈칸에 알맞은 낱말을 찾아 선으로 이어 보세요.

(1) 건강을 생각해서 야채 중심의 (   )을 짜 보았다. · · 주식

(2) 그는 건강을 생각하여 끼니마다 잡곡밥을 (   )(으)로 먹는다. · · 식단

2 '음(飮)'이 들어간 보기의 낱말 중 다음 문장의 빈칸에 알맞은 낱말을 골라 써 보세요.

보기

과음   시음   음식

(1) [   ]을/를 하는 것은 건강에 무척 해롭다.

(2) 사람들이 새 음료수의 맛을 평가하기 위해 조금씩 [   ]을 했다.

(3) 김치는 각종 채소류를 소금에 절인 우리나라의 대표적인 [   ]이다.

쓰기 활동

3 다음 낱말과 그림을 활용하여 문장을 완성해 보세요.

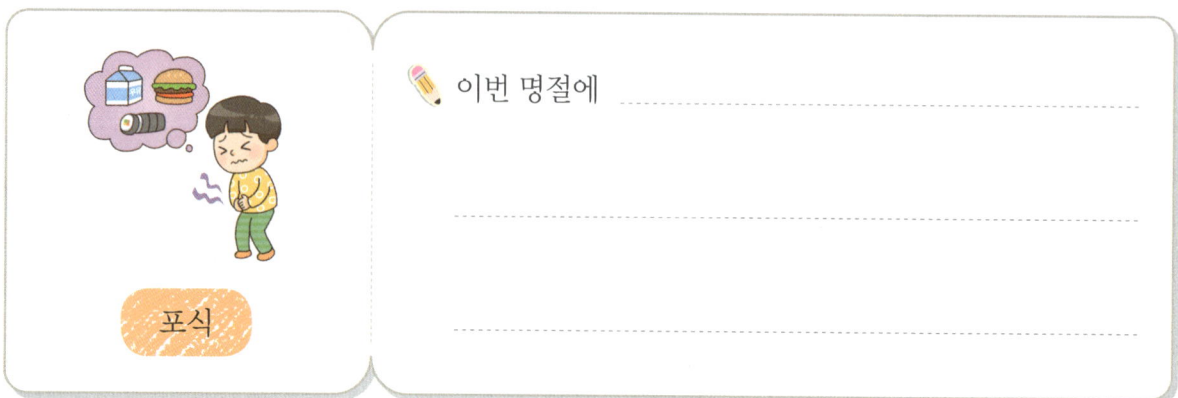

포식

✏️ 이번 명절에 _____

_____

_____

📖 다음 글을 읽고 문제를 풀어 보세요.

대한민국의 ㉠사람이 먹고 마시는 먹거리 문화가 변화하고 있습니다. 특히 바쁜 현대 사회에 발맞추어 '집밥'에도 새로운 변화의 바람이 불고 있습니다. 엄마의 손맛, 정성이 가득한 고향의 맛으로 불리는 '집밥'이 손질된 재료와 딱 맞게 포장된 양념을 이용하여 누구나 손쉽게 해 먹을 수 있는 제품으로 나오고 있습니다. '쌀'로 대표되던 ㉡끼니에 주로 먹는 음식도 빵과 샐러드, 면류 등으로 바뀌고 있습니다. 음료 또한 과거에는 달고 톡 쏘는 자극적인 맛의 제품이 많았다면 지금은 맛과 영양을 고루 갖추어 한 끼 식사 대신 먹어도 충분한 것들로 바뀌어 가고 있습니다. 대형 마트에서는 이런 제품들을 고객들이 ㉢맛을 알기 위해 시험 삼아 마셔 볼 수 있도록 하고 있습니다.

1 윗글의 ㉠~㉢의 뜻을 가진 낱말을 써 보세요.

(1) ㉠: ☐☐☐☐☐☐   (2) ㉡: ☐☐☐☐☐☐   (3) ㉢: ☐☐☐☐☐☐할

2 윗글의 내용에 알맞은 것은 무엇인가요? (2개)　　　　　(　 ,　)

① 과거에 우리나라의 대표적인 주식은 쌀이었다.
② 요즘에는 맛과 영양을 고루 갖춘 음료들이 많다.
③ 점점 달고 톡 쏘는 음료들의 인기가 높아지고 있다.
④ 오늘날 '집밥'을 해 먹으려면 시간과 정성이 많이 든다.

한자성어

好 衣 好 食
좋을 호　옷 의　좋을 호　먹을 식

🔍 좋은 옷을 입고 좋은 음식을 먹음을 이르는 말

붙임딱지

答 대답 답 / 問 물을 문

한자능력 준7급

한자능력 7급

答 ↔ 問

뜻	소리		뜻	소리

대답   답   물을   문

答	答			問	門	
대답 답	대답 답			물을 문	물을 문	

유래

 → 答 → 答

💡 答은 대나무 편지의 모양을 나타낸 한자야. 종이가 없던 시절에는 대나무 조각에 글을 써서 편지로 주고 받았어. 여기서 '답하다'는 뜻이 나오게 된 거지.

유래

 → 問 → 問

💡 問은 다른 사람의 집을 찾아가 질문하는 모습을 표현한 한자야. 여기서 '묻다' 외에도 '알리다'나 '소식'과 같은 뜻으로도 쓰이게 되었어.

🔍 '답(答)'이 사용된 낱말 중 다음 뜻에 알맞은 낱말을 찾아 써 보세요.

보답 報答

答
대답 답

응답 應答   화답 和答

1 입은 혜택이나 은혜를 갚는 것을 뜻해요. → ☐

2 시나 노래에 응하여 대답하는 것을 말해요. → ☐

3 부름이나 물음에 반응하여 답하는 것을 말해요. → ☐

🚩 '문(問)'이 사용된 낱말 중 다음 뜻에 알맞은 낱말을 찾아 써 보세요.

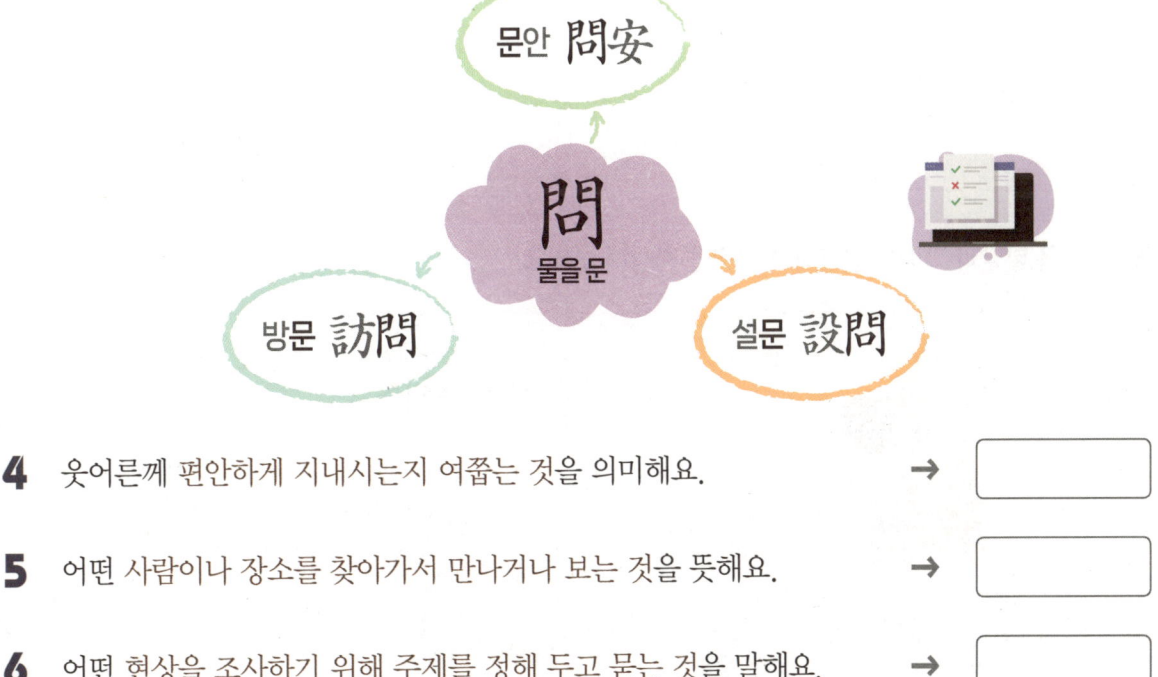

문안 問安

問
물을 문

방문 訪問   설문 設問

4 웃어른께 편안하게 지내시는지 여쭙는 것을 의미해요. → ☐

5 어떤 사람이나 장소를 찾아가서 만나거나 보는 것을 뜻해요. → ☐

6 어떤 현상을 조사하기 위해 주제를 정해 두고 묻는 것을 말해요. → ☐

1 다음 문장의 빈칸에 알맞은 낱말을 찾아 써 보세요.

(1) 앞집에서 떡을 가져와서 [   ]으로 식혜를 가져다 드렸다.

┌─────────────┐ ┌─────────────┐ ┌─────────────┐
│   보답   │ │   정답   │ │   설문   │
└─────────────┘ └─────────────┘ └─────────────┘

(2) 급훈을 정하기 위해 반 친구들을 대상으로 [   ]을 진행하였다.

┌─────────────┐ ┌─────────────┐ ┌─────────────┐
│   보답   │ │   응답   │ │   설문   │
└─────────────┘ └─────────────┘ └─────────────┘

2 다음 문장에 어울리는 낱말을 골라 ○표 하세요.

(1) 이 노래는 남자가 들려 준 노래에 대한 (해답 / 화답)이다.

(2) 일 년 만에 찾아뵌 친척 어른께 (설문 / 문안) 인사를 드렸다.

(3) 몸이 불편하신 어르신의 건강 관리를 위해 간호사가 집으로 (방문 / 설문)을 할 것이다.

쓰기 활동

3 다음 낱말과 그림을 활용하여 문장을 완성해 보세요.

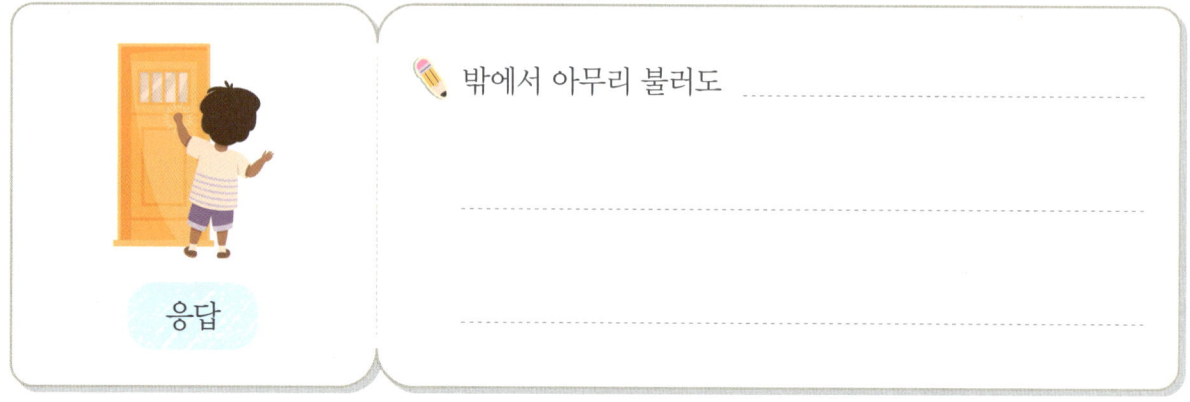

✏️ 밖에서 아무리 불러도 _____

_____

_____

응답

📖 다음 글을 읽고 문제를 풀어 보세요.

안녕하세요. 저희 통신사를 이용해 주셔서 감사합니다. 저희 통신사는 고객의 만족을 가장 먼저 생각하고 있으며, 보다 나은 서비스를 제공하기 위하여 고객들에게 간단한 ㉠조사를 하기 위해 주제를 정해 묻는 것을 실시하고 있습니다. 잠시 시간을 내어 ㉡물음에 반응하여 답하는 것을 해 주신 고객님께는 작은 상품도 드리고 있으니, 적극적인 참여를 부탁드립니다. 첫 번째 문항입니다. 저희 통신사의 서비스 센터를 ㉢찾아가서 본 경험이 있는 고객님은 1번 버튼을, 그렇지 않으신 고객님은 2번 버튼을 눌러 주세요. 서비스 센터에서 직원의 안내가 친절했다고 느끼셨으면 1번 버튼을, 그렇지 않으시면 2번 버튼을 눌러 주세요.

1 윗글의 ㉠~㉢의 뜻을 가진 낱말을 써 보세요.

(1) ㉠: [   ] 조사   (2) ㉡: [   ]   (3) ㉢: [   ] 한

2 윗글의 내용으로 알맞은 것은 O에, 알맞지 <u>않은</u> 것은 X에 표시하세요.

(1) 통신사가 하는 설문에 응한 고객은 상품을 선물로 받을 수 있다.   (O ┆ ×)

(2) 통신사에서 설문을 하는 목적은 보다 나은 서비스를 제공하기 위함이다.   (O ┆ ×)

(3) 서비스 센터에 전화를 걸어 본 경험이 있는 고객이라면 첫 번째 문항에서 1번을 눌렀을 것이다.   (O ┆ ×)

한자성어

東 問 西 答
동녘 동 물을 문 서녘 서 대답 답

🔍 물음과는 전혀 상관없는 엉뚱한 대답을 이르는 말

붙임딱지

事 일사 / 物 물건물

한자능력 준7급

한자능력 준7급

事 ✚ 物

뜻	소리
일	사

뜻	소리
물건	물

事	亐	
일 사	일 사	

物	牣	
물건 물	물건 물	

유래

→ 事 → 事

💡 事는 깃발 달린 깃대를 손으로 세우고 있는 모양을 나타낸 한자야. 직책을 나타내는 말로 쓰이다가 넓은 의미에서 '일', '직업'을 뜻하는 말로 쓰이게 되었어.

유래

→ → 物

💡 物은 칼로 소를 잡아 마련한 제사용 재물을 나타내는 한자야. 처음에는 가축과 관련된 뜻으로 쓰이다가 지금은 '물건', '만물'을 나타내는 뜻으로 쓰이고 있어.

'사(事)'가 사용된 낱말 중 다음 뜻에 알맞은 낱말을 찾아 써 보세요.

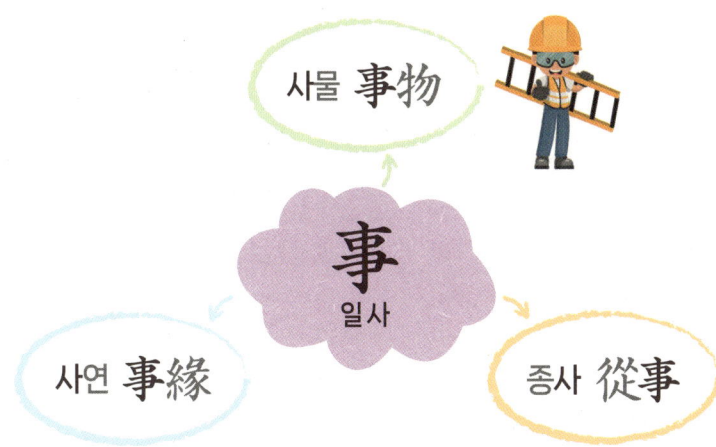

사물 事物

事
일사

사연 事緣   종사 從事

1 일의 앞뒤 사정과 까닭을 말해요.   →

2 물체와 같은 대상을 가리키는 말이에요.   →

3 어떤 일에 마음과 힘을 다하는 것 또는 어떤 일을 직업으로 하는   →
것을 뜻해요.

'물(物)'이 사용된 낱말 중 다음 뜻에 알맞은 낱말을 찾아 써 보세요.

물가 物價

物
물건물

물정 物情   물질 物質

4 물건의 값을 말해요.   →

5 물체의 본바탕을 말해요.   →

6 세상의 이러저러한 형편을 말해요.   →

1 보기의 글자로 다음 문장의 빈칸에 들어갈 낱말을 만들어 써 보세요.

보기

| 종 | 사 | 물 |

(1) 그는 어떤 [   ]이든지 생생하게 그리는 재주가 있다.
물체와 같은 대상

(2) 의료업에 [   ]를 하는 사람은 다른 이들보다 감염병에 걸릴 위험이 크다.
어떤 일을 직업으로 하는 것

2 다음 문장의 빈칸에 알맞은 낱말을 찾아 선으로 이어 보세요.

(1) 주구장창 공부만 한 그는 세상
(   )을 모른다.   •   • 사연

(2) 강에 오염된 (   )을 몰
래 내보낸 회사가 적발되었다.   •   • 물질

(3) 편지에는 그 사람이 말없이 떠난
(   )이 적혀 있었다.   •   • 물정

쓰기 활동

3 다음 낱말과 그림을 활용하여 문장을 완성해 보세요.

물가

✏️ ....

....

.... 아무것도 살 수 없었다.

📖 다음 글을 읽고 문제를 풀어 보세요.

　최근 들어 무섭게 치솟고 있는 ㉠물건의 값 때문에 많이 사람들이 어려움을 겪고 있다. 특히 음식업에 ㉡마음과 힘을 다하거나 직업으로 하는 상인들의 근심이 깊어지고 있다. 재료의 가격이 오르면 음식 값을 올려야 하는데, 음식 가격이 오르면 가게를 찾는 손님들이 줄어들기 때문이다. 실제로 장사가 잘 되지 않아 문을 닫는 가게들이 늘어나고 있다. 정부에서는 장사가 잘 되지 않아 어려움을 겪는 상인들에게 지원금을 줄 계획을 발표했다. 이 소식을 접한 상인들은 지원금으로 당장 급한 불은 끌 수 있겠지만, ㉢세상의 이러저러한 형편을 잘 살펴 보다 도움이 되는 대책을 세워 줄 것을 요구했다.

1 윗글의 ㉠~㉢의 뜻을 가진 낱말을 써 보세요.

(1) ㉠: [　　　　　]　　(2) ㉡: [　　　　　]하는　　(3) ㉢: [　　　　　]

2 윗글의 내용으로 알맞은 것은 O에, 알맞지 <u>않은</u> 것은 X에 표시하세요.

(1) 상인들은 정부가 주는 지원금을 받지 않기로 했다.　　　　　　　(O ┆ X)

(2) 상인들은 음식 가격이 올라 손님들이 줄어드는 것을 걱정한다.　　(O ┆ X)

(3) 음식 재료의 가격이 오르면 상인들은 음식의 가격을 올릴 수밖에 없다.　(O ┆ X)

한자성어

見 物 生 心
볼 견　물건 물　날 생　마음 심

🔍 실제로 보게 되면 그것을 가지고 싶은 욕심이 생기는 것을 이르는 말

붙임딱지

한자능력 6급

言

뜻	소리
말씀	언

한자능력 준7급

話

뜻	소리
말씀	화

言	言	
말씀 언	말씀 언	

話	話	
말씀 화	말씀 화	

유래

💡 言은 입과 나팔의 모양을 함께 그려 말소리가 퍼져 나가는 모습을 표현한 한자야. 그래서 '말소리', '말씀' 등의 뜻을 갖게 되었어.

유래

💡 話는 혀와 말을 함께 그려 혀를 놀려 말을 하는 모습을 나타낸 한자야. 오늘날에는 '말씀', '이야기' 등을 뜻하는 말로 사용되고 있어.

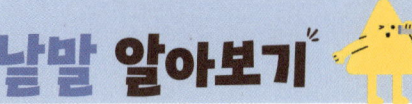
'언(言)'이 사용된 낱말 중 다음 뜻에 알맞은 낱말을 찾아 써 보세요.

실언 失言

言
말씀 언

언어 言語

조언 助言

1 실수로 잘못 말하는 것 또는 그렇게 한 말을 뜻해요. → ☐

2 말로 거들거나 깨우쳐 주어서 돕는 것 또는 그 말을 말해요. → ☐

3 생각, 느낌 따위 등을 나타내거나 전달하는 데 쓰는 음성, 문자 따위의 수단을 이르는 말이에요. → ☐

'화(話)'가 사용된 낱말 중 다음 뜻에 알맞은 낱말을 찾아 써 보세요.

담화 談話

話
말씀 화

화술 話術

화자 話者

4 말을 잘하는 슬기와 능력을 뜻해요. → ☐

5 이야기를 하는 사람을 가리키는 말이에요. → ☐

6 서로 이야기를 주고받는 것 또는 그 이야기를 말해요. → ☐

1 주어진 자음과 뜻을 보고, 다음 빈칸에 어울리는 낱말을 넣어 문장을 완성해 보세요.

(1) ㅈ ㅇ : 말로 거들거나 깨우쳐 주어서 돕는 것 또는 그 말

→ 지나친 [   ]은 상대에게 간섭받는다는 느낌을 줄 수 있다.

(2) ㅇ ㅇ : 생각, 느낌 따위 등을 나타내거나 전달하는 데 쓰는 음성, 문자 따위의 수단

→ 인간은 동물과는 다르게 생각을 표현할 수 있는 [   ]를 사용할 수 있다.

2 다음 문장에 어울리는 낱말을 골라 ○표 하세요.

(1) 시에서 말하고 있는 사람을 가리켜 (청자 / 화자)라고 한다.

(2) 두 사람은 날이 새는 줄도 모르고 (담화 / 실언)을/를 나누었다.

(3) (화술 / 조언)이 뛰어난 사람일수록 풍부한 어휘력을 갖추고 있는 경우가 많다.

쓰기 활동

3 다음 낱말과 그림을 활용하여 문장을 완성해 보세요.

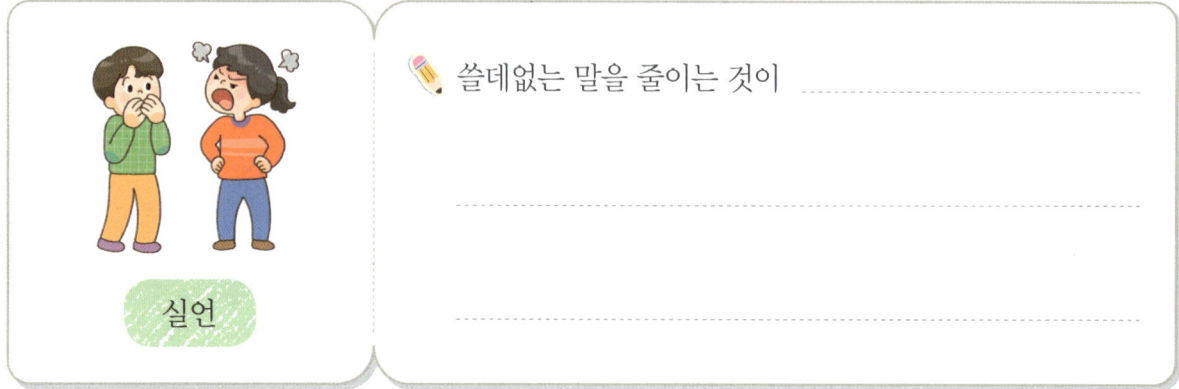

실언

✏️ 쓸데없는 말을 줄이는 것이 ....

....

....

📖 다음 글을 읽고 문제를 풀어 보세요.

　　㉠서로 이야기를 주고 받는 것을 할 때는 말하는 상황과 대화하는 사람 사이의 사회적 관계 등을 생각해야 합니다. 같은 표현이라도 언제 어디에서, 누가 누구에게, 어떤 뜻과 목적으로 하는 말인지에 따라 전혀 다른 의미로 이해될 수 있기 때문입니다. 또한 지역이나 문화에 따라 같은 말이 다르게 이해될 수도 있습니다. 한 나라의 언어에는 그 나라 사람들만이 가지고 있는 감정이나 생활 습관이 녹아 있는데, 이것을 다른 나라 사람이 들을 때는 ㉡이야기를 하는 사람의 감정이나 말속에 담긴 의미를 전혀 이해하지 못할 수도 있습니다. 다른 나라 사람과 얘기할 때 분위기를 좋게 하기 위해 한 농담이 ㉢실수로 잘못 한 말이 되어 상대방의 기분을 상하게 하는 일도 있습니다. 따라서 대화를 할 때는 상황과 대화하는 사람과의 문화적 차이 등을 생각하면서 이야기하는 것이 중요합니다.

1 윗글의 ㉠~㉢의 뜻을 가진 낱말을 써 보세요.

(1) ㉠: ☐　　　　　(2) ㉡: ☐　　　　　(3) ㉢: ☐

2 윗글의 중심 내용으로 가장 알맞은 것은 무엇인가요?　　　　　(　　　　)

① 실언을 하면 다른 사람의 기분을 상하게 할 수 있다.
② 표현을 할 때는 다양한 방식으로 해야 듣는 이가 이해하기 쉽다.
③ 사는 지역이 다른 사람들끼리는 담화를 하는 것이 어려울 수 있다.
④ 담화를 할 때는 말하는 상황과 대화하는 사람 사이의 사회적 관계를 생각해야 한다.
⑤ 언어를 분석해 보면 그 나라 사람들만이 가지고 있는 감정이나 생활 습관 등을 알 수 있다.

한자성어

言 中 有 骨
말씀 언　가운데 중　있을 유　뼈 골

🔍 말 속에 뼈가 있다는 뜻으로, 흔히 아는 말 속에 단단한 속뜻이 들어 있음을 이르는 말

붙임딱지

한자능력 준7급　　　　　　　　　　　한자능력 준7급

市 ≒ 場

뜻	소리		뜻	소리
저자	시		마당	장

'시장'의 옛말

市	市	
저자 시	저자 시	

場	場	
마당 장	마당 장	

유래

 → 屮 → 市

💡 市는 사람이 많은 시장에서 시끌벅적한 소리가 나는 모습을 표현한 한자야. 사람이 모이는 시장은 항상 붐비고 와자지껄하다는 의미를 담고 있어.

유래

💡 場은 햇볕이 잘 드는 땅을 가리키는 한자로 쓰였어. 집을 지을 때 햇볕이 잘 드는 곳을 마당으로 만들었으므로, '마당', '장소'의 뜻을 갖게 되었어.

'시(市)'가 사용된 낱말 중 다음 뜻에 알맞은 낱말을 찾아 써 보세요.

개시 開市

市
저자 시

도시 都市   출시 出市

1 가게 문을 열고 하루 장사를 시작하는 것을 말해요. →

2 상품을 시장에 내보내거나 상품이 시장에 나오는 것을 말해요. →

3 정치 · 경제 · 문화의 중심이 되는, 사람이 많이 사는 지역을 말해요. →

'장(場)'이 사용된 낱말 중 다음 뜻에 알맞은 낱말을 찾아 써 보세요.

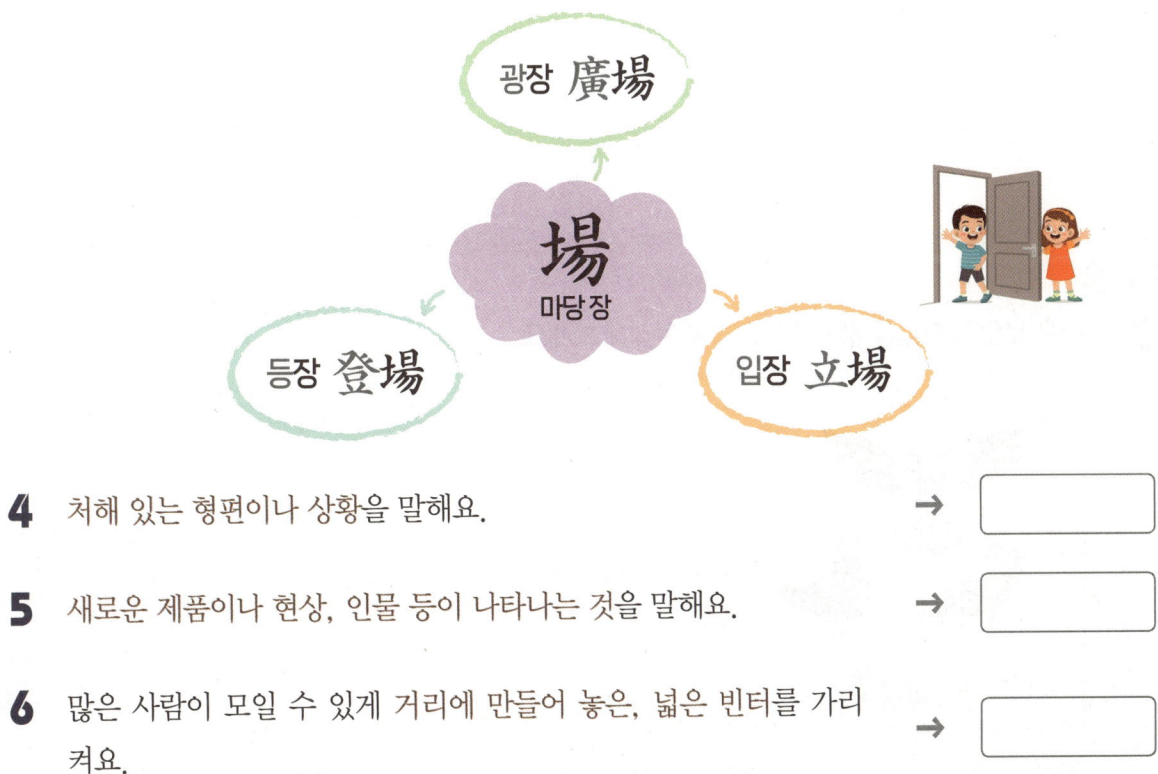

광장 廣場

場
마당 장

등장 登場   입장 立場

4 처해 있는 형편이나 상황을 말해요. →

5 새로운 제품이나 현상, 인물 등이 나타나는 것을 말해요. →

6 많은 사람이 모일 수 있게 거리에 만들어 놓은, 넓은 빈터를 가리켜요. →

1 보기 의 글자로 다음 문장의 빈칸에 들어갈 낱말을 만들어 써 보세요.

> 보기
>
> 등   입   장

(1) [   ]을/를 바꿔 생각해 보면 상대방을 이해할 수 있다.
   처해 있는 형편이나 상황

(2) 대형 마트의 [   ]으로 주변에 작은 가게들이 문을 닫고 있다.
   새로운 제품이나 현상, 인물 등이 나타나는 것

2 다음 문장에 어울리는 낱말을 골라 ○표 하세요.

(1) (도시 / 시장)에는 높은 층의 빌딩들이 늘어서 있다.

(2) 이 가게가 영업 (개시 / 출시)를 하는 시간은 매일 오전 9시이다.

(3) 사람들의 시선이 이번에 새롭게 (개시 / 출시)된 자동차로 쏠렸다.

 쓰기 활동

3 다음 낱말과 그림을 활용하여 문장을 완성해 보세요.

광장

✏️ _____

_____

_____ 모여들었다.

다음 글을 읽고 문제를 풀어 보세요.

> 윤슬이는 영신이와 크게 다투었다. 윤슬이와 영신이는 서로의 ㉠처해 있는 형편이나 상황 차이를 이해하지 못했기 때문이다. 매일 단짝처럼 붙어 다니던 영신이와 말도 하지 않고 놀지도 않고 있자니 윤슬이의 마음 한구석이 불편했다. 윤슬이는 용기를 내서 영신이에게 문자 메시지를 보냈다.
>
> "영신아, 할 말이 있으니 방과 후에 학교 앞 ㉡넓은 빈터로 나와 줘."
> 윤슬이는 약속 장소에서 기다리는 내내 영신이가 어떤 표정으로 어떤 말을 할지 마음을 졸였다. 하지만 잠시 후, 활짝 웃으며 ㉢새롭게 나타난 영신이를 보자 윤슬이는 걱정하던 마음이 사르르 녹아 내렸다.

1 윗글의 ㉠~㉢의 뜻을 가진 낱말을 써 보세요.

(1) ㉠: [　　　　] (2) ㉡: [　　　　] (3) ㉢: [　　　　]한

2 윗글의 내용으로 알맞은 것은 O에, 알맞지 <u>않은</u> 것은 X에 표시하세요.

(1) 윤슬이와 영신이는 단짝 친구이다. (O ┊ X)

(2) 영신이가 먼저 윤슬이와 화해하려고 했다. (O ┊ X)

(3) 영신이는 약속 장소에 나오면서도 기분이 상해 있었다. (O ┊ X)

한자성어

門 前 成 市
문 문　앞 전　이룰 성　시장 시

🔍 찾아오는 사람이 많아 집 문 앞이 시장을 이루다시피 함을 이르는 말

붙임딱지

공부한 날

월 일

한자능력 준7급

記

뜻	소리
기록할	기

記	記	
기록할 기	기록할 기	

한자능력 준5급

課

뜻	소리
과정	과

課	課	
과정 과	과정 과	

유래

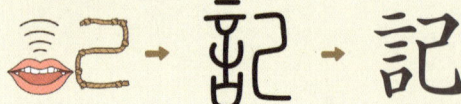

💡 記는 '말'과 '자기 자신'을 뜻하는 글자를 합해 만든 한자야. 처음에는 말을 자기 머릿속에 기억한다는 뜻으로 쓰였다가, 나중에 '기록하다'라는 뜻을 갖게 되었어.

유래

💡 課는 '말'과 '열매를 맺고 있는 나무'를 뜻하는 말을 합쳐 놓은 글자야. 그래서 말, 즉 글을 열심히 익혀서 결실을 맺는다는 뜻으로 만들어졌어.

'기(記)'가 사용된 낱말 중 다음 뜻에 알맞은 낱말을 찾아 써 보세요.

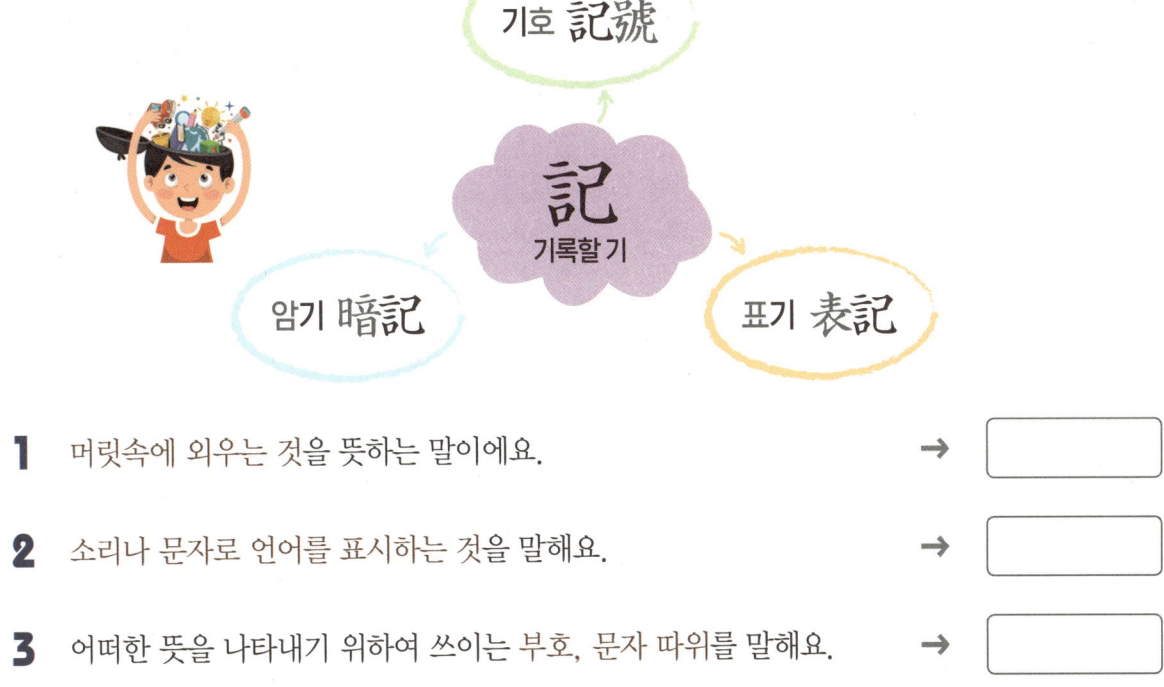

기호 記號

記
기록할 기

암기 暗記   표기 表記

1 머릿속에 외우는 것을 뜻하는 말이에요.   →

2 소리나 문자로 언어를 표시하는 것을 말해요.   →

3 어떠한 뜻을 나타내기 위하여 쓰이는 부호, 문자 따위를 말해요.   →

'과(課)'가 사용된 낱말 중 다음 뜻에 알맞은 낱말을 찾아 써 보세요.

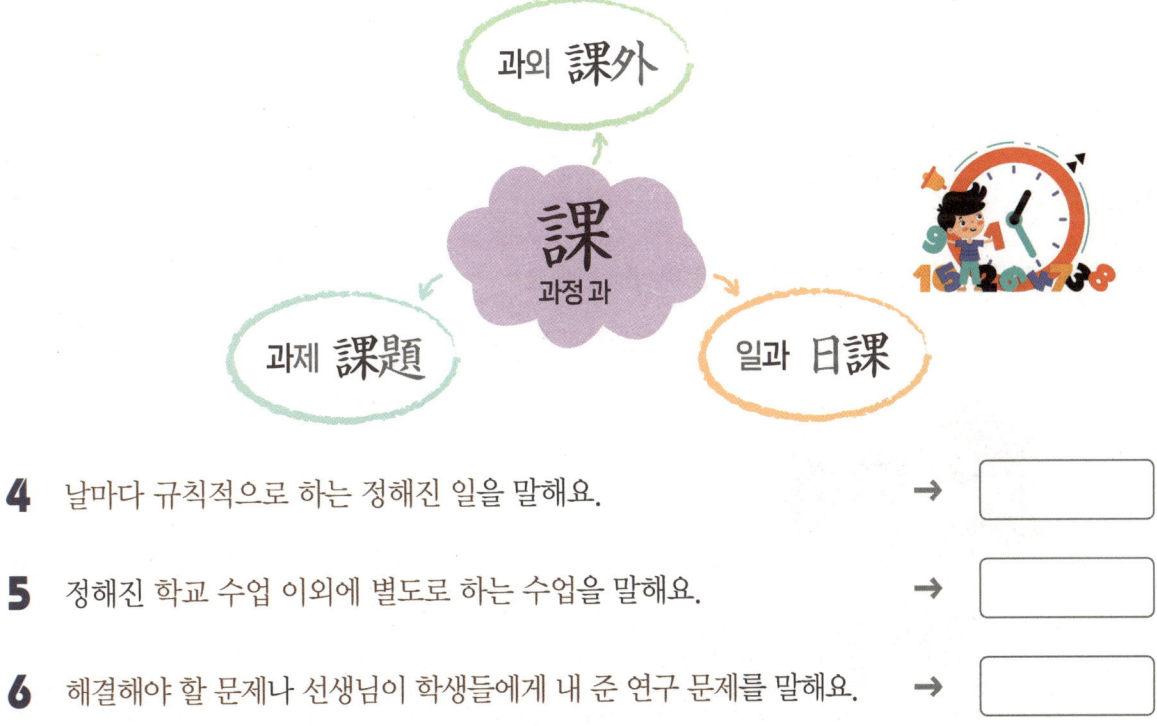

과외 課外

課
과정 과

과제 課題   일과 日課

4 날마다 규칙적으로 하는 정해진 일을 말해요.   →

5 정해진 학교 수업 이외에 별도로 하는 수업을 말해요.   →

6 해결해야 할 문제나 선생님이 학생들에게 내 준 연구 문제를 말해요.   →

1 보기 의 글자로 다음 문장의 빈칸에 들어갈 낱말을 만들어 써 보세요.

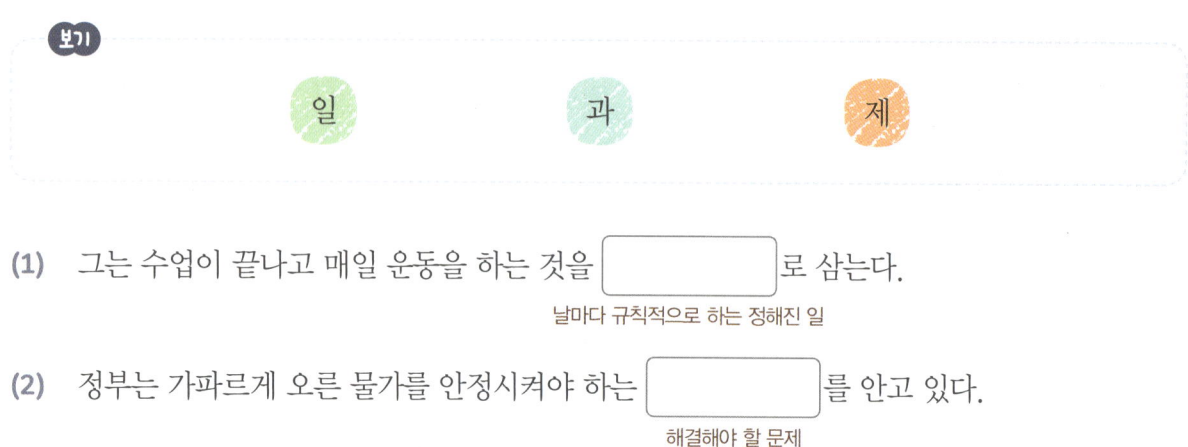

보기

일   과   제

(1) 그는 수업이 끝나고 매일 운동을 하는 것을 [   ]로 삼는다.

<u>날마다 규칙적으로 하는 정해진 일</u>

(2) 정부는 가파르게 오른 물가를 안정시켜야 하는 [   ]를 안고 있다.

<u>해결해야 할 문제</u>

2 '記(기)'가 들어간 보기 의 낱말 중 빈칸에 알맞은 낱말을 골라 써 보세요.

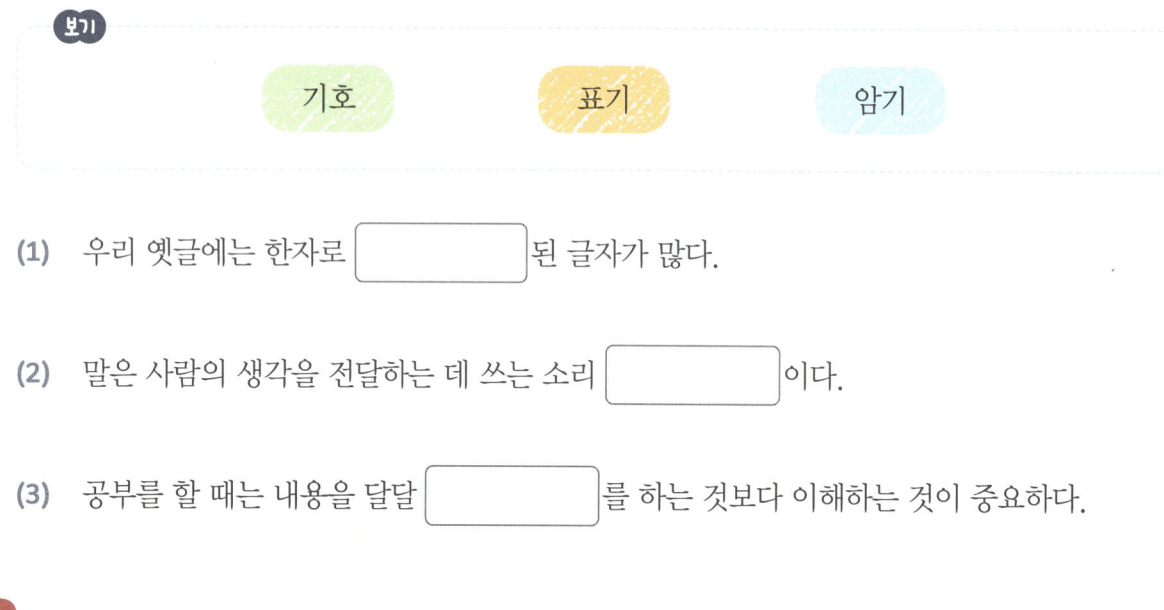

보기

기호   표기   암기

(1) 우리 옛글에는 한자로 [   ]된 글자가 많다.

(2) 말은 사람의 생각을 전달하는 데 쓰는 소리 [   ]이다.

(3) 공부를 할 때는 내용을 달달 [   ]를 하는 것보다 이해하는 것이 중요하다.

쓰기 활동

3 다음 낱말과 그림을 활용하여 문장을 완성해 보세요.

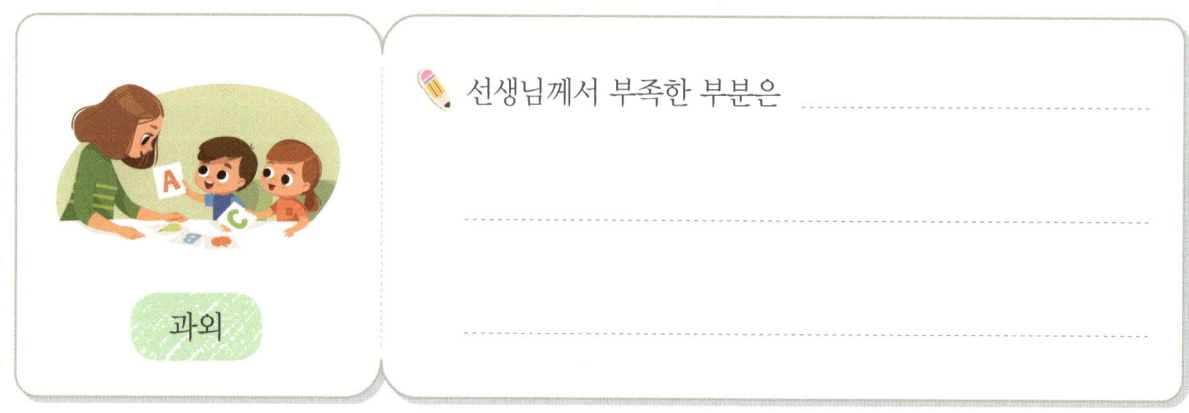

과외

✏️ 선생님께서 부족한 부분은 ⋯⋯⋯⋯⋯⋯⋯⋯

📖 다음 글을 읽고 문제를 풀어 보세요.

나는 부모님과 함께 하는 저녁 산책을 ㉠날마다 규칙적으로 하는 정해진 일로 삼는다. 오늘은 선생님께서 우리 고장의 지형지물들을 소개할 수 있도록 조사해 오라고 ㉡연구 문제를 내 주셨기에, 산책 겸 우리 동네를 둘러보기로 마음먹었다. 우리 동네에는 오래된 전통 시장이 있는데, 이곳의 역사를 친구들에게 소개해 주면 좋을 것 같다는 생각을 했다. 이곳저곳을 돌아다니면서 사진 몇 장을 찍었다. 집으로 돌아와 관련 자료들을 인터넷에서 찾아보고 노트에 정리해 두었다. 친구들 앞에서 ㉢머릿속에 외운 내용을 발표할 생각을 하니 가슴이 떨려왔다.

1 윗글의 ㉠~㉢의 뜻을 가진 낱말을 써 보세요.

(1) ㉠: [   ]   (2) ㉡: [   ]   (3) ㉢: [   ]한

2 윗글의 내용으로 알맞은 <u>않은</u> 것은 무엇인가요? (   )

① '나'는 오늘 저녁 산책을 하지 못했다.
② '나'는 전통 시장을 돌아다니면서 사진을 찍었다.
③ '나'는 친구들 앞에서 발표할 내용을 머릿속에 외웠다.
④ 선생님은 '나'에게 발표 자료를 준비해 오라고 시키셨다.
⑤ '나'는 우리 동네 전통 시장의 역사를 친구들에게 소개하기로 했다.

한자성어

博 聞 强 記
넓을 박　들을 문　강할 강　기록할 기

🔍 사물을 널리 알고 이를 잘 기억함을 이르는 말

붙임딱지

한자능력 준7급

한자능력 7급

孝 = 老

뜻	소리
효도	효

뜻	소리
늙을	로(노)

효도 효   효도 효

늙을 로(노)   늙을 로(노)

유래

 → 孝 → 孝

💡 孝는 노인이 어린아이와 함께 노니는 모습을 나타낸 것인데, 어른을 모시고 함께 한다는 것에서 '효도'의 의미를 갖게 되었어.

유래

 → 老 → 老

💡 老는 노인이 지팡이를 짚고 있는 모습을 그린 한자야. '늙다'라는 뜻 외에도 '공경하다'의 뜻도 갖고 있어.

'효(孝)'가 사용된 낱말 중 다음 뜻에 알맞은 낱말을 찾아 써 보세요.

1 부모를 모시고 정성을 다하는 마음을 말해요. → ☐

2 부모를 잘 섬기는 아들을 가리키는 말이에요. → ☐

3 부모를 정성껏 섬기지 않고 자식의 역할을 잘하지 못함을 이르는 말이에요. → ☐

'로/노(老)'가 사용된 낱말 중 다음 뜻에 알맞은 낱말을 찾아 써 보세요.

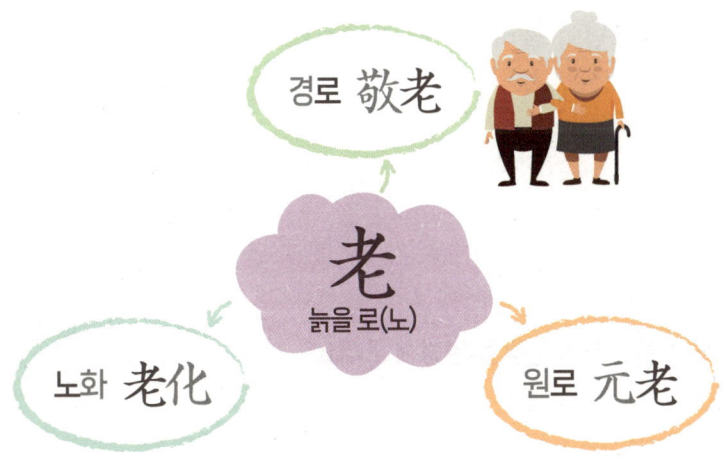

4 노인을 공경함을 뜻해요. → ☐

5 시간이 흐름에 따라 몸의 기능이 약해지는 현상을 말해요. → ☐

6 한 가지 일에 오래 종사하여 경험과 공이 많은 사람을 가리키는 말이에요. → ☐

1 다음 문장의 빈칸에 알맞은 낱말을 찾아 써 보세요.

(1) 노인은 몸이 [ ]가 되어 조금만 먹어도 속이 불편했다.

| 노화 | 경로 | 원로 |

(2) 정부에서는 칠십 세 이상의 어르신들에게 [ ] 혜택을 제공하고 있다.

| 노화 | 경로 | 원로 |

2 다음 문장에 어울리는 낱말을 골라 ○표 하세요.

(1) 효녀 심청이는 아버지를 생각하는 (불효 / 효심)이/가 대단하였다.

(2) 아버지는 유명한 (원로 / 효자)라서 매일 저녁 할아버지께 안부 전화를 드린다.

(3) 유교에서는 부모님이 물려주신 몸을 상하게 하는 것을 (불효 / 효심)(으)로 여겼다.

 쓰기 활동

3 다음 낱말과 그림을 활용하여 문장을 완성해 보세요.

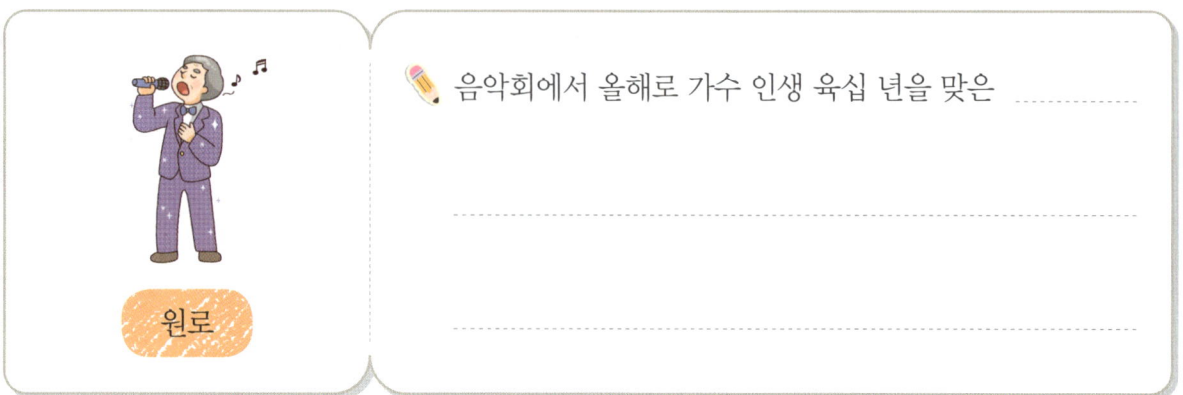

원로

✏️ 음악회에서 올해로 가수 인생 육십 년을 맞은 ....

....

....

💬 다음 글을 읽고 문제를 풀어 보세요.

옛날 어느 마을에 오랫동안 장가를 가지 않은 ㉠부모를 잘 섬기는 아들이 살았습니다. 그는 ㉡시간이 흐름에 따라 몸의 기능이 약해지는 현상으로 몸이 불편하신 어머니를 극진히 보살폈습니다. 마을 사람들은 누구나 할 것 없이 그 아들을 칭찬했습니다. 하지만 어머니는 날이 갈수록 야위고 더 허약해졌습니다. 하루는 옆집에 사는 아주머니가 지나는 길에 그 집에 들르게 되었습니다. 옆집에 사는 아주머니는 훌륭한 아들이 있어 모두가 부러워하는데 정작 어머니는 행복해 보이지 않는 이유가 무엇인지 물었습니다. 어머니는 아들이 자신 때문에 장가를 들지 않고 고생하는 모습에 마음이 아프다며 부모의 마음을 불편하게 하는 것은 ㉢부모님을 정성껏 섬기지 않고 자식의 역할을 잘하지 못하는 것이라고 대답했습니다.

1 윗글의 ㉠~㉢의 뜻을 가진 낱말을 써 보세요.

(1) ㉠: [　　　　　]　　(2) ㉡: [　　　　]로　　(3) ㉢: [　　　　　]

2 윗글의 내용으로 알맞은 것은 O에, 알맞지 **않은** 것은 X에 표시하세요.

(1) 어머니는 오래전 앓은 병으로 인해 몸이 불편하였다. (O ┊ X)

(2) 어머니가 생각하는 효도는 부모님의 마음을 편하게 해 드리는 것이다. (O ┊ X)

(3) 어머니는 장가를 가지 않고 자신을 모시는 아들을 대견스럽게 생각하였다. (O ┊ X)

한자성어

男 女 老 少
사내 남　여자 녀　늙을 노　적을 소

🔍 남자와 여자, 늙은이와 젊은이란 뜻으로, 모든 사람을 이르는 말

붙임딱지

한자 놀이

뜻과 소리에 알맞은 한자의 나머지 부분을 완성해 보세요.

마실 음	먹을 식		대답 답	물을 문

일 사	물건 물		말씀 언	말씀 화

저자 시	마당 장		기록할 기	과정 과

효도 효	늙을 로

사람

姓 성씨성 / 名 이름명

한자능력 준7급

한자능력 준7급

姓 ✚ 名

뜻	소리
성씨	성

뜻	소리
이름	명

姓	女	
성씨 성	성씨 성	

名	夕	
이름 명	이름 명	

유래

💡 姓은 어느 집 여자로부터 태어난 핏줄을 뜻하는 한자야. 자손이 여자에게서 태어난다는 점에서 '성씨'나 '백성'이라는 뜻으로 쓰이고 있어.

유래

💡 名은 '저녁'과 '입'을 뜻하는 말이 합쳐져 만들어진 한자야. 어두운 저녁에 멀리서 오는 누군가를 알아보기 위해 이름을 부른다는 것에서 '이름'의 뜻을 갖게 되었어.

'성(姓)'이 사용된 낱말 중 다음 뜻에 알맞은 낱말을 찾아 써 보세요.

성함 姓銜

姓
성씨 성

집성촌 集姓村

통성명 通姓名

1 '이름'의 높임말이에요. →

2 같은 성(姓)을 가진 사람이 모여 사는 마을을 말해요. →

3 처음으로 인사할 때 서로 성과 이름을 알려 주는 것을 말해요. →

'명(名)'이 사용된 낱말 중 다음 뜻에 알맞은 낱말을 찾아 써 보세요.

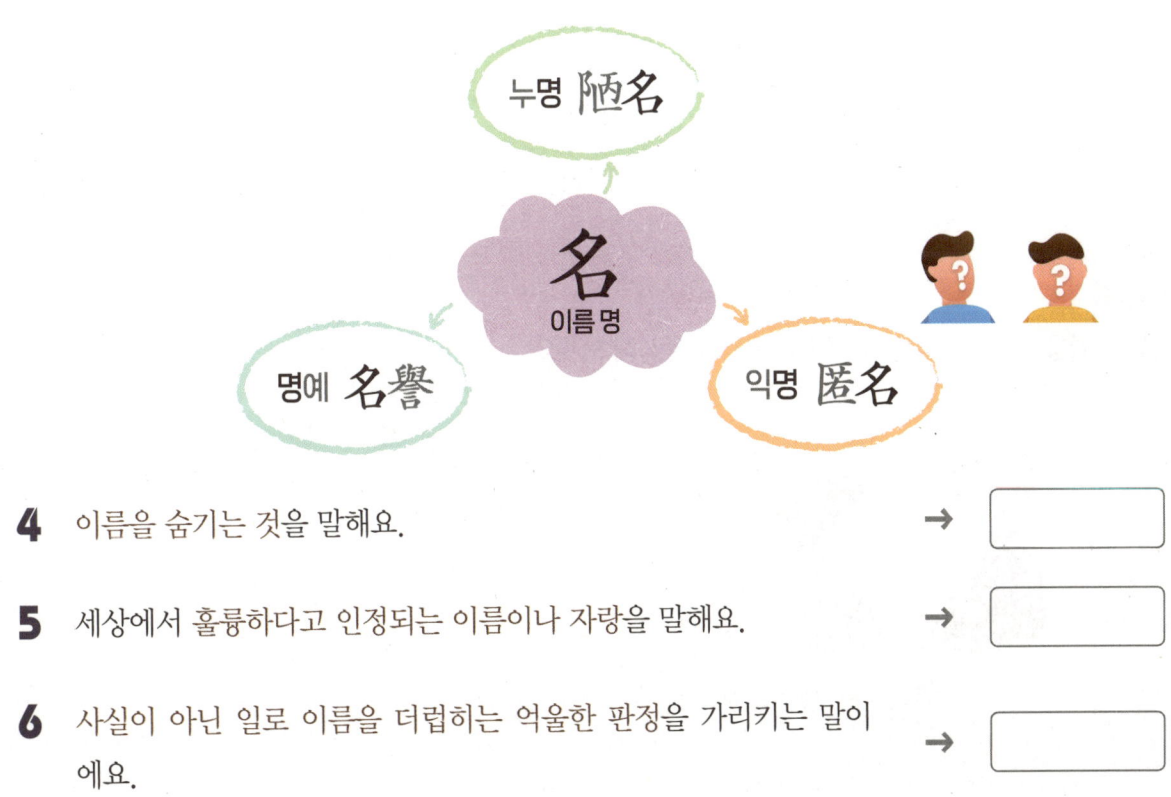

누명 陋名

名
이름 명

명예 名譽

익명 匿名

4 이름을 숨기는 것을 말해요. →

5 세상에서 훌륭하다고 인정되는 이름이나 자랑을 말해요. →

6 사실이 아닌 일로 이름을 더럽히는 억울한 판정을 가리키는 말이에요. →

1 보기의 글자로 다음 문장의 빈칸에 들어갈 낱말을 만들어 써 보세요.

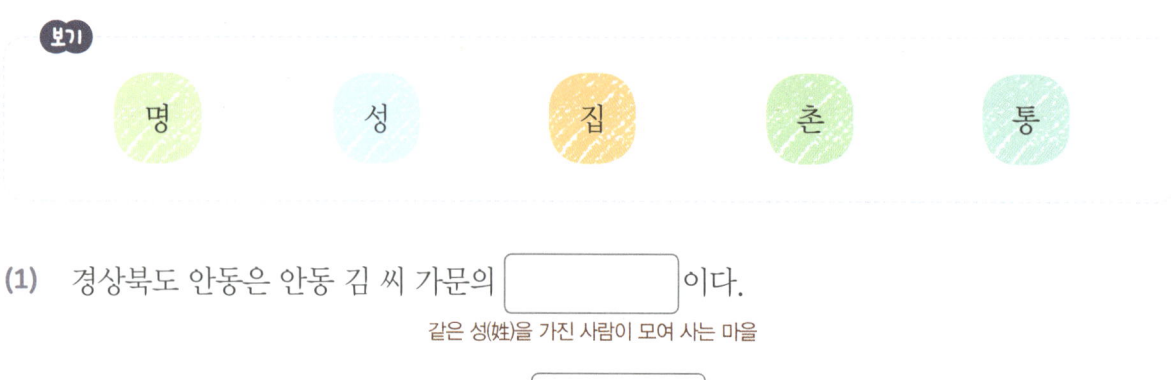

보기

| 명 | 성 | 집 | 촌 | 통 |

(1) 경상북도 안동은 안동 김 씨 가문의 [   ]이다.

같은 성(姓)을 가진 사람이 모여 사는 마을

(2) 새 학기 첫날에 옆자리에 앉은 친구와 [   ]을 하며 어색한 분위기를 풀었다.

처음으로 인사할 때 서로 성과 이름을 알려 주는 것

2 '명(名)'이 들어간 보기의 낱말 중 빈칸에 알맞은 낱말을 골라 써 보세요.

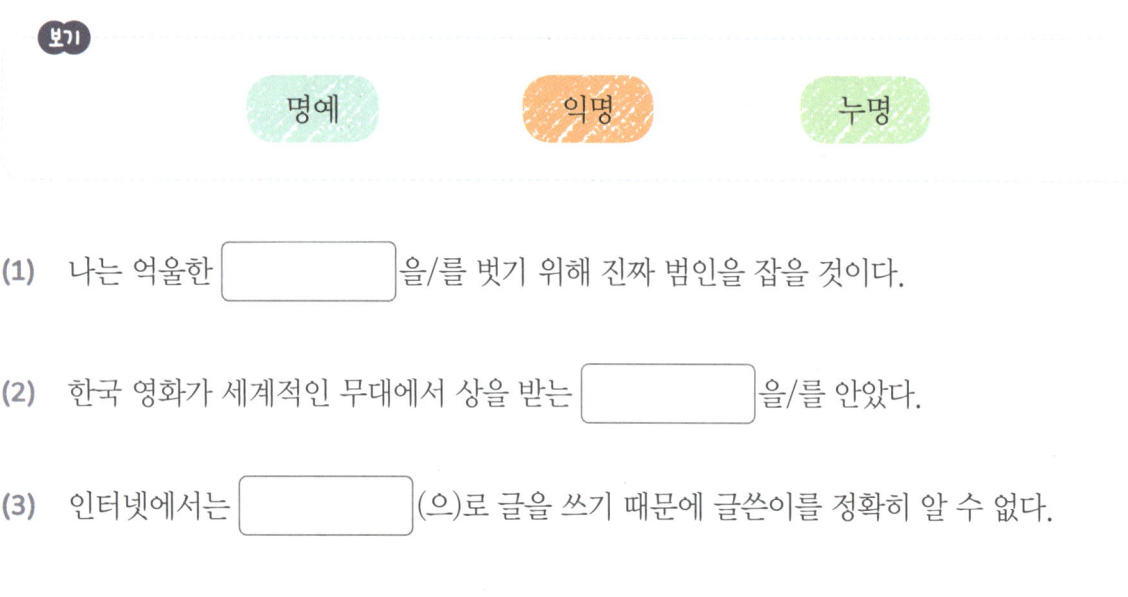

보기

| 명예 | 익명 | 누명 |

(1) 나는 억울한 [   ]을/를 벗기 위해 진짜 범인을 잡을 것이다.

(2) 한국 영화가 세계적인 무대에서 상을 받는 [   ]을/를 안았다.

(3) 인터넷에서는 [   ](으)로 글을 쓰기 때문에 글쓴이를 정확히 알 수 없다.

쓰기 활동

3 다음 낱말과 그림을 활용하여 문장을 완성해 보세요.

성함

✏️ 제 아버지의 ....

....

....

📖 다음 글을 읽고 문제를 풀어 보세요.

안녕하세요? 저희 온라인 커뮤니티는 '바른 말 고운 말 사용하기 운동'에서 5년 연속으로 최우수상을 받는 ㉠세상에서 훌륭하다고 인정되는 이름을 얻었습니다. 따라서 이러한 자부심을 유지하기 위하여 앞으로도 저희 온라인 커뮤니티는 가입 시에 ㉡처음으로 인사할 때 서로 성과 이름을 알려 주는 것을 원칙으로 하겠습니다. ㉢이름을 숨겨서 운영되는 다른 온라인 커뮤니티보다 조금 불편하게 느껴질 수도 있습니다. 하지만 서로 다양한 의견을 존중하고 자신의 의견을 솔직하게 표현하며 무분별한 비난과 비방을 삼간다면 올바르고 건전한 온라인 모임 문화를 만들어 나갈 수 있을 것입니다. 회원분들께 조금 더 상대를 배려하고 이해하며 대화하는 모습을 부탁드리겠습니다.

1 윗글의 ㉠~㉢의 뜻을 가진 낱말을 써 보세요.

(1) ㉠: [   ]　　(2) ㉡: [   ]　　(3) ㉢: [   ]으로

2 윗글의 내용으로 알맞은 것은 O에, 알맞지 않은 것은 X에 표시하세요.

(1) 이 온라인 커뮤니티는 회원들이 서로의 이름을 모른 채 운영된다. (O ┊ X)

(2) 글쓴이는 온라인 커뮤니티 회원들에게 온라인 언어 예절의 중요성을 당부하고 있다.
(O ┊ X)

(3) 이 온라인 커뮤니티는 5년 연속 '바른 말 고운 말 사용하기 운동'에서 대상을 받았다.
(O ┊ X)

한자성어

有 名 無 實
있을 유　이름 명　없을 무　열매 실

🔍 이름만 그럴듯하고 실속은 없음을 이르는 말

붙임딱지

男 사내 남 / 子 아들 자

한자능력 준7급

한자능력 준7급

男 + 子

뜻	소리
사내	남

뜻	소리
아들	자

男	田	
사내 남	사내 남	

子	了	
아들 자	아들 자	

유래

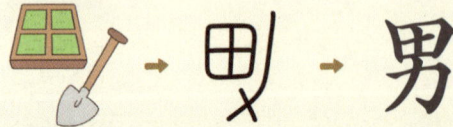

💡 男은 '밭'을 뜻하는 글자와 '힘'을 뜻하는 글자를 합해 만든 한자야. 농기구를 가지고 밭에서 힘을 쓰는 사람이라는 의미에서 '남자'라는 뜻을 같게 되었어.

유래

💡 子는 포대기에 싸여 있는 아이의 모습을 그린 한자야. 남자아이를 뜻하는 말로 쓰이다가 그 의미가 확대되어 '자식', '사람'과 같은 뜻으로도 쓰이게 되었어.

'남(男)'이 사용된 낱말 중 다음 뜻에 알맞은 낱말을 찾아 써 보세요.

남매 男妹

男
사내남

득남 得男

차남 次男

1 둘째 아들을 가리키는 말이에요. →

2 아들을 낳음을 나타내는 말이에요. →

3 오빠와 누이를 아울러 이르는 말이에요. →

'자(子)'가 사용된 낱말 중 다음 뜻에 알맞은 낱말을 찾아 써 보세요.

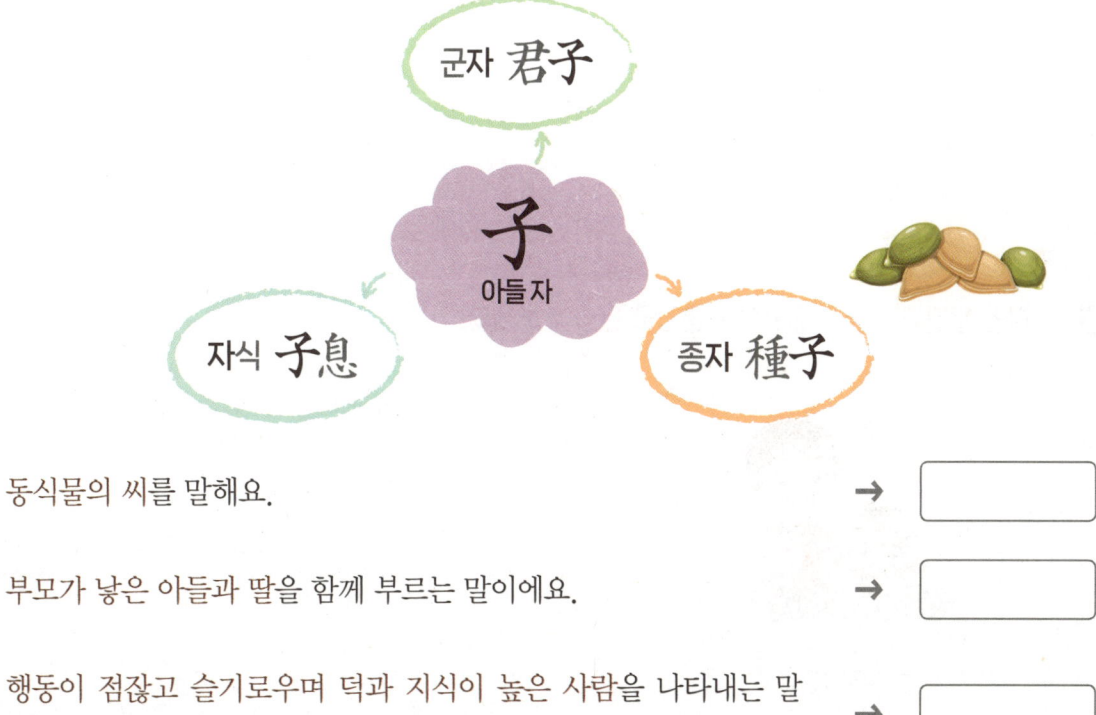

군자 君子

子
아들자

자식 子息

종자 種子

4 동식물의 씨를 말해요. →

5 부모가 낳은 아들과 딸을 함께 부르는 말이에요. →

6 행동이 점잖고 슬기로우며 덕과 지식이 높은 사람을 나타내는 말이에요. →

2단계 문제 풀기

1 다음 문장에 어울리는 낱말을 골라 ○표 하세요.

(1) 우리나라는 소나무 (종자 / 군자)가 자라기에 알맞은 환경이다.

(2) 부모와 (지식 / 자식) 사이에는 떼려야 뗄 수 없는 끈끈함이 있다.

(3) 말을 아끼고 신중하게 행동하는 것은 (군자 / 종자)가 갖추어야 할 조건이다.

2 다음 문장의 빈칸에 알맞은 낱말을 찾아 써 보세요.

(1) 오빠와 나는 어려서부터 사이좋은 [   ]로 자랐다.

| 남매 | 부자 | 자매 |

(2) 현우는 [   ]이지만 형보다 심부름을 잘하고 키도 커서 장남처럼 보인다.

| 남매 | 자식 | 차남 |

3 다음 낱말과 그림을 활용하여 문장을 완성해 보세요.

득남

✏️ 어머니가

다음 글을 읽고 문제를 풀어 보세요.

　　식물은 저마다 다른 환경에서 자란다. 사람마다 다른 성격을 가지고 있듯이, 식물도 ㉠그 씨에 따라 물을 좋아하는지, 햇빛을 좋아하는지, 따뜻한 곳을 좋아하는지 특성이 다르다. 햇빛이 잘 드는 곳에서 물을 충분히 주면 모든 식물이 잘 자란다고 생각할 수 있지만, 물을 지나치게 많이 주면 뿌리가 썩거나 곰팡이가 생길 수도 있다. 때에 따라 햇빛보다 바람이 중요한 환경 조건이 되기도 한다. 따라서 식물을 기를 때는 부모가 ㉡아들과 딸을 키우듯이 정성스럽게 살피고 아끼는 마음을 가져야만 한다. 정성을 다해 키우던 식물이 꽃이나 열매를 맺었을 때의 기쁨이란 ㉢아들을 낳음의 기쁨에 견줄 만큼 값진 것이다.

1 윗글의 ㉠~㉢의 뜻을 가진 낱말을 써 보세요.

(1) ㉠: [　　　　　] 　　(2) ㉡: [　　　　　] 　　(3) ㉢: [　　　　　]

2 윗글의 내용으로 알맞은 것은 무엇인가요? 　　　　　　　　(　　　　　)

① 식물은 물을 많이 줄수록 잘 자란다.
② 식물은 잘 자랄 수 있는 환경이 각각 다르다.
③ 식물을 키우는 마음은 자식이 부모를 섬기는 마음과 같다.
④ 값비싼 식물일수록 환경에 잘 적응하므로 키우기가 한결 쉽다.
⑤ 정성스레 키운 식물이 꽃과 열매를 맺으면 아들을 얻는 것보다 더 큰 기쁨을 얻게 된다.

한자성어

甲 男 乙 女
갑옷 갑　사내 남　새 을　계집 녀

🔍 갑이란 남자와 을이란 여자라는 뜻으로, 평범한 사람들을 이르는 말

붙임딱지

공부한 날

월   일

한자능력 준7급

한자능력 6급

家 + 族

뜻	소리
집	가

뜻	소리
겨레	족

家	宇	
집 가	집 가	

族	扩	
겨레 족	겨레 족	

유래

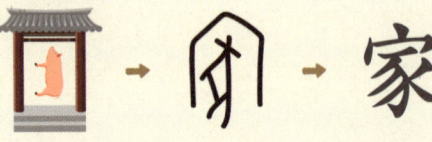

💡 家는 '집 안'을 뜻하는 글자와 '돼지'를 뜻하는 글자를 합해 만든 한자야. 옛날에는 집에서 돼지와 같은 가축을 길렀으므로, 오늘날 집을 뜻하는 말로 쓰이게 되었어.

유래

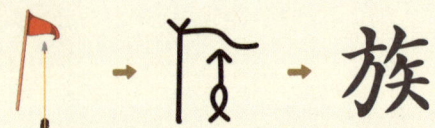

💡 族은 '깃발'과 '화살'을 뜻하는 글자를 합해 놓은 한자야. 전쟁에서 한 깃발 아래 같은 핏줄이 뭉쳐 활을 들고 싸운다는 의미에서, 오늘날 '겨레', '친족'의 의미를 갖게 되었지.

🔍 '가(家)'가 사용된 낱말 중 다음 뜻에 알맞은 낱말을 찾아 써 보세요.

가족 家族

家
집 가

가훈 家訓

귀가 歸家

1 집으로 돌아가거나 돌아오는 것을 뜻해요. → ☐

2 부부를 중심으로 가정을 이루는 사람들을 이르는 말이에요. → ☐

3 한집안의 조상이나 어른이 자손들에게 일러 주는 가르침을 가리켜요. → ☐

🚩 '족(族)'이 사용된 낱말 중 다음 뜻에 알맞은 낱말을 찾아 써 보세요.

유족 遺族

族
겨레 족

족보 族譜

친족 親族

4 죽은 사람의 남은 가족을 뜻해요. → ☐

5 친척을 포함한 가까운 가족 관계를 나타내는 말이에요. → ☐

6 한 가문의 조상과 그 자손의 관계, 또는 그것을 기록한 책을 뜻해요. → ☐

1 다음 빈칸에 '족(族)'이 들어간 낱말을 넣어 문장을 완성해 보세요.

(1) 조선 시대 후기에는 ☐☐를 사고파는 일이 많았다.
한 가문의 조상과 그 자손의 관계, 또는 그것을 기록한 책

(2) 마음이 맞는 이웃이 ☐☐보다 가깝게 느껴질 때가 있다.
친척을 포함한 가까운 가족 관계

2 다음 문장의 빈칸에 알맞은 낱말을 찾아 선으로 이어 보세요.

(1) 우리 (　　　　)은/는 모두 생김새가 매우 닮았다. ・

(2) 수업 후에는 한눈팔지 말고 곧장 (　　　　)하세요. ・

(3) '정직과 성실'은 대대로 내려온 우리 집안의 (　　　　)이다. ・

・ 가족

・ 가훈

・ 귀가

쓰기 활동

3 다음 낱말과 그림을 활용하여 문장을 완성해 보세요.

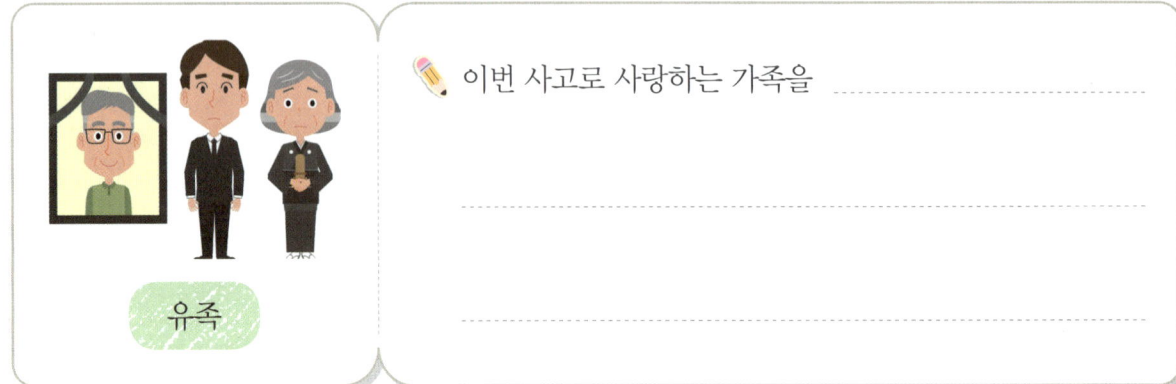

유족

✏️ 이번 사고로 사랑하는 가족을 _____

_____

_____

3단계 글로 익히기

다음 글을 읽고 문제를 풀어 보세요.

얼마 전 사고로 목숨을 잃은 학생이 장기를 기증하여 병을 앓는 열두 명의 생명을 살린 소식은 많은 사람들에게 감동을 주었다. 학생은 평소에도 밝고 착한 성격으로 늘 주변 사람들을 기쁘게 했다. 살아 있을 때 학생은 심장과 콩팥 같은 신체 기관의 일부를 다른 사람에게 주는 장기 기증에 관한 영상을 보면서 자신도 다른 사람의 소중한 생명을 살릴 수 있으면 좋겠다는 말을 했었다고 한다. ㉠죽은 학생의 남은 가족들은 이러한 생각을 존중하여 장기 기증을 결정하게 되었다고 전했다. '나누는 것이 큰 기쁨'이라는 ㉡집안의 조상이나 어른이 자손들에게 일러 주는 가르침에 따라 배려와 양보, 사랑과 희생의 가치를 배우고 실천했던 학생은 많은 이들에게 큰 울림을 주며 ㉢가정을 이루는 사람들의 품을 떠났다.

1 윗글의 ㉠~㉢의 뜻을 가진 낱말을 써 보세요.

(1) ㉠: [   ]   (2) ㉡: [   ]   (3) ㉢: [   ]

2 윗글의 내용으로 알맞은 것은 O에, 알맞지 않은 것은 X에 표시하세요.

(1) 학생은 사고로 목숨을 잃기 전에 장기 기증을 받은 적이 있다.   (O ┊ X)

(2) 유족들은 죽은 학생이 장기 기증을 원할 것이라고 생각하였다.   (O ┊ X)

(3) 사고로 목숨을 잃은 학생은 열한 명의 친구들에게 장기를 주었다.   (O ┊ X)

한자성어

붙임딱지

自 手 成 家
스스로 자 손 수 이룰 성 집 가

🔍 물려받은 재산이 없이 자기 혼자의 힘으로 집안을 일으키고 재산을 모음을 이르는 말

自 스스로자 / 身 몸신

한자능력 준7급

한자능력 준6급

自 ≒ 身

뜻	소리		뜻	소리
스스로	자		몸	신

스스로 자   스스로 자

몸 신   몸 신

유래

 →  → 自

💡 自는 사람의 코를 정면에서 그린 모양을 나타낸 한자야. 보통 자신을 가리킬 때 손가락이 얼굴을 향하는데, 코가 사람 얼굴의 중심에 자리하고 있다는 점에서, '자기', '스스로'의 뜻을 갖게 되었어.

유래

 →  → 身

💡 身은 아이를 가진 여자의 모습을 본뜬 한자야. 아이를 가진 여자는 자신의 몸 상태를 신경 쓴다는 데서 그 뜻이 확장되어 자신의 '몸'을 가리키는 말이 되었어.

'자(自)'가 사용된 낱말 중 다음 뜻에 알맞은 낱말을 찾아 써 보세요.

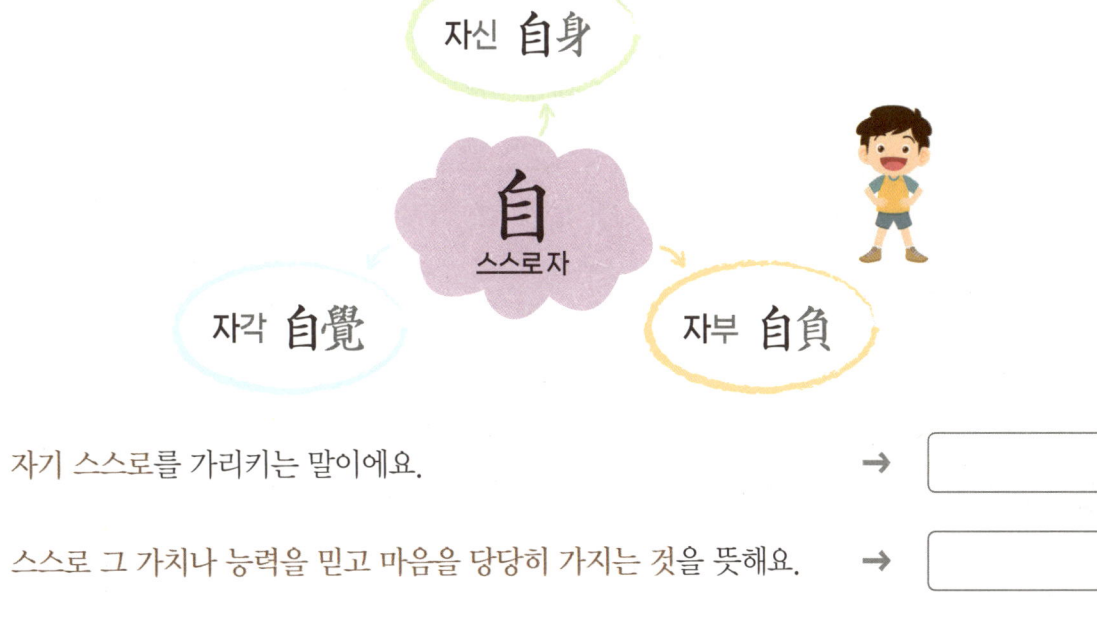

자신 自身

自
스스로 자

자각 自覺

자부 自負

1 자기 스스로를 가리키는 말이에요. → _____

2 스스로 그 가치나 능력을 믿고 마음을 당당히 가지는 것을 뜻해요. → _____

3 현실을 판단하여 자기의 입장이나 능력 따위를 스스로 깨닫는 것을 말해요. → _____

'신(身)'이 사용된 낱말 중 다음 뜻에 알맞은 낱말을 찾아 써 보세요.

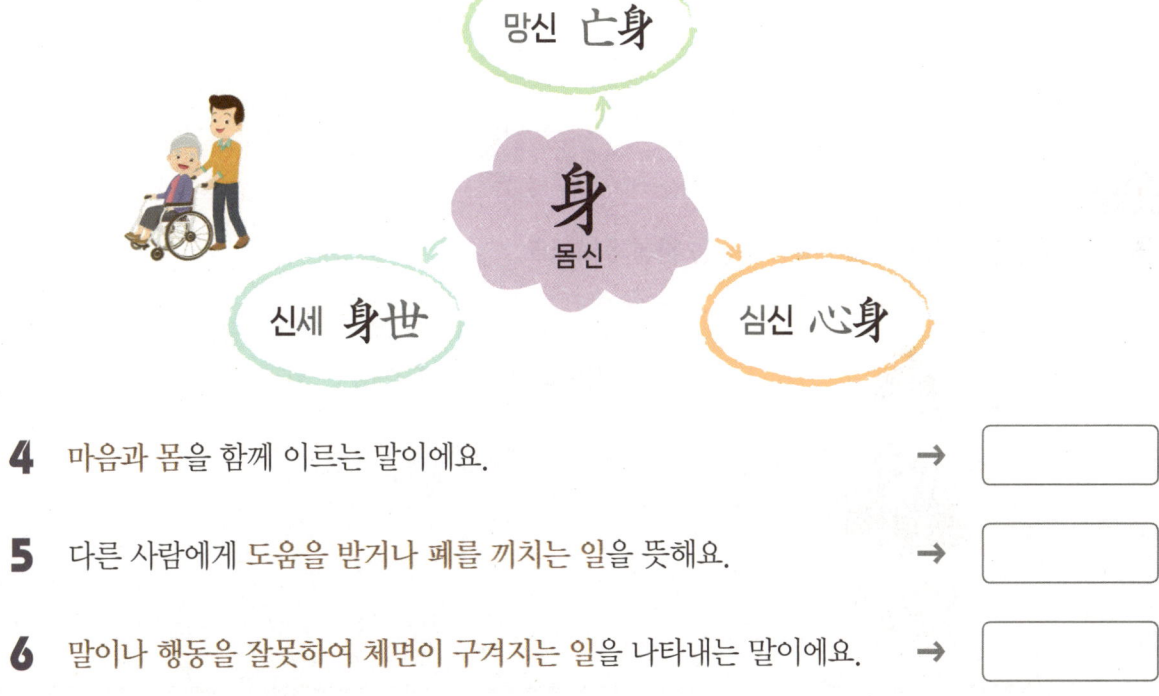

망신 亡身

身
몸 신

신세 身世

심신 心身

4 마음과 몸을 함께 이르는 말이에요. → _____

5 다른 사람에게 도움을 받거나 폐를 끼치는 일을 뜻해요. → _____

6 말이나 행동을 잘못하여 체면이 구겨지는 일을 나타내는 말이에요. → _____

1 다음 문장에 어울리는 낱말을 골라 ○표 하세요.

(1) 선생님은 학생을 가르치는 일에 있어 최고라고 (신세 / 자부)를 한다.

(2) 사람들은 환경 오염의 심각성에 대해 (자각 / 자부)을/를 하기 어렵다.

(3) 경기에서 진 축구 선수는 (자신 / 자부)의 처지가 한없이 초라하게 느껴졌다.

2 다음 문장의 빈칸에 알맞은 낱말을 찾아 써 보세요.

(1) 엄마는 다른 사람에게 [   ]을/를 지는 것을 싫어하신다.

| 망신 | 신세 | 심신 |

(2) 수업 시간에 졸다가 코를 고는 바람에 [   ]을/를 당했다.

| 망신 | 신세 | 심신 |

쓰기 활동

3 다음 낱말과 그림을 활용하여 문장을 완성해 보세요.

심신

✏️ 아침마다 음악을 들으며 ....

....

....

다음 글을 읽고 문제를 풀어 보세요.

오늘은 체육 시간에 체력 검사를 실시했다. 체력 검사는 윗몸 일으키기와 턱걸이, 오래달리기 순으로 진행되었다. 윗몸 일으키기와 턱걸이에서 나는 자칫 ⊙잘못하여 체면이 구겨지는 일을 당할 것이 걱정되었다. 안간힘을 쓰며 윗몸 일으키기와 턱걸이를 하는 동안 몇몇 친구들이 나를 보며 비웃는 소리가 들렸다. 잘하지 못하는 것을 기를 쓰고 하려다 보니 ⊙마음과 몸이 피곤했다. 드디어 내가 자신 있는 오래달리기 시간. 호흡을 조절하며 천천히 앞으로 나아갔다. 운동장 세 바퀴째, 이 마지막 바퀴만 더 돌면 결승점이다. 저 앞에서 아까 나를 비웃던 친구가 축 쳐진 어깨로 힘겹게 뛰고 있는 모습이 보였다. 아껴 두었던 힘을 쏟아 멋지게 그 친구를 제치고 결승점에 들어왔다. 오래달리기 한 종목이지만 ⓒ스스로 그 가치나 능력을 믿고 마음을 당당히 가질 만한 일이라는 생각이 들어서 뿌듯했다.

1 윗글의 ⊙~ⓒ의 뜻을 가진 낱말을 써 보세요.

(1) ⊙: [   ]　　(2) ⊙: [   ]　　(3) ⓒ: [   ]할 만한

2 윗글의 내용으로 알맞지 <u>않는</u> 것은 무엇인가요?　　　　　(　　　)

① '나'는 턱걸이와 윗몸 일으키기에 자신이 없다.
② 오래달리기 종목에서는 운동장 세 바퀴를 돌아야 한다.
③ 체력 검사에서 첫 번째로 하게 된 종목은 윗몸 일으키기이다.
④ '나'는 오래달리기를 잘 해낸 것을 친구들 앞에서 으스대고 싶어 했다.
⑤ '나'는 오래달리기에서 자신을 비웃던 친구를 제치고 결승점에 들어갔다.

한자성어

自 業 自 得
스스로 자　업 업　스스로 자　얻을 득

🔍 자기가 저지른 일의 결과를 자기가 받게 된다는 말

붙임딱지

口 입 구 / 目 눈 목

공부한 날 월 일

한자능력 7급

한자능력 6급

口 ⊜ 目

뜻	소리	뜻	소리
입	구	눈	목

口 口
입 구 입 구

目 目
눈 목 눈 목

유래

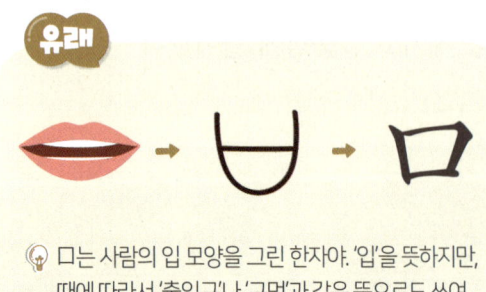

口는 사람의 입 모양을 그린 한자야. '입'을 뜻하지만, 때에 따라서 '출입구'나 '구멍'과 같은 뜻으로도 쓰여.

유래

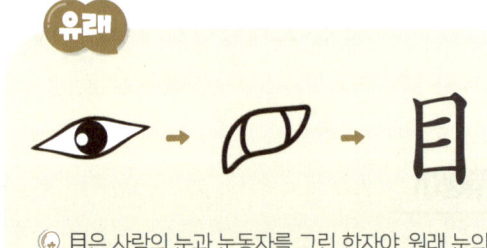

目은 사람의 눈과 눈동자를 그린 한자야. 원래 눈의 모양대로 가로로 쓰이다가 세워서 쓰는 방식으로 바뀌었어. 대부분 '눈' 또는 '보다'의 뜻으로 쓰이고 있어.

'구(口)'가 사용된 낱말 중 다음 뜻에 알맞은 낱말을 찾아 써 보세요.

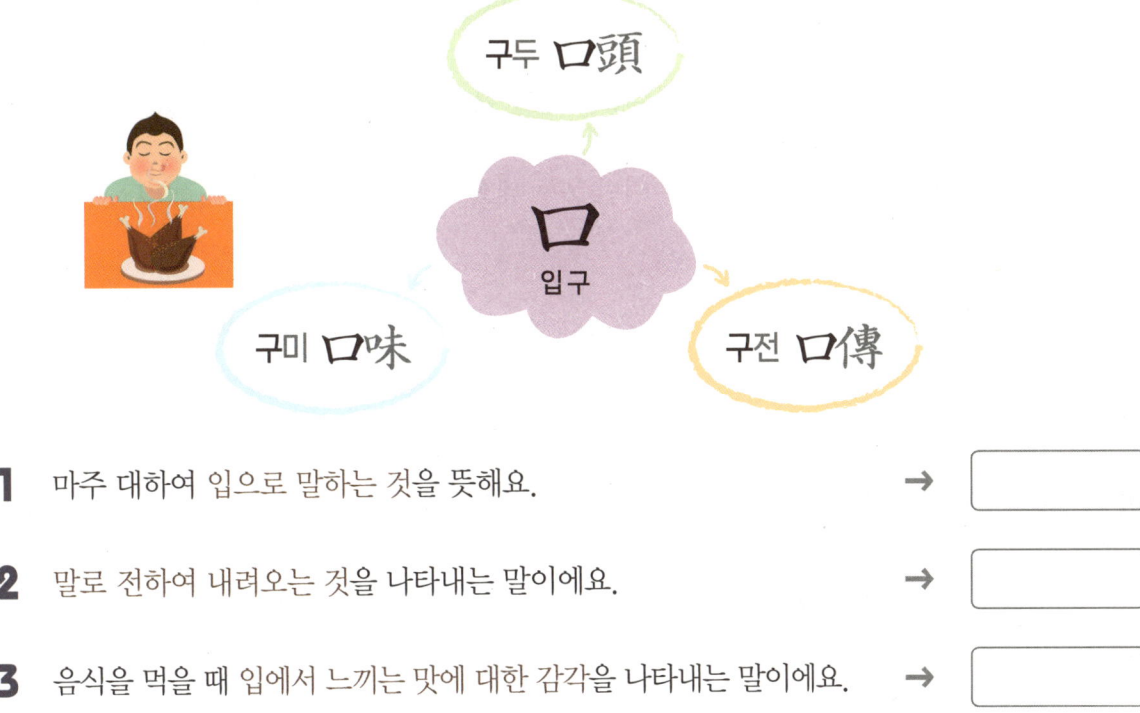

구두 口頭

口 입구

구미 口味

구전 口傳

1 마주 대하여 입으로 말하는 것을 뜻해요. → [　　　]

2 말로 전하여 내려오는 것을 나타내는 말이에요. → [　　　]

3 음식을 먹을 때 입에서 느끼는 맛에 대한 감각을 나타내는 말이에요. → [　　　]

'목(目)'이 사용된 낱말 중 다음 뜻에 알맞은 낱말을 찾아 써 보세요.

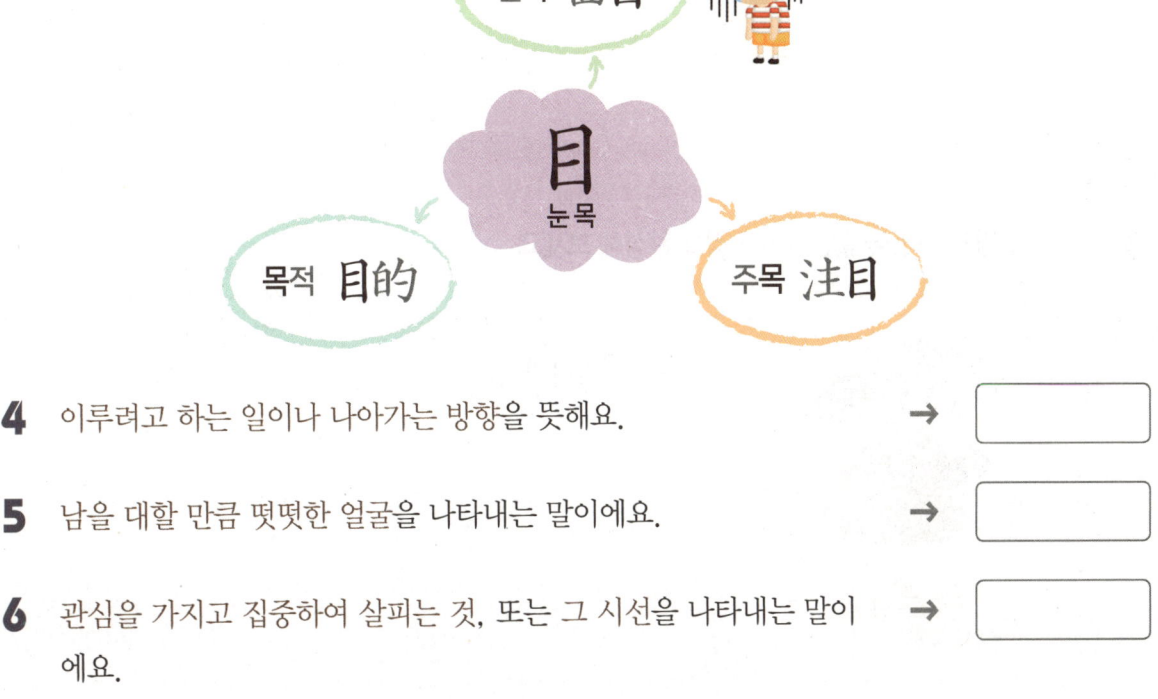

면목 面目

目 눈목

목적 目的

주목 注目

4 이루려고 하는 일이나 나아가는 방향을 뜻해요. → [　　　]

5 남을 대할 만큼 떳떳한 얼굴을 나타내는 말이에요. → [　　　]

6 관심을 가지고 집중하여 살피는 것, 또는 그 시선을 나타내는 말이에요. → [　　　]

1 다음 문장에 어울리는 낱말을 골라 ○표 하세요.

(1) 사람들은 화려한 옷을 입은 배우의 모습에 (주목 / 면목)을 했다.

(2) 나는 할머니가 아끼시는 오래된 도자기를 깨서 (주목 / 면목)이 없었다.

(3) 우리 팀의 (목적 / 면목)은 이번 농구 대회에서 우승을 차지하는 것이다.

2 보기의 글자로 다음 문장의 빈칸에 들어갈 낱말을 만들어 써 보세요.

보기

구   두   미

(1) 우리나라 음식 중에서도 불고기는 세계인의 ⬚에 잘 맞는다.
음식을 먹을 때 입에서 느끼는 맛에 대한 감각

(2) 현지와 나영이는 놀이터에서 오늘 세 시에 만날 것을 ⬚로 약속했다.
마주 대하여 입으로 말하는 것

쓰기 활동

3 다음 낱말과 그림을 활용하여 문장을 완성해 보세요.

구전

✏️ 할머니가

다음 글을 읽고 문제를 풀어 보세요.

안녕하세요? '옛이야기 사랑회'의 책임 연구원 김 고전입니다. 이번 연구에서 ㉠이루려고 하는 일은 우리 ㉡말로 전하여 내려온 문학의 특징에 대해 알아보는 것입니다. 누구나 어린 시절 한 번쯤 할머니나 어머니께서 들려주시는 옛날이야기를 들어본 경험이 있을 겁니다. 어느 마을에서 전해져 내려오는 전설이었을 수도 있고, 그냥 옛날 옛적 호랑이 담배 피우던 시절의 이야기였을 수도 있지요. 그런데 그 이야기가 언제 벌어진 일인지 또는 이야기 속 등장인물이 실제 인물이었는지는 정확하게 알 수 없습니다. 이야기가 기록되지 않고 입에서 입으로 전해졌기 때문입니다. 저는 이 이야기들 속에 담긴 우리 민족의 감정과 문화에 ㉢관심을 가지고 집중하여 살피고자 합니다.

1 윗글의 ㉠~㉢의 뜻을 가진 낱말을 써 보세요.

(1) ㉠: [   ] (2) ㉡: [   ] 문학 (3) ㉢: [   ] 하고자

2 다음은 윗글의 내용을 간추린 것입니다. 주어진 자음을 참고하여 빈칸에 알맞은 말을 써 보세요.

'옛이야기 사랑회'의 책임 연구원 김 고전은 (㉠)을 통해 알 수 있는 우리 민족의 (㉡)과 (㉢)에 대해 알아보고자 한다.

→ (1) ㉠: [ㄱ][ㅈ][ㅁ][ㅎ]   (2) ㉡: [ㄱ][ㅈ]   (3) ㉢: [ㅁ][ㅎ]

한자성어

有 口 無 言
있을 유 입 구 없을 무 말씀 언

🔍 입은 있어도 말은 없다는 뜻으로, 변명할 말이 없거나 변명을 못함을 이르는 말

붙임딱지

한자능력 준7급

한자능력 준7급

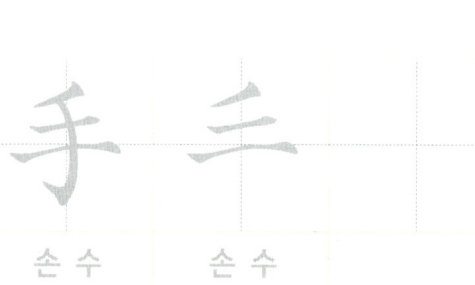

手  足

뜻	소리		뜻	소리
손	수		발	족

손 수   손 수

발 족   발 족

유래

💡 手는 사람의 손 모양을 그린 한자야. '손'을 가리킬 때 쓰이기도 하지만, 재주나 솜씨 등 손과 관련된 기술을 뜻하기도 해.

유래

💡 足은 발이 입구에 다다르는 모습을 나타내는 한자야. 각각의 발들이 이르는 곳이라는 의미에서 '길'을 뜻하는 말로 쓰이고 있어.

🔍 '수(手)'가 사용된 낱말 중 다음 뜻에 알맞은 낱말을 찾아 써 보세요.

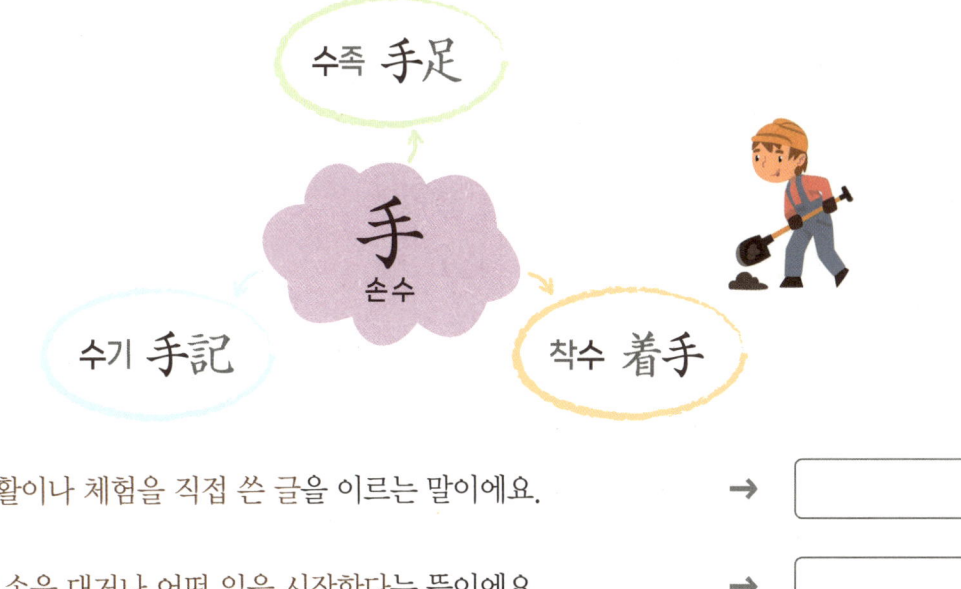

수족 手足

手 손수

수기 手記

착수 着手

1 자기의 생활이나 체험을 직접 쓴 글을 이르는 말이에요. →

2 어떤 일에 손을 대거나 어떤 일을 시작한다는 뜻이에요. →

3 손과 발을 아울러 가리키거나 마음대로 부리는 사람을 뜻해요. →

🚩 '족(足)'이 사용된 낱말 중 다음 뜻에 알맞은 낱말을 찾아 써 보세요.

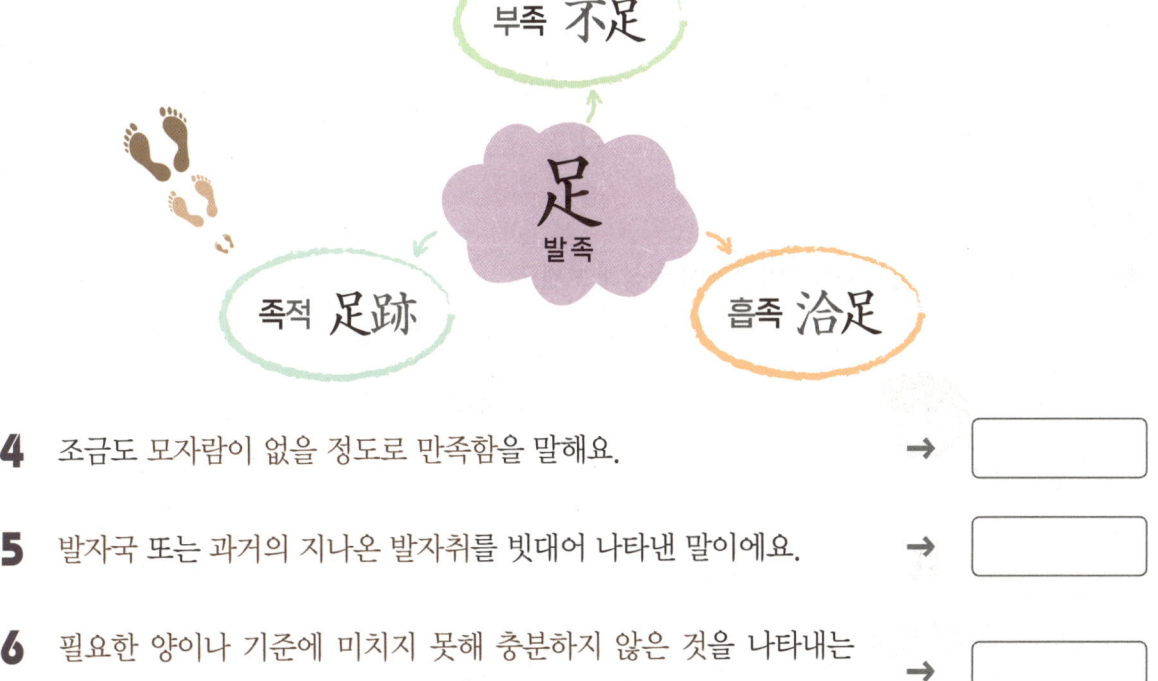

부족 不足

足 발족

족적 足跡

흡족 洽足

4 조금도 모자람이 없을 정도로 만족함을 말해요. →

5 발자국 또는 과거의 지나온 발자취를 빗대어 나타낸 말이에요. →

6 필요한 양이나 기준에 미치지 못해 충분하지 않은 것을 나타내는 말이에요. →

1 다음 문장의 빈칸에 알맞은 낱말을 찾아 선으로 이어 보세요.

(1) 형이 동생을 (   )처럼 심부름을 시킨다. •

(2) 나는 동네 복지관에서 봉사 활동을 한 체험 (   )을/를 썼다. •

(3) 아버지께서는 집 앞에 수북이 쌓여있던 눈을 다 쓰시고 나서는 (   )해하셨다. •

• 수기

• 수족

• 흡족

2 다음 문장의 빈칸에 알맞은 낱말을 찾아 써 보세요.

(1) 정부가 재난 대책 마련에 [   ]를 했다는 소식에 주민들이 기뻐했다.

| 수기 | 실수 | 착수 |

(2) 농촌에서는 일손 [   ]으로 농작물을 거두어 들이는 데 어려움이 많다.

| 흡족 | 부족 | 수족 |

3 다음 낱말과 그림을 활용하여 문장을 완성해 보세요.

족적

✏️ 이 박사는 전염병을 막을 수 있는 ....

....

....

📖 다음 글을 읽고 문제를 풀어 보세요.

　　장애인의 날을 맞아 학교에서 오전 내내 왼쪽 손과 오른쪽 발에 붕대를 감고 생활하고 그 ㉠체험을 직접 쓴 기록을 발표하는 시간을 가졌다. ㉡손과 발을 자유롭게 쓰지 못하니 불편한 점이 한두 가지가 아니었다. 사물함에서 책 하나를 꺼낼 때도 실수투성이였다. 건강한 몸을 자유롭게 쓸 수 있다는 것이 얼마나 감사한 일인지 새삼 깨닫게 되었다. 툭하면 ㉢필요한 양이나 기준에 미치지 못해 충분하지 않다고 불평하고 투덜대던 것이 너무나 부끄러웠다. 당연하다고 여기던 소소한 것들도 소중하고 감사하게 여겨야겠다고 다짐을 하게 된 의미 있는 하루였다.

1 윗글의 ㉠~㉢의 뜻을 가진 낱말을 써 보세요.

(1) ㉠: [　　　　　]　　(2) ㉡: [　　　　　]　　(3) ㉢: [　　　　　]하다고

2 윗글의 내용으로 알맞은 것은 O에, 알맞지 <u>않은</u> 것은 X에 표시하세요.

(1) '나'는 장애인의 날을 맞아 학교에서 봉사 활동을 하였다.　　　　(O ┊ X)

(2) '나'는 왼쪽 손과 왼쪽 발에 붕대를 감고 오전 시간을 보냈다.　　(O ┊ X)

(3) '나'는 당연하게만 여기던 건강한 몸에 대해 감사하게 되었다.　　(O ┊ X)

한자성어

束 手 無 策
묶을 속　손 수　없을 무　꾀 책

🔍 손을 묶은 것처럼 어찌할 도리가 없어 꼼짝 못 함을 이르는 말

붙임딱지

世 인간 세 / 界 지경 계

한자능력 준7급

世

한자능력 준6급

界

뜻	소리
인간	세

뜻	소리
지경	계

나라나 지역 따위의 구간을 가르는 경계

世	世	
인간 세	인간 세	

界	田	
지경 계	지경 계	

유래

💡 世는 열 십(十)을 세 번 이어 써서 삼십 년을 나타내는 한자로 만들어졌어. 옛날에는 수명이 짧아 한 세대가 약 삼십 년을 가리켰는데, 이로부터 '인간', '세대'라는 뜻으로 쓰이게 되었어.

유래

💡 界는 '밭과 갑옷을 조여 입는다는 의미의 '끼이다'를 뜻하는 글자를 합해 만든 한자야. 그래서 밭 사이를 구분하는 '경계'라는 뜻을 갖게 되었어.

🔍 '세(世)'가 사용된 낱말 중 다음 뜻에 알맞은 낱말을 찾아 써 보세요.

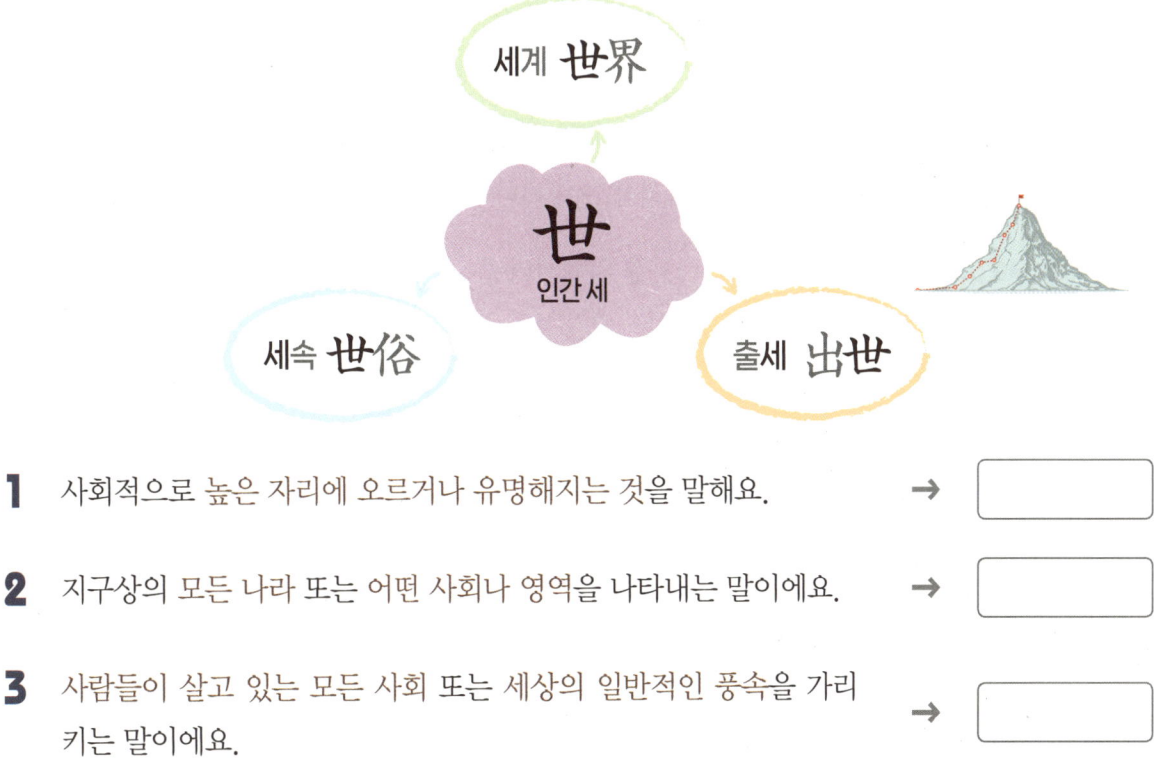

1 사회적으로 높은 자리에 오르거나 유명해지는 것을 말해요. → ⬜

2 지구상의 모든 나라 또는 어떤 사회나 영역을 나타내는 말이에요. → ⬜

3 사람들이 살고 있는 모든 사회 또는 세상의 일반적인 풍속을 가리키는 말이에요. → ⬜

🚩 '계(界)'가 사용된 낱말 중 다음 뜻에 알맞은 낱말을 찾아 써 보세요.

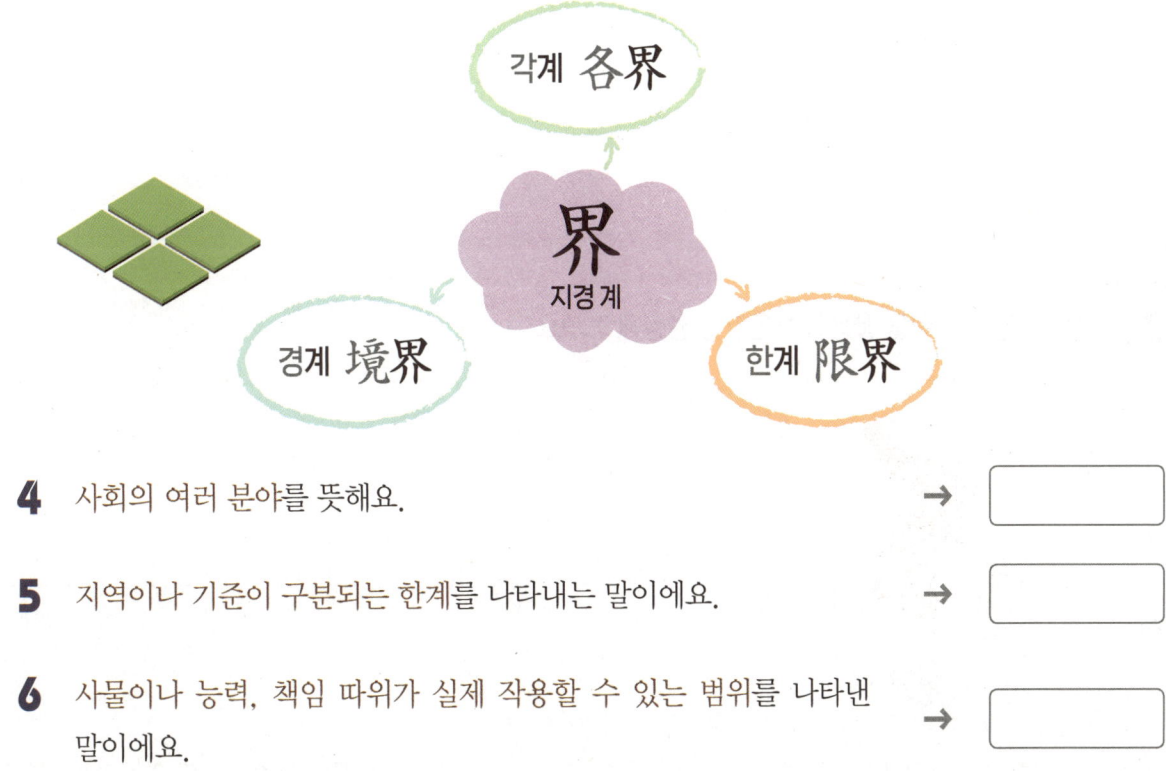

4 사회의 여러 분야를 뜻해요. → ⬜

5 지역이나 기준이 구분되는 한계를 나타내는 말이에요. → ⬜

6 사물이나 능력, 책임 따위가 실제 작용할 수 있는 범위를 나타낸 말이에요. → ⬜

1 주어진 자음과 뜻을 보고, 다음 빈칸에 어울리는 낱말을 넣어 문장을 완성해 보세요.

(1) ㅅ ㅅ : 세상의 일반적인 풍속

→ 옛날 사람들은 정월 대보름에 오곡밥을 먹는 ⬚ 을 따랐다.

(2) ㅊ ㅅ : 사회적으로 높은 자리에 오르거나 유명해지는 것

→ 그는 자신의 ⬚ 를 위해서라면 수단과 방법을 가리지 않는다.

2 다음 문장에 어울리는 낱말을 골라 ○표 하세요.

(1) 자신의 (각계 / 한계)를 뛰어넘는 것은 자신을 성장시킨다.

(2) 지구 환경 문제에 대해 이야기하기 위해 (각계 / 경계) 전문가들이 모였다.

(3) 동물의 (세계 / 각계)에서는 약한 동물은 강한 동물에게 희생당할 수밖에 없다.

3 다음 낱말과 그림을 활용하여 문장을 완성해 보세요.

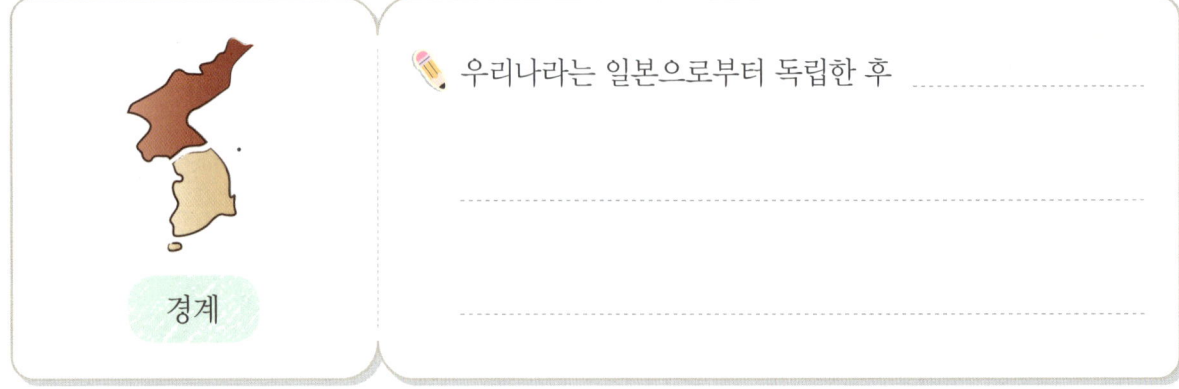

🖊 우리나라는 일본으로부터 독립한 후 _____

_____

_____

경계

📖 다음 글을 읽고 문제를 풀어 보세요.

> 요즘 청소년들에게 가장 인기 있는 장래 희망은 크리에이터(1인 미디어 콘텐츠 창작자)이다. 이것은 우리나라뿐만 아니라 ㉠지구상의 모든 나라의 공통된 흐름이다. 예전에는 선생님이나 의사, 과학자, 운동 선수나 연예인 등을 희망하는 청소년들이 많았다. 하지만 통신 기술의 눈부신 발달로 국가 간의 ㉡지역이 구분되는 한계가 사라졌고, 유튜브의 등장으로 누구나 원하면 시간이나 장소에 관계없이 콘텐츠를 만들어 올릴 수 있고 수입을 얻을 수 있게 되어 크리에이터가 하나의 직업으로 자리 잡게 된 것이다. 실제로 ㉢사회의 각 분야에서 다양한 정보와 재미를 갖춘 콘텐츠들이 쏟아져 나오고 있다.

1 윗글의 ㉠~㉢의 뜻을 가진 낱말을 써 보세요.

(1) ㉠: ☐☐☐☐☐   **(2)** ㉡: ☐☐☐☐☐   **(3)** ㉢: ☐☐☐☐☐

2 윗글의 내용으로 가장 알맞은 것은 무엇인가요?　　　　　　　　　(　　　)

① 유튜브의 등장은 통신 기술의 발전을 가져왔다.
② 요즘 청소년들에게 가장 인기 있는 직업은 크리에이터이다.
③ 유튜브 콘텐츠를 만들기 위해서는 시간과 장소의 선택이 가장 중요하다.
④ 크리에이터를 꿈꾸는 청소년이 많은 것은 우리나라만의 독특한 현상이다.
⑤ 크리에이터를 꿈꾸는 사람들 중에는 장차 연예인이 되기를 꿈꾸는 사람들이 많다.

한자성어

曲　學　阿　世
굽을 곡　배울 학　언덕 아　세대 세

🔍 바른길에서 벗어난 학문으로 세상 사람에게 아첨하는 것을 이르는 말

붙임딱지

工 장인공 / 功 공공

한자능력 준7급

한자능력 준6급

工 ≒ 功

뜻	소리
장인	공

工   丁

장인 공   장인 공

뜻	소리
공	공

功   工

공 공   공 공

유래

💡 工은 땅을 다질 때 사용하던 도구를 그린 한자야. 그러다가 이와 같은 도구를 잘 다루는 사람을 가리키는 말로 '장인'이라는 뜻을 갖게 되었어.

유래

💡 功은 '장인'과 '힘'을 뜻하는 글자를 합해 만든 한자야. 장인이 힘을 다한다는 뜻에서 '공로', '업적'의 뜻으로 쓰이게 되었어.

'공(工)'이 사용된 낱말 중 다음 뜻에 알맞은 낱말을 찾아 써 보세요.

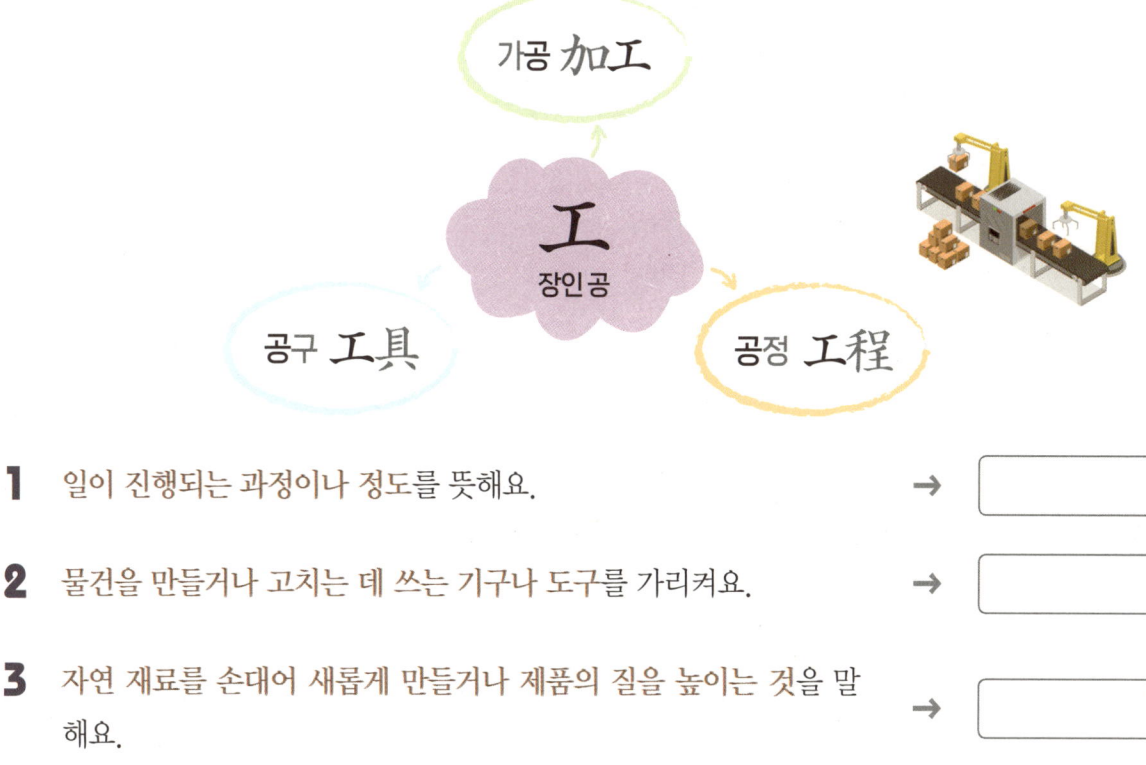

가공 加工

工
장인공

공구 工具

공정 工程

1 일이 진행되는 과정이나 정도를 뜻해요.   →

2 물건을 만들거나 고치는 데 쓰는 기구나 도구를 가리켜요.   →

3 자연 재료를 손대어 새롭게 만들거나 제품의 질을 높이는 것을 말해요.   →

'공(功)'이 사용된 낱말 중 다음 뜻에 알맞은 낱말을 찾아 써 보세요.

공로 功勞

功
공공

공명 功名

성공 成功

4 목표를 이룬 것을 말해요.   →

5 목적을 이루어 자기의 이름을 널리 드러내는 것을 말해요.   →

6 일을 마치거나 목적을 이루는 데 들인 노력과 수고를 말해요.   →

1 다음 문장의 빈칸에 알맞은 낱말을 찾아 선으로 이어 보세요.

(1) 아버지는 (   )을/를 이용해 벽에 못을 박았다. •

• 공정

(2) 반도체는 무척 섬세하고 까다로운 (   )을/를 거쳐서 만들어진다. •

• 공구

2 '공(功)'이 들어간 **보기**의 낱말 중 빈칸에 알맞은 낱말을 골라 써 보세요.

보기

성공   공명   공로

(1) 우리 가족은 드디어 천 조각의 퍼즐 맞추기에 [   ]했다.

(2) 조선 시대 선비들은 벼슬에 올라 [   ]을/를 떨치는 것을 중요하게 생각했다.

(3) 선생님께서는 삼십 년 동안 교육에 힘쓴 [   ]을/를 인정받아 표창을 받으셨다.

쓰기 활동

3 다음 낱말과 그림을 활용하여 문장을 완성해 보세요.

가공

장점이 있다,

📖 다음 글을 읽고 문제를 풀어 보세요.

학교에서 실시하는 신체검사가 코앞으로 다가왔다. 친구들 앞에서 키와 몸무게를 재야 하다니 걱정이 되어서 몸무게를 줄이기로 결심했다. 우선 중요한 것은 음식이다. 평소 내가 좋아하는 달콤한 군것질과 ㉠자연 재료를 손대어 새롭게 만든 햄이나 튀김 같은 식품은 절대 먹지 않을 작정이다. 탄수화물은 줄이고 단백질이 풍부한 식품을 먹을 것이다. 다음은 운동이다. 당장 집에 있는 고물과 ㉡물건을 만들거나 고치는 데 쓰는 도구를 이용하여 몇 가지 간단한 운동 기구부터 만들었다. 이것을 이용해 날마다 운동을 해 보리라 다짐했다. 나의 계획이 ㉢목표하는 것을 이루어 신체 검사 때 친구들 앞에서 몸무게로 창피를 당하는 일이 없기를 바란다.

1 윗글의 ㉠~㉢의 뜻을 가진 낱말을 써 보세요.

(1) ㉠: [   ]한   (2) ㉡: [   ]   (3) ㉢: [   ]하여

2 윗글의 내용으로 알맞은 것을 **보기**에서 찾아 그 기호를 써 보세요. (2개)   (,   )

보기

㉮ '나'는 신체검사를 앞두고 있다.

㉯ '나'는 다른 친구들보다 훨씬 키가 큰 편이다.

㉰ '나'는 몸무게를 줄이기 위해 운동 기구를 샀다.

㉱ '나'는 몸무게를 줄이기 위해 탄수화물보다 단백질을 먹기로 했다.

한자성어

螢 雪 之 功
개똥벌레 형　눈 설　갈 지　공 공

🔍 고생을 하면서 부지런하고 꾸준하게 공부하는 자세를 이르는 말

붙임딱지

한자 놀이

그림에 어울리는 한자어를 완성하세요.

姓
성씨   이름

族
집   겨레

自
스스로   몸

手
손   발

世
인간   지경

子
사내   아들

상태

한자능력 7급

한자능력 준7급

 ≒

뜻	소리
편할	편

뜻	소리
편안	안

便 伯

편할 편　　편할 편

安 宀

편안 안　　편안 안

유래

💡 便은 '사람'과 '고치다'라는 뜻을 가진 글자를 합해 만
든 한자야. 사람이 불편한 것을 바로잡는다는 의미에
서 '편하다'라는 뜻으로 쓰이고 있지.

유래

 → 圉 → 安

💡 安은 집 안에 여자가 앉아 있는 모양을 나타낸 한자
야. 그 모습을 안정적이라고 여겨 '편안하다'라는 뜻
을 갖게 되었어.

'편(便)'이 사용된 낱말 중 다음 뜻에 알맞은 낱말을 찾아 써 보세요.

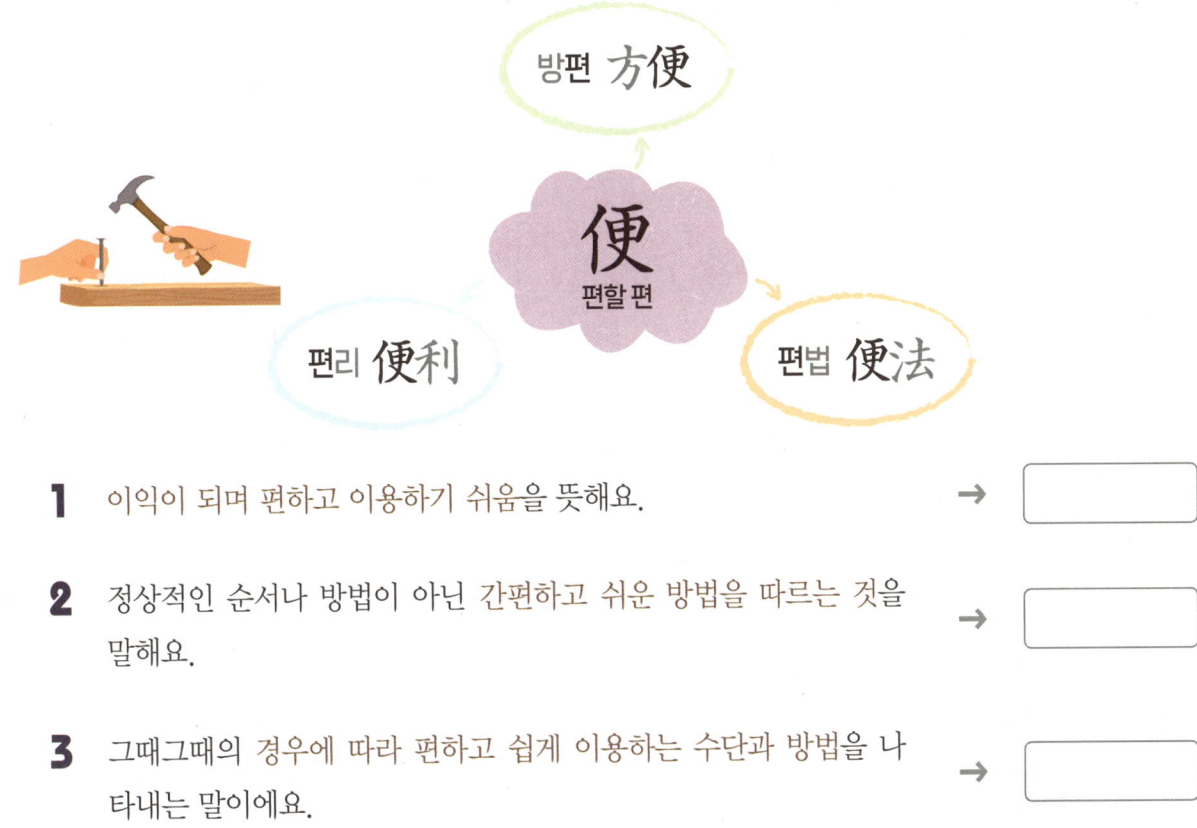

방편 方便

便
편할 편

편리 便利

편법 便法

1 이익이 되며 편하고 이용하기 쉬움을 뜻해요. → ☐

2 정상적인 순서나 방법이 아닌 간편하고 쉬운 방법을 따르는 것을 말해요. → ☐

3 그때그때의 경우에 따라 편하고 쉽게 이용하는 수단과 방법을 나타내는 말이에요. → ☐

'안(安)'이 사용된 낱말 중 다음 뜻에 알맞은 낱말을 찾아 써 보세요.

안락 安樂

安
편안 안

안부 安否

보안 保安

4 안전을 유지하는 것을 말해요. → ☐

5 몸과 마음이 편안하고 즐거운 상태를 말해요. → ☐

6 어떤 사람이 편안하게 잘 지내고 있는지에 대한 소식을 말해요. → ☐

1 다음 문장의 빈칸에 들어갈 알맞은 낱말을 찾아 써 보세요.

(1) 갑작스런 정전을 대비한 [   ]으로 집에 양초를 준비해 두었다.

> 방편   보안   편법

(2) 전교 어린이 회장 선거 운동은 [   ]을 쓰지 않고 공정하게 해야 한다.

> 보안   방편   편법

2 다음 문장에 어울리는 낱말을 골라 ○표 하세요.

(1) 온라인에서 개인 정보 유출에 대비하여 개인 정보의 (보안 / 안부)을 강화했다.

(2) 할아버지는 젊었을 때 성실하게 사셔서 지금 (안락 / 안부)한 생활을 누리신다.

(3) 전학 간 친구가 잘 지내고 있는지 (안부 / 보안)을/를 묻기 위해 전화를 걸었다.

쓰기 활동

3 다음 낱말과 그림을 활용하여 문장을 완성해 보세요.

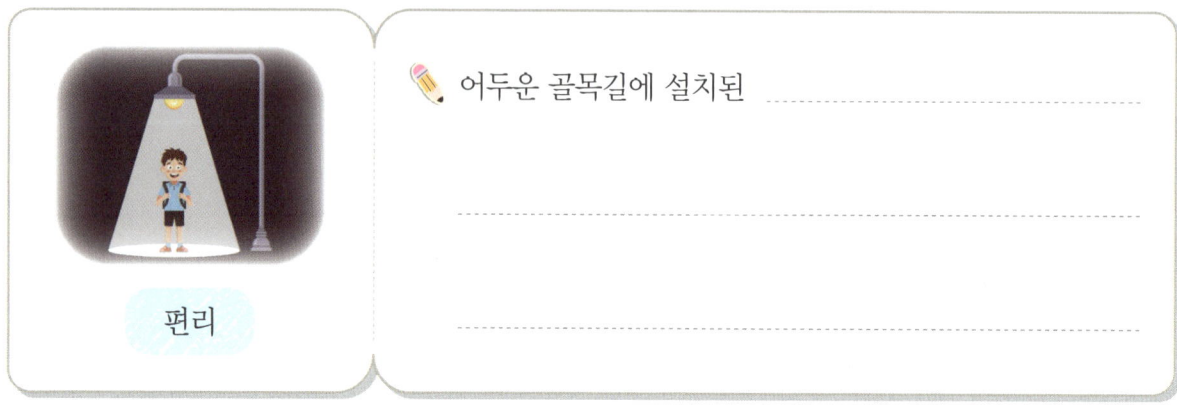

✏️ 어두운 골목길에 설치된 ....

....

....

편리

📖 다음 글을 읽고 문제를 풀어 보세요.

과학 기술의 발전은 인간에게 ㉠이익이 되며 편하고 이용하기 쉬운 생활을 가져다주었다. 예전과 비교해 우리는 멀리 있는 사람과 빠르게 소통하고 ㉡어떤 사람이 편안하게 잘 지내고 있는지에 대한 소식을 물을 수 있게 되었다. 우리가 어디든 갈 수 있고 누구와도 연락할 수 있는 지구촌 시대를 맞이할 수 있게 된 데에는 교통과 통신의 발달이 가장 큰 역할을 했다. 그중에서도 인터넷의 발달은 세계를 하나로 연결해 주고 있다. 우리는 인터넷을 통해 언제 어디에 있든지 원하는 정보를 손쉽게 얻을 수 있게 되었지만, 한편으로는 개인의 정보가 새어 나가 불법적인 일에 쓰일 위험에 처해 있다. 오늘날 우리가 개인 정보의 ㉢안전을 유지하는 것에 특히 신경 써야 하는 이유가 여기에 있다.

1 윗글의 ㉠~㉢의 뜻을 가진 낱말을 써 보세요.

(1) ㉠: [   ]한   (2) ㉡: [   ]   (3) ㉢: [   ]

2 윗글의 내용으로 알맞은 것은 O에, 알맞지 <u>않은</u> 것은 X에 표시하세요.

(1) 과학 기술의 발전으로 인간의 삶이 편리해졌다.   (O ┊ X)

(2) 우리는 교통과 통신의 발달로 지구촌 시대를 맞이하게 되었다.   (O ┊ X)

(3) 지구촌 시대에는 개인의 모든 정보를 다른 사람과 나누어야 한다.   (O ┊ X)

한자성어

安 分 知 足
편안할 안 나눌 분 알 지 발 족

🔍 편안한 마음으로 제 분수를 지키며 만족할 줄 아는 태도를 이르는 말

붙임딱지

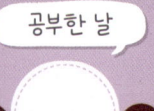

한자능력 준7급

한자능력 준6급

+

뜻	소리
평평할	평

뜻	소리
화할	화

평평할 평	평평할 평

화할 화	화할 화

유래

💡 平은 물 위에 뜬 물풀의 모양을 그린 한자야. 수면의 모양이 고르고 잔잔하다는 의미에서, '평평하다'라는 뜻으로 사용하게 되었어.

유래

💡 和는 '벼'와 '입'을 뜻하는 글자를 합쳐 놓은 한자야. 벼와 같은 곡식을 함께 나누어 먹는다는 의미로, '화목하다'라는 뜻으로 쓰이고 있어.

'평(平)'이 사용된 낱말 중 다음 뜻에 알맞은 낱말을 찾아 써 보세요.

평화 平和

공평 公平

平
평평할 평

일평생 一平生

1 살아 있는 동안을 뜻하는 말이에요. → ☐

2 탈이 없이 조용하고 정다움을 뜻해요. → ☐

3 어느 쪽으로도 치우치지 않고 고른 것을 나타내는 말이에요. → ☐

'화(和)'가 사용된 낱말 중 다음 뜻에 알맞은 낱말을 찾아 써 보세요.

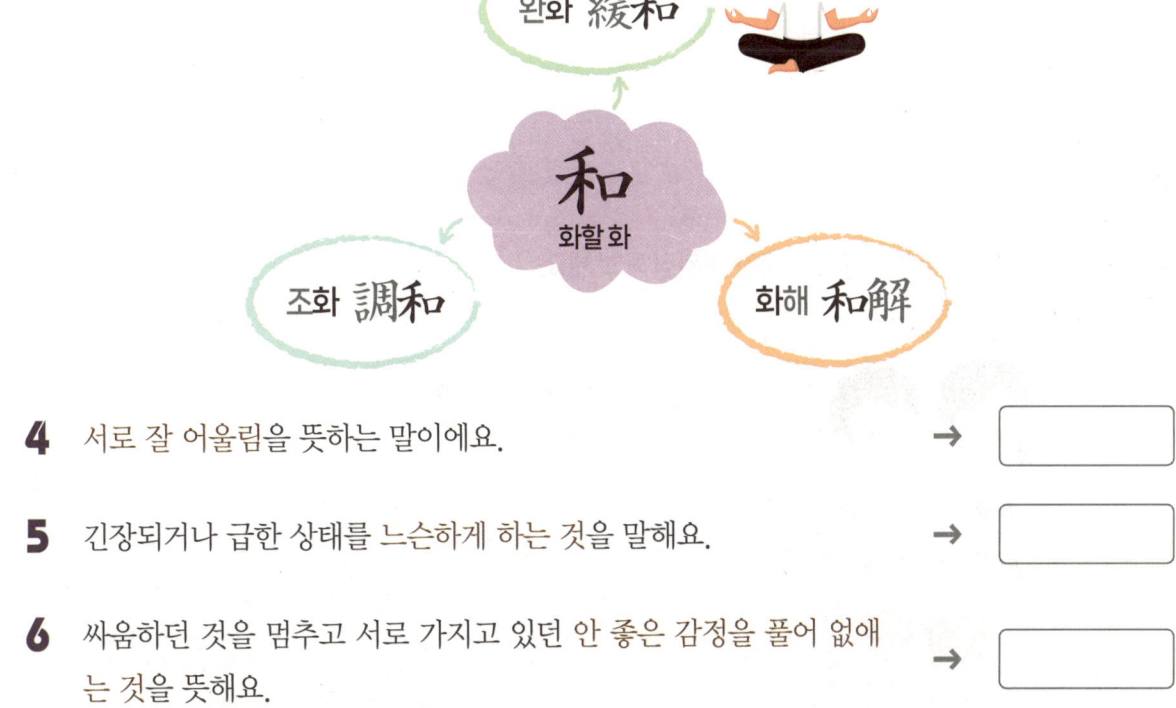

완화 緩和

和
화할 화

조화 調和

화해 和解

4 서로 잘 어울림을 뜻하는 말이에요. → ☐

5 긴장되거나 급한 상태를 느슨하게 하는 것을 말해요. → ☐

6 싸움하던 것을 멈추고 서로 가지고 있던 안 좋은 감정을 풀어 없애는 것을 뜻해요. → ☐

1 '평(平)'이 들어간 **보기** 의 낱말 중 다음 빈칸에 알맞은 낱말을 골라 써 보세요.

보기

평화   공평   일평생

(1) 에디슨은 [   ]을/를 발명품을 만드는 데 바쳤다.

(2) 우리는 전쟁이 끝나고 [   ]이/가 오기를 기도했다.

(3) 동생과 나는 샌드위치를 절반씩 [   ]하게 나누어 먹었다.

2 다음 문장의 빈칸에 알맞은 낱말을 찾아 선으로 이어 보세요.

(1) 자연과 (   )를 이룬 건
축물의 아름다움에 모두들 감탄
했다.   •

• 완화

(2) 전염병으로 인한 출입 제한이
(   )가 되자 거리에 활
기가 감돌았다.   •

• 조화

쓰기 활동

3 다음 낱말과 그림을 활용하여 문장을 완성해 보세요.

화해

✏ 나는 어제 다투었던 _____

_____

_____

3단계 글로 익히기

다음 글을 읽고 문제를 풀어 보세요.

기자: 갑작스러운 산불로 강릉 주변은 혼란에 휩싸였습니다. 지금은 큰불이 잡혀서 현장의 다급한 분위기도 어느 정도 ㉠느슨하게 되었습니다. 어제까지만 해도 ㉡탈이 없이 조용하고 정다움 그 자체였던 경포호 주변의 모습이 지금은 타다 남은 꽃나무들로 거칠게 변해 버렸습니다. 현장에 있던 시민과의 인터뷰 들어 보시죠.

시민: 내 ㉢살아 있는 동안 그렇게 빨리 불길이 번지는 것은 처음 봅니다. 아무래도 유명 관광지이다 보니 주변에 나무가 많고 강한 바람까지 불어 피해가 더 커졌습니다.

기자: 꽃놀이를 즐기던 관광객들은 잿더미로 변한 경포호의 모습에 허탈함을 감추지 못하고 있습니다.

1 윗글의 ㉠~㉢의 뜻을 가진 낱말을 써 보세요.

(1) ㉠: [   ]되었습니다   (2) ㉡: [   ]   (3) ㉢: [   ]

2 윗글의 내용으로 알맞은 것을 보기 에서 찾아 그 기호를 써 보세요. (2개)   (,   )

보기

㉮ 강릉 주변에 커다란 화재가 발생했다.
㉯ 경포호 주변은 불길을 피하러 온 시민들로 북적였다.
㉰ 꽃놀이를 즐기던 관광객으로 인해 화재가 시작되었다.
㉱ 화재가 급속도로 번진 것은 나무가 많고 강한 바람이 불었기 때문이다.

한자성어

平 地 風 波
평평할 평　땅 지　바람 풍　물결 파

🔍 평온한 자리에서 일어나는 바람과 물결이라는 뜻으로, 뜻밖에 일어난 혼란스러움을 이르는 말

붙임딱지

死 죽을사 / 生 날생

한자능력 6급

한자능력 8급

死 ↔ 生

뜻	소리
죽을	사

뜻	소리
날	생

死 歹

죽을 사   죽을 사

生 午

날 생   날 생

유래

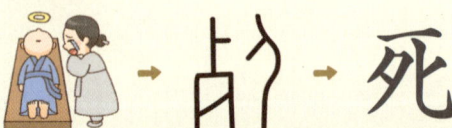

💡 死는 죽은 사람 앞에서 슬퍼하는 사람의 모습을 나타낸 한자야. '죽다', '다하다' 등의 뜻으로 쓰이고 있어.

유래

💡 生은 땅 위로 새싹이 돋아나는 모습을 그린 한자야. 그래서 처음에서 '자라다', '돋다'라는 의미로 쓰이다가 나중에 '태어나다'라는 뜻이 더해지게 되었어.

'사(死)'가 사용된 낱말 중 다음 뜻에 알맞은 낱말을 찾아 써 보세요.

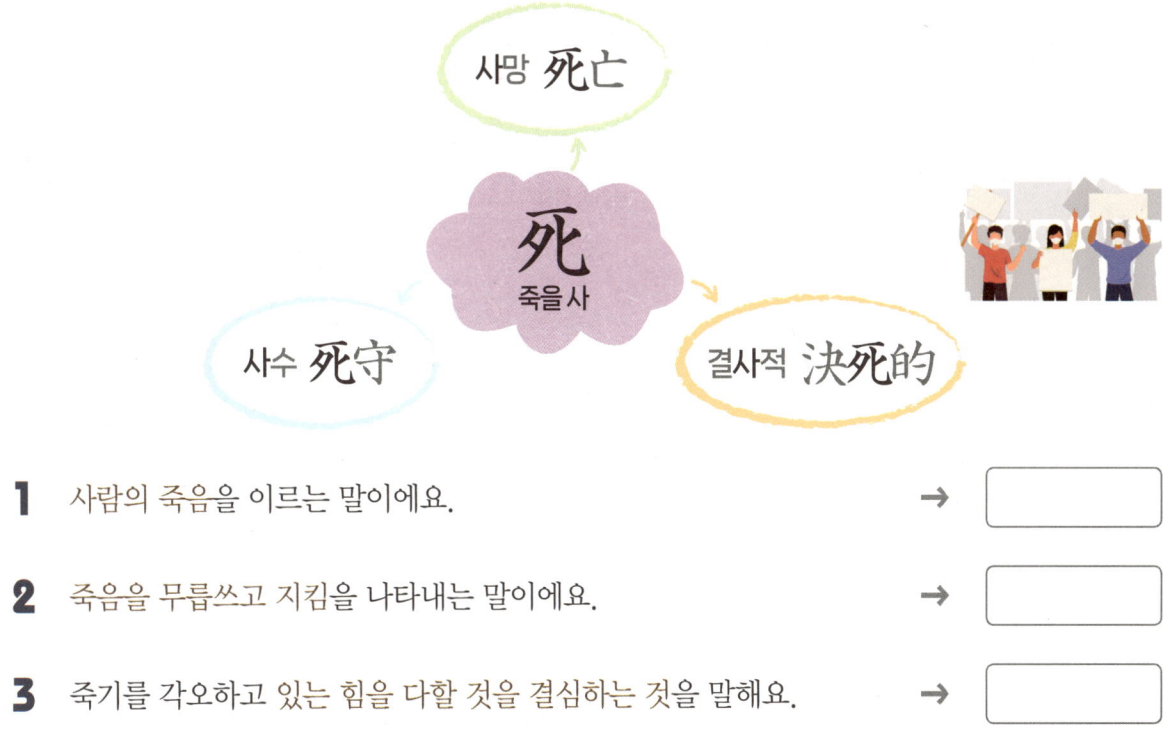

사망 死亡

死
죽을 사

사수 死守

결사적 決死的

1 사람의 죽음을 이르는 말이에요. → ☐

2 죽음을 무릅쓰고 지킴을 나타내는 말이에요. → ☐

3 죽기를 각오하고 있는 힘을 다할 것을 결심하는 것을 말해요. → ☐

'생(生)'이 사용된 낱말 중 다음 뜻에 알맞은 낱말을 찾아 써 보세요.

발생 發生

生
날 생

생사 生死

파생 派生

4 삶과 죽음을 아울러 이르는 말이에요. → ☐

5 어떤 일이나 사물이 생겨나는 것을 말해요. → ☐

6 사물이 어떤 것으로부터 갈려 나와 생기는 것을 뜻해요. → ☐

1 다음 빈칸에 '사(死)'가 들어간 낱말을 써서 문장을 완성해 보세요.

(1) 아버지의 갑작스러운 ☐☐ 소식은 유족들에게 큰 슬픔을 안겼다.
　　　　　　　　　사람의 죽음

(2) 어머니는 굴러떨어지는 아이를 잡기 위해 ☐☐☐으로 몸을 날렸다.
　　　　죽기를 각오하고 있는 힘을 다할 것을 결심하는 것

2 다음 문장의 빈칸에 알맞은 낱말을 찾아 써 보세요.

(1) 동네에 화재가 ☐☐☐ 하여 주민들이 긴급히 대피하였다.

　　　발생　　　　　　사수　　　　　　파생

(2) 건국 신화가 비슷한 것으로 보아 고구려는 북부여에서 ☐☐☐ 한 국가이다.

　　　재생　　　　　　파생　　　　　　사망

(3) 소식이 끊겨 그녀가 살았는지 죽었는지 ☐☐☐ 의 확인조차 쉽지 않다.

　　　사수　　　　　　생사　　　　　　파생

![쓰기 활동]

3 다음 낱말과 그림을 활용하여 문장을 완성해 보세요.

사수

✏️ 전쟁이 일어나면 _____

_____

_____

📖 다음 글을 읽고 문제를 풀어 보세요.

소포리 주민들은 마을에 골프장을 건설하겠다는 계획이 발표되자, ㉠죽기를 각오하고 있는 힘을 다할 것을 결심하여 반대하였습니다. 소포리는 자연이 있는 그대로 보존되어 아름답고 공기 좋기로 유명한 마을인데, 골프장이 들어서면 자연이 훼손되고 몰려드는 외부인들로 인해 관리가 제대로 되지 않아 각종 오염이 ㉡생겨날 것이 불 보듯 뻔하기 때문입니다. 소포리 주민들은 아름다운 자연을 간직한 마을을 ㉢죽음을 무릅쓰고 지키기로 뜻을 모아 행정 기관에 강력하게 항의했습니다. 주민들의 이러한 반응을 예상하지 못한 관계자들은 당황했지만, 곧 주민들이 동의할 때까지 골프장 건설 계획을 미루기로 하였습니다.

1 윗글의 ㉠~㉢의 뜻을 가진 낱말을 써 보세요.

(1) ㉠: [　　　　　]으로 (2) ㉡: [　　　　　]할 (3) ㉢: [　　　　　]하기로

2 윗글의 내용으로 알맞은 것은 O에, 알맞지 않은 것은 X에 표시하세요.

(1) 소포리 주민들은 골프장 건설을 반대한다. 　　　　　　　　　　　(O ┊ X)

(2) 소포리 주민들은 마을에 골프장이 들어서도 관광객이 늘어나지 않을 수 있다고 걱정한다. 　　　　　　　　　　　(O ┊ X)

(3) 소포리 주민들은 골프장 건설로 벌어들일 돈보다 마을 그대로의 모습을 보존하는 것을 더 중요하게 생각한다. 　　　　　　　　　　　(O ┊ X)

한자성어

九 死 一 生
아홉 구　죽을 사　하나 일　날 생

🔍 아홉 번 죽을 뻔하다 한 번 살아난다는 뜻으로, 죽을 고비를 몇 차례 넘기고 겨우 살아남을 이르는 말

붙임딱지

공부한 날

월 일

한자능력 준7급

한자능력 7급

活 ≒ 住

뜻	소리
살	활

뜻	소리
살	주

살 활	살 활	

살 주	살 주	

유래

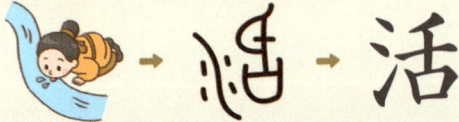

💡 活은 '물'과 '혀'를 뜻하는 글자를 합해 만든 한자야. 혀에 물기가 있다는 의미에서 '살아 있다'는 뜻을 갖게 되었어.

유래

💡 主는 '사람'과 '촛대'를 나타낸 한자야. 사람이 사는 집 안에 불이 켜져 있는 모습을 표현한 것으로, '살다', '사는 곳'을 뜻하는 말로 쓰이고 있어.

'활(活)'이 사용된 낱말 중 다음 뜻에 알맞은 낱말을 찾아 써 보세요.

재활 再活

活
살 활

활기 活氣

활용 活用

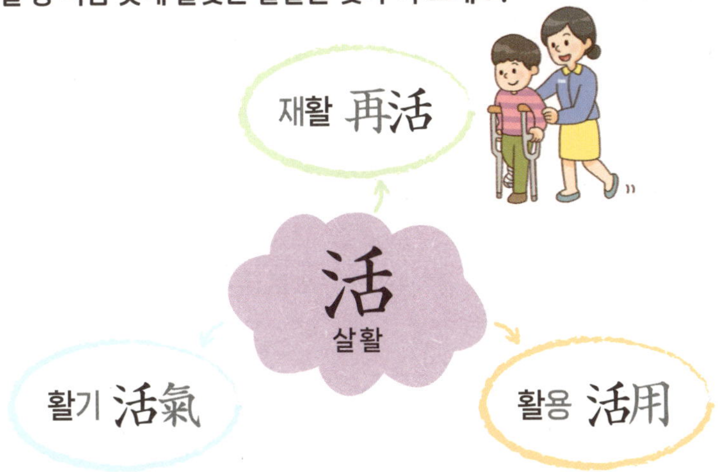

1 충분히 잘 이용함을 뜻하는 말이에요. → ☐

2 활동력이 있거나 활발한 기운을 나타내는 말이에요. → ☐

3 다시 활동하거나 장애를 극복하고 생활하는 것을 뜻하는 말이에요. → ☐

'주(住)'가 사용된 낱말 중 다음 뜻에 알맞은 낱말을 찾아 써 보세요.

안주 安住

住
살 주

이주 移住

주거 住居

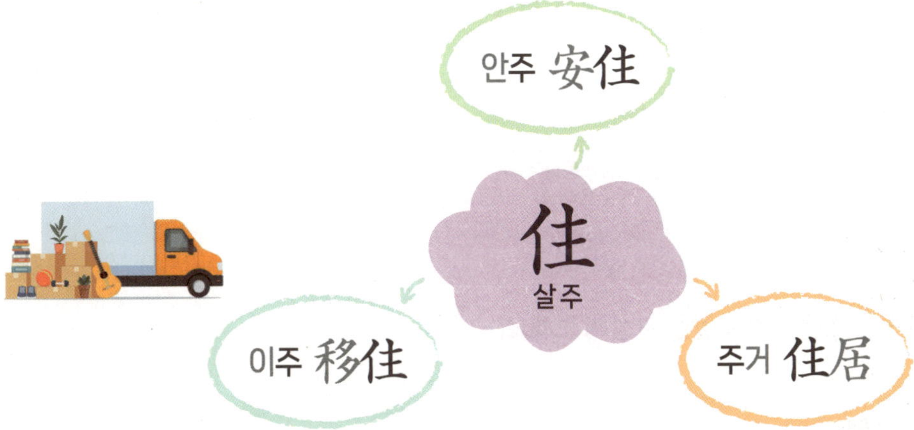

4 일정한 곳에 머물러 사는 것을 말해요. → ☐

5 현재의 상황이나 처지에 만족하는 것을 말해요. → ☐

6 다른 집으로 거처를 옮김, 혹은 다른 지역으로 이동하여 사는 것을 뜻해요. → ☐

1 '활(活)'이 들어간 보기의 낱말 중 다음 빈칸에 알맞은 낱말을 골라 써 보세요.

보기

활용   활기

(1) 그녀는 항상 [   ] 넘치는 모습으로 주위를 밝게 한다.

(2) 미술 시간에 폐품을 [   ] 하여 물총을 만들었다.

2 보기의 글자로 다음 문장의 빈칸에 들어갈 낱말을 만들어 써 보세요.

보기

거   안   이   주

(1) 조선 시대와 지금은 [   ] 공간이 다르다.
일정한 곳에 머물러 사는 것

(2) 지금 성적에 [   ] 를 하다 보면 발전이 없다.
현재의 상황이나 처지에 만족하는 것

(3) 원주민들은 다른 나라에서 [   ] 를 한 사람들에게 삶의 터전을 빼앗겼다.
다른 지역으로 이동하여 사는 것

쓰기 활동

3 다음 낱말과 그림을 활용하여 문장을 완성해 보세요.

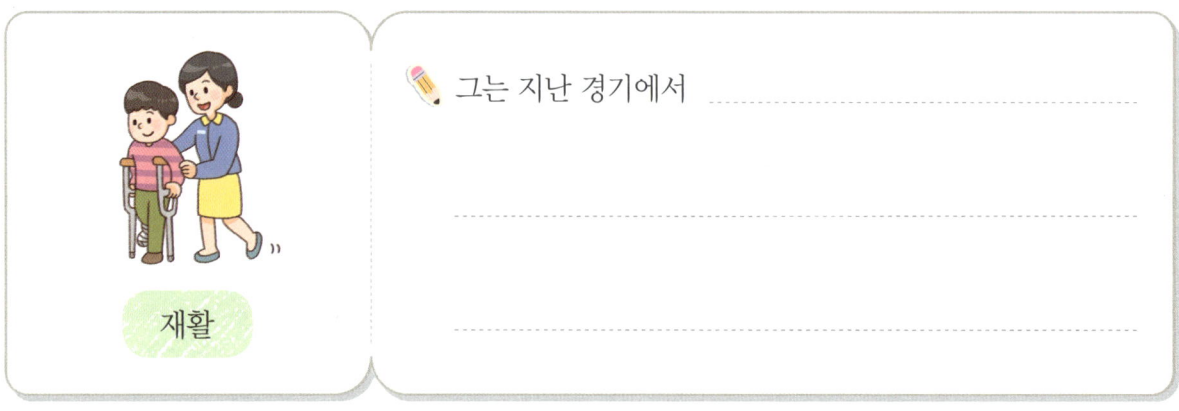

재활

✏️ 그는 지난 경기에서 _____

_____

_____

다음 글을 읽고 문제를 풀어 보세요.

    내 친구 새은이는 친구들에게 인기가 많다. 새은이는 친절하면서도 ㉠활발한 기운 넘치는 모습으로 친구들을 대하기 때문이다. 이번 주말은 새은이의 생일 잔치에 초대를 받았다. 반 친구들과 모여서 새은이네 집에 가기로 약속했다. 새은이는 ㉡머물러 사는 집 주소와 약도를 그려 주었다. 새은이네 집에 도착한 나와 친구들은 눈이 휘둥그레졌다. 집 안 곳곳에 새은이가 온갖 일회용품을 ㉢충분히 잘 이용하여 만든 독특한 작품들이 많았기 때문이다. 새은이는 성격만 좋은 것이 아니라 손재주까지 좋은 정말 멋진 친구이다. 앞으로 새은이와 더 친해지고 싶다.

1 윗글의 ㉠~㉢의 뜻을 가진 낱말을 써 보세요.

(1) ㉠: [   ]   **(2)** ㉡: [   ]하는   **(3)** ㉢: [   ]하여

2 윗글에서 알 수 있는 새은이의 특징이 <u>아닌</u> 것은 무엇인가요?   (   )

① 친절하다.
② 활기가 넘친다.
③ 얼굴이 예쁘다.
④ 손재주가 좋다.

한자성어

死 中 求 活
죽을 사　가운데 중　구할 구　살 활

🔍 죽을 수밖에 없는 처지에서 한 가닥 살길을 찾는다는 말

붙임딱지

한자 놀이

아래 팻말에 적힌 한자를 찾아 동그라미 하세요.

똑독 초등 한자 어휘 찾아보기

똑독 초등 한자 어휘 3단계에는 이런 한자와 어휘를 담고 있어요!

한자

어휘 ㄱ~ㅅ

자연 01~04

한자 놀이 주어진 한자를 따라 써 보며 미로를 탈출해 보세요.

방향 01~07

한자 놀이 한자어의 소리가 올바르면 O로, 그렇지 않으면 X로 따라가며 길을 찾아보세요.

생활 01~07

한자 놀이 뜻과 소리에 알맞은 한자의 나머지 부분을 완성해 보세요.

사람 01~08

한자 놀이 그림에 어울리는 한자어를 완성하세요.

한자 놀이

아래 팻말에 적힌 한자를 찾아 동그라미 하세요.

MEMO

똑똑 초등 한자 어휘는

한자 어휘 - 문장 - 글의 단계적 학습으로
문해력을 기를 수 있는 교재입니다.

낱말 알아보기
교과서 및 일상 어휘, 한자능력검정시험에서 선별한
주제별 한자와 관련 어휘를 배울 수 있습니다.

문제 풀기
학습한 어휘의 문맥적 의미를 파악하는 문제를 통해
실제 쓰임을 익히고, 쓰기 활동을 통해 쓰기 능력을 기를 수 있습니다.

글로 익히기
어휘가 사용된 글을 독해하며 어휘의 의미를 되새기고
독해 문제를 풀며 문해력을 키울 수 있습니다.

이투스북

똑똑

초등 한자어휘

자기 주도형
심화 학습 노트

● 한자 쓰기 노트 및 확인 문제   ● 한자능력검정시험 모의 문제

3 단계 ┃ 나무   초등 3·4학년

자기 주도형 심화 학습 노트

• 본책에서 일차별로 학습한 내용을 이 책 안에 정리해 보세요.

공부한 날 　월　일

오늘 배운 한자를 다시 써 보세요.

하늘 천

땅 지

오늘 배운 한자를 다시 익혀 보세요.

1 다음 한자성어의 뜻으로 알맞은 것은 무엇인가요? （　　　）

易地思之　역지사지

① 상대방의 처지에서 생각해 봄.
② 상대방과의 차이를 인정하는 것이 중요함.
③ 상대방과 다툼이 있을 때는 피하는 것이 좋음.

2 다음 밑줄 친 낱말에 해당하는 한자어를 보기 에서 찾아 써 보세요.

보기

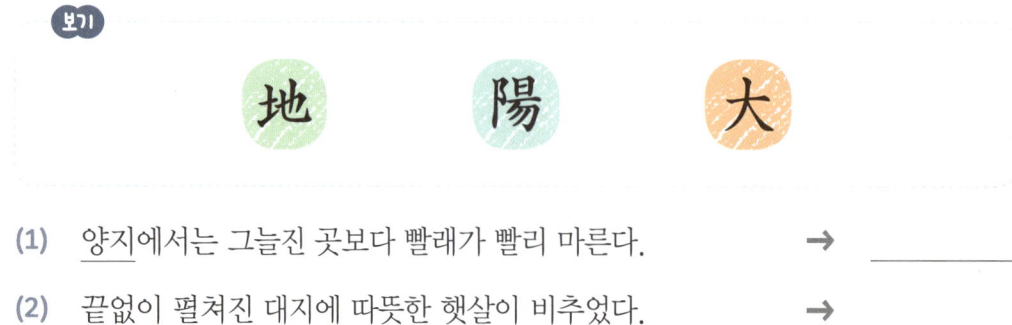

地　　　陽　　　大

(1) 양지에서는 그늘진 곳보다 빨래가 빨리 마른다. → ＿＿＿＿

(2) 끝없이 펼쳐진 대지에 따뜻한 햇살이 비추었다. → ＿＿＿＿

 오늘 배운 낱말을 확인해 보세요.

1 다음 문장에 어울리는 낱말을 골라 ○표 하세요.

(1) 치타는 (지상 / 지하)에서 가장 빠른 동물이다.

(2) 햇볕이 잘 드는 (양지 / 음지)에서는 꽃이 잘 자란다.

(3) 해가 지자 드넓은 (대지 / 지도)에 짙은 어둠이 깔렸다.

(4) 그가 거짓말쟁이라는 것은 (지하 / 천하)가 다 아는 사실이다.

2 다음 문장의 빈칸에 알맞은 낱말을 보기 에서 골라 써 보세요.

보기

| 천하 | 천연 | 선천적 |

(1) 야생 동물들은 [   ](으)로 청각이 뛰어나다.

(2) 그 사람의 힘은 [   ]에 그 누구도 당할 자가 없다.

(3) 건강에 대한 관심이 높아지면서 [   ] 조미료의 판매량이 증가했다.

맞힌 개수 ___ / 10   ★ 오늘 배운 한자 **天 然 下 先 的 地 上 大 陽**

 오늘 배운 한자를 다시 써 보세요.

午 　낮 오

夜 　밤 야

오늘 배운 한자를 다시 익혀 보세요.

1 다음 상황에 어울리는 한자성어는 무엇인가요? 　　　　　　(　　　)

> 　그는 어려운 형편에도 불구하고 공부를 게을리하지 않았다. 낮에는 편의점에서 아르바이트를 해야 했기 때문에, 공부는 주로 밤에 잠자는 시간을 쪼개어 가며 해야 했다. 결국 그는 검정고시에 당당하게 합격했다.

① 인지상정(人之常情) 　　　　　② 안하무인(眼下無人)
③ 주경야독(晝耕夜讀) 　　　　　④ 우이독경(牛耳讀經)

2 다음 밑줄 친 한자어의 소리를 써 보세요.

(1) 출출한 밤에는 <u>夜食</u>을 참기가 어렵다. 　　　　→ _____

(2) 늦은 밤 지하철을 놓친 그는 <u>深夜</u> 버스를 탔다. 　→ _____

(3) 두 나라 대표는 <u>午餐</u>을 함께 하며 협력 방안을 논의했다. → _____

 오늘 배운 낱말을 확인해 보세요.

1 보기 의 글자로 다음 문장의 빈칸에 들어갈 낱말을 만들어 써 보세요.

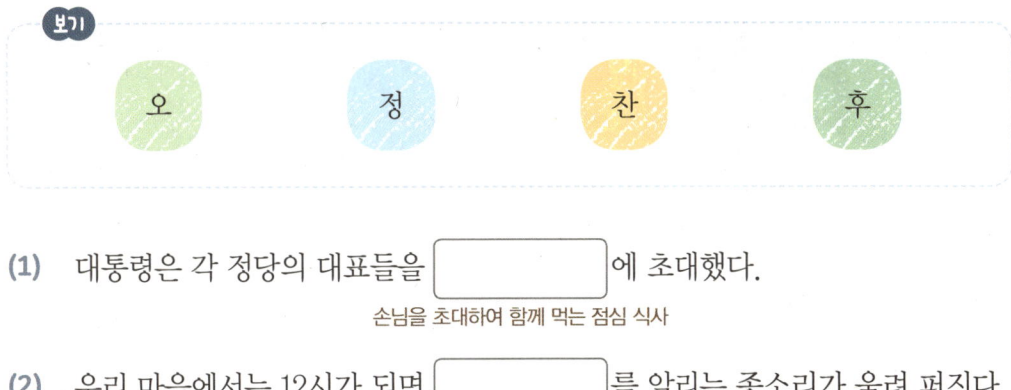

보기

| 오 | 정 | 찬 | 후 |

(1) 대통령은 각 정당의 대표들을 [   ]에 초대했다.
　　　　　　　　　　　　　　　　손님을 초대하여 함께 먹는 점심 식사

(2) 우리 마을에서는 12시가 되면 [   ]를 알리는 종소리가 울려 퍼진다.
　　　　　　　　　　　　　　　　　　낮 열두 시

(3) 이곳은 해가 뉘엿뉘엿 넘어가며 붉은 노을이 지는 때가 [   ] 시간
중에서 가장 아름답다.　　　　　　　　　　　　낮 열두 시부터 밤 열두 시까지의 시간

2 다음 문장의 빈칸에 알맞은 낱말을 보기 에서 골라 써 보세요.

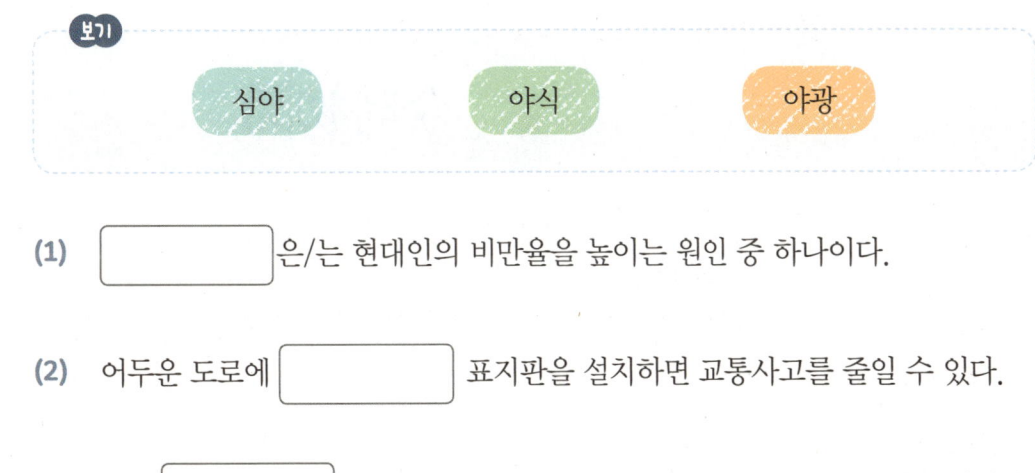

보기

| 심야 | 야식 | 야광 |

(1) [   ]은/는 현대인의 비만율을 높이는 원인 중 하나이다.

(2) 어두운 도로에 [   ] 표지판을 설치하면 교통사고를 줄일 수 있다.

(3) 나는 [   ]에 달리기를 하면서 생각을 정리하고 내일의 계획을 세웠다.

맞힌 개수 [   ] / 10　　★ 오늘 배운 한자　正 午 後 餐 夜 食 深 光

 오늘 배운 한자를 다시 써 보세요.

時 때 시

間 사이 간

오늘 배운 한자를 다시 익혀 보세요.

1 다음 한자성어의 소리와 뜻으로 알맞은 것은 무엇인가요?   (   )

> # 今時初聞

① 금시초견(바로 지금 처음으로 봄.)
② 금시초문(바로 지금 처음으로 들음.)
③ 금시발복(어떤 일을 한 뒤에 좋은 보람으로서 복을 누리게 됨.)

2 다음 밑줄 친 한자어를 올바르게 읽은 것은 무엇인가요?

(1) 한자능력검정시험은 <u>常時</u> 접수를 받고 있습니다.   (   )
① 상시   ② 항상   ③ 일시   ④ 정시

(2) 그와 다툰 뒤로는 극복할 수 없는 <u>間隔</u>이 생겨 버렸다.   (   )
① 격차   ② 간격   ③ 간직   ④ 간극

 **오늘 배운 낱말을 확인해 보세요.**

1 다음 문장에 어울리는 낱말을 골라 ○표 하세요.

(1) 두 사건은 (시각 / 시차)을/를 두고 연달아 일어났다.

(2) 우리 반 아이들은 (동시 / 상시)에 한목소리로 말했다.

(3) (상시 / 한시)로 열리는 시장을 상설 시장이라고 한다.

(4) 출퇴근 시간대에는 지하철이 오 분 (간격 / 거리)(으)로 출발한다.

2 다음 문장의 빈칸에 알맞은 낱말을 찾아 선으로 이어 보세요.

(1) 우리는 시험 (   ) 동안 컴퓨터실을 자습실로 사용하기로 했다. •

• 간격

(2) 친구와 만난 지 오래되어서 그런지 왠지 모를 (   )이 느껴졌다. •

• 기간

(3) 그의 소식을 다른 사람을 통해 (   )적으로라도 들을 수 있어 다행이다. •

• 간접

 맞힌 개수   / 10   ★ 오늘 배운 한자 時 差 同 常 間 隔 接 其

 오늘 배운 한자를 다시 써 보세요.

길 도

길 로(노)

 오늘 배운 한자를 다시 익혀 보세요.

1 다음 한자성어의 뜻으로 알맞은 것은 무엇인가요?   (   )

> # 安貧樂道 안빈낙도

① 가난함 속에서도 올바른 길을 추구함.

② 가난은 편안함과 즐거움을 이길 수 없음.

③ 가난한 생활을 하면서도 편안한 마음으로 도리를 즐겨 지킴.

2 다음 한자어의 뜻으로 알맞은 것은 무엇인가요?

(1) 孝道   (   )

① 부모님의 은혜   ② 부모님을 잘 섬기는 일

(2) 經路   (   )

① 결과에 대한 원인   ② 일이 진행되는 방법이나 순서

(3) 路線   (   )

① 두 지점으로 오가는 교통선   ② 거리나 방향을 알려 주는 안내판

 오늘 배운 낱말을 확인해 보세요.

1 다음 문장의 빈칸에 알맞은 낱말을 **보기** 에서 골라 써 보세요.

> **보기**
>
> 효도   보도   도로

(1) 기자는 사실에 대해 정확하고 정직하게 [   ]를 해야 한다.

(2) 5중 추돌 사고 때문에 멈춰 선 차량들로 [   ]가 꽉 막혔다.

(3) 우리 조상들은 부모님께 [   ]를 하는 것을 중요하게 여겼다.

2 다음 문장의 빈칸에 알맞은 낱말을 찾아 써 보세요.

(1) 경찰은 다양한 [   ]를 통해 범죄 정보를 수집한다.

> 경과   경로   진로

(2) 직업 체험 활동을 하면 [   ]를 탐색하는 데 도움이 된다.

> 진도   진노   진로

(3) 마을버스의 [   ]이 변경되어 등교하는 데 걸리는 시간이 줄었다.

> 노선   도선   차선

맞힌 개수 [   ] / 10   ⭐ 오늘 배운 한자 道 路 報 孝 經 線 進

 오늘 배운 한자를 다시 써 보세요.

모 방

향할 향

 오늘 배운 한자를 다시 익혀 보세요.

1 다음 빈칸에 알맞은 한자를 넣어 한자성어를 완성해 보세요.

四☐八☐ 사방팔방

여기저기 모든 방향이나 방면

2 다음 밑줄 친 한자어의 소리를 써 보세요.

(1) 우리나라는 각 지역마다 <u>方言</u>이 발달했다. → _____

(2) 평화는 세계 모든 사람들이 <u>志向</u>하는 목표이다. → _____

(3) 복습을 꾸준히 했더니 성적이 엄청나게 <u>向上</u>되었다. → _____

 **오늘 배운 낱말을 확인해 보세요.**

1 다음 문장의 빈칸에 알맞은 낱말을 찾아 써 보세요.

(1) 이곳을 빠져 나갈 [　　　　]은 도움을 요청하는 것뿐이다.

| 방안 | 방언 | 방향 |

(2) 선장은 배가 나아가는 [　　　　]을 바꾸기 위해 뱃머리를 돌렸다.

| 방안 | 방언 | 방향 |

(3) 할머니는 전라도 [　　　　]을 쓰셔서 가끔 못 알아듣는 말이 있다.

| 방안 | 방언 | 방향 |

2 다음 문장의 빈칸에 알맞은 낱말을 찾아 선으로 이어 보세요.

(1) 꾸준히 줄넘기를 했더니 체력이 (　　　　)되었다. •   • 지향

(2) 뛰어난 예술가들은 늘 새로운 것을 (　　　　)한다. •   • 편향

(3) 판사는 (　　　　)된 판정을 내리지 않으려고 노력한다. •   • 향상

 맞힌 개수 　　　 / 10　　　 오늘 배운 한자　方 案 言 向 志 偏 上

 오늘 배운 한자를 다시 써 보세요.

위 상

아래 하

 오늘 배운 한자를 다시 익혀 보세요.

1 다음 한자성어의 뜻으로 알맞은 것은 무엇인가요?　　　　　(　　　)

雪上加霜 설상가상

① 좋은 일은 언제나 한꺼번에 찾아옴.
② 곤란한 일이나 불행한 일이 잇따라 일어남.
③ 불행한 일이 오히려 좋은 일의 기회로 바뀜.

2 다음 밑줄 친 낱말에 해당하는 한자어를 보기 에서 찾아 써 보세요.

보기

 世　　　 上　　　 最

(1) 이 <u>세상</u>에는 다양한 사람들이 살고 있다.　→ _____

(2) 저희 가게에서 파는 과일들의 상태는 언제나 <u>최상</u>입니다.　→ _____

오늘 배운 낱말을 확인해 보세요.

1 다음 문장의 빈칸에 알맞은 낱말을 보기 에서 골라 써 보세요.

보기

비하   상기   저하   하교

(1) 그녀는 노골적으로 나를 [   ] 하며 무시했다.

(2) 상철이는 몸무게가 급격히 늘어나자 체력이 [   ] 되었다.

(3) 오늘은 학부모 총회가 있는 날이라 [   ] 시간이 당겨졌다.

(4) 지각을 면하려고 한참을 내달린 그의 얼굴은 벌겋게 [   ] 가 되어 있었다.

2 다음 문장의 빈칸에 알맞은 낱말을 찾아 써 보세요.

(1) 이 모니터는 [   ] 의 화질을 자랑합니다.

(상기)   (세상)   (최상)

(2) 무슨 일인지 [   ] 된 표정의 동생이 급하게 뛰어왔다.

(상기)   (저하)   (최상)

(3) 내 짝꿍은 [   ] 에서 나를 가장 잘 이해해 주는 친구이다.

(세상)   (상기)   (최상)

👍 맞힌 개수 [   ] / 10   ⭐ 오늘 배운 한자 上 氣 世 最 卑 下 低 校

 오늘 배운 한자를 다시 써 보세요.

왼쪽 좌

오른쪽 우

 오늘 배운 한자를 다시 익혀 보세요.

1 다음 상황에 어울리는 한자성어는 무엇인가요?   (   )

> 우리 가족은 휴가철을 맞아서 해외여행을 가기 위해 공항으로 향했다. 그런데 공항에 들어서는 순간, 휴대 전화를 집에 두고 온 것이 생각났다. 부모님께 사실대로 말하고 급히 집에 다녀와야 할지 혼란스러웠다. 조급한 마음에 이리저리 왔다 갔다 하며 허둥대는 사이 비행기를 타야 할 시간은 점점 다가오고 있었다.

① 백발백중(百發百中)   ② 일필휘지(一筆揮之)
③ 우왕좌왕(右往左往)   ④ 설왕설래(說往說來)

2 다음 밑줄 친 낱말에 알맞은 한자어를 골라 보세요.

(1) 그는 <u>우편</u>에 큰 보따리를 둘러메고 나타났다.   (   )
　　① 右便   ② 郵便   ③ 右側   ④ 左便

(2) 우리는 길을 건너기 전에는 항상 <u>좌우</u>를 살핀다.   (   )
　　① 左鄉   ② 左右   ③ 座右   ④ 右左

(3) 도시에서 잘 나가던 삼촌은 어느 날 지방으로 <u>좌천</u>되어 내려갔다. (   )
　　① 右翼   ② 左翼   ③ 右便   ④ 左遷

 오늘 배운 낱말을 확인해 보세요.

1 보기 의 글자로 다음 문장의 빈칸에 들어갈 낱말을 만들어 써 보세요.

보기

간   명   우   좌

(1) 내 동생은 어려서인지 [   ] 방향 감각이 둔하다.
　　　　　　　　　　　　왼쪽과 오른쪽

(2) 라면을 끓일 때 무엇을 먼저 넣든지 [   ] 맛만 있으면 된다.
　　　　　　　　　　　　　　　　　　이렇듯 저렇듯 어떻든 간

(3) [   ] 을 보면 그 사람이 중요하게 생각하는 삶의 태도를 알 수 있다.
　　늘 옆에 두고 가르침으로 삼는 말이나 글

2 다음 문장의 빈칸에 알맞은 낱말을 찾아 써 보세요.

(1) 화장실 열쇠는 출입문의 [   ] 에 걸려 있다.

　　좌천　　　　　좌측　　　　　좌우간

(2) 시골 근무지로 [   ] 된 그는 농사를 배우며 새 인생을 시작했다.

　　좌천　　　　　좌우　　　　　좌측

(3) 오른손잡이는 보통 컴퓨터를 쓸 때 마우스를 자판의 [   ] 에 둔다.

　　좌편　　　　　우편　　　　　좌우간

맞힌 개수 [/ 10]　　★ 오늘 배운 한자　左 遷 側 右 間 便 座 銘

 오늘 배운 한자를 다시 써 보세요.

오늘 배운 한자를 다시 익혀 보세요.

1 다음 한자성어의 소리와 뜻으로 알맞은 것은 무엇인가요?　　（　　　）

> ## 雨後竹筍

① 우후죽순(어떤 일이 한 때에 많이 생겨남.)
② 전무후무(이전에도 없었고 앞으로도 없음.)
③ 전전긍긍(몹시 두려워서 벌벌 떨며 조심함.)

2 다음 밑줄 친 한자어를 올바르게 읽은 것은 무엇인가요?

(1) 두 사람은 결혼을 <u>前提</u>로 만나고 있다.　　　　　（　　　）
　　① 근거　　　　② 전시　　　　③ 전제　　　　④ 주제

(2) 이미 지난 간 일은 너무 마음에 두고 <u>後悔</u>하지 말아라.　（　　　）
　　① 후기　　　　② 후회　　　　③ 후한　　　　④ 후면

(3) 사람들은 지진이 일어나기 <u>直前</u>에 모두 건물을 빠져 나왔다.　（　　　）
　　① 이전　　　　② 이후　　　　③ 직전　　　　④ 직후

 **오늘 배운 낱말을 확인해 보세요.**

1 다음 문장의 빈칸에 알맞은 낱말을 찾아 써 보세요.

(1) 시험지를 내기 ☐ 에 고친 것이 정답이었다.

이후 　　　　 전제 　　　　 직전

(2) 이모는 결혼을 ☐ (으)로 남자친구와 진지하게 만나고 있다.

전후 　　　　 전제 　　　　 직전

(3) 적진에 들어선 군인들은 숨어 있는 적들이 없는지 ☐ 를 살폈다.

선후 　　　　 전제 　　　　 전후

2 다음 문장의 빈칸에 알맞은 낱말을 **보기** 에서 골라 써 보세요.

보기

후원 　　　　 후회 　　　　 이후

(1) 이 시간 ☐ (으)로는 주문을 받을 수 없습니다.

(2) 할머니는 지금껏 살아온 인생에서 ☐ 되는 일은 없다고 말씀하셨다.

(3) 미세 먼지가 심해지자 보육원에 마스크를 보내는 등 ☐ 하는 사람들이 늘어났다.

맞힌 개수 　　 / 10 　　 ★ 오늘 배운 한자 前 提 後 直 以 援 悔

 오늘 배운 한자를 다시 써 보세요.

내
안 내

외
바깥 외

 오늘 배운 한자를 다시 익혀 보세요.

1 다음 뜻에 알맞은 한자성어는 무엇인가요?   (   )

겉으로는 부드럽고 순하게 보이나 속은 굳센 사람의 성격

① 外柔內剛   ② 博文約禮
③ 長幼有序   ④ 內外之間

2 다음 밑줄 친 낱말에 알맞은 한자어는 무엇인가요?

(1) 그녀는 자신의 <u>외모</u>에 대해 지나치게 자신감이 없다.   (   )
    ① 外貌   ② 外面   ③ 外向   ④ 外家

(2) 친구의 묘한 대답은 여러 가지 의미를 <u>내포</u>하는 듯 보였다.   (   )
    ① 包含   ② 內心   ③ 內包   ④ 內在

 오늘 배운 낱말을 확인해 보세요.

1 다음 문장에 어울리는 낱말을 골라 ○표 하세요.

(1) (의외 / 제외)의 인물이 반장으로 꼽혔다.

(2) 사람을 판단할 때 (외모 / 내외)로만 판단하는 것은 어리석다.

(3) 이번 졸업 앨범에서 조별 사진은 (의외 / 제외)하기로 결정했다.

(4) 우리는 작품에 (내포 / 내정)된 의미를 알아보기 위해 작가님을 만나기로 했다.

2 다음 문장의 빈칸에 알맞은 낱말을 보기 에서 골라 써 보세요.

보기

| 내포 | 내심 | 내외 |

(1) 택시를 타면 기차역에 십 분 [   ](으)로 도착할 수 있다.

(2) 안 그런 척하긴 했지만 동생은 부모님의 칭찬에 [   ] 좋아했다.

(3) 실수한 사람에게 "잘했다!"라고 하는 말에는 여러 의미가 [   ]되어 있다.

👍 맞힌 개수   / 10   ⭐ 오늘 배운 한자   内 心 外 包 貌 意 除

 오늘 배운 한자를 다시 써 보세요.

길 장

짧을 단

오늘 배운 한자를 다시 익혀 보세요.

1 다음 한자성어를 올바르게 읽은 것은 무엇인가요?　　　　　　　　　（　　　）

長幼有序

어른과 어린이 사이에는 순서와 질서가 있음.

① 승승장구　　　　　　　　② 장삼이사
③ 장유유서　　　　　　　　④ 장생불사

2 다음 한자어의 소리와 뜻을 써 보세요.

(1) 長 期

소리: _____　뜻: _____

(2)  最 短

소리: _____　뜻: _____

 오늘 배운 낱말을 확인해 보세요.

1 보기 의 글자로 다음 문장의 빈칸에 들어갈 낱말을 만들어 써 보세요.

보기

| 단 | 성 | 장 | 최 | 축 |

(1) 만리장성은 세계 ☐ 의 성벽이다.
　　　　　　　　　　가장 긺.

(2) 인부들의 협조로 ☐ 기간에 공사를 끝냈다.
　　　　　　　　　　가장 짧음.

(3) 음식을 고르게 잘 먹는 것은 ☐ 에 꼭 필요한 조건이다.
　　　　　　　　　　사람이나 동식물이 자라서 점점 커짐.

(4) 차가 막힐 때는 대중교통을 이용하면 이동 시간을 ☐ 할 수 있다.
　　　　　　　　　　시간이나 거리가 짧게 줄어듦.

2 다음 문장의 빈칸에 알맞은 낱말을 찾아 써 보세요.

(1) ☐ 소설은 짧지만 긴 여운을 남긴다.

| 장기 | 단축 | 단편 |

(2) 목적지에 빨리 도착하려면 ☐ 경로로 가야 한다.

| 단편 | 성장 | 최단 |

(3) 좋은 습관이 몸에 익으려면 그것을 ☐ 적으로 실천해야만 한다.

| 장기 | 단편 | 최단 |

맞힌 개수 / 10 ⭐ 오늘 배운 한자 成 長 期 最 短 縮 篇

 오늘 배운 한자를 다시 써 보세요.

날 출

들 입

 오늘 배운 한자를 다시 익혀 보세요.

1 다음 한자성어의 뜻으로 알맞은 것은 무엇인가요?　　　　　　(　　　)

單刀直入　단도직입

① 바로 요점이나 본문제를 중심적으로 말함.
② 원하는 목표를 향해 주저하지 않고 바로 나아감.
③ 문제가 닥쳤을 때 일단 부딪쳐 보는 것이 중요함.

2 다음 밑줄 친 한자어의 소리를 써 보세요.

(1)　잔디밭에 <u>出入</u> 금지라는 팻말이 붙어 있다.　　　　→ _____

(2)　그는 영화에 어찌나 <u>沒入</u>했는지 옆 사람이 들어오는 줄도
　　　몰랐다.　　　　　　　　　　　　　　　　　　　→ _____

 오늘 배운 낱말을 확인해 보세요.

1 다음 문장의 빈칸에 알맞은 낱말을 보기 에서 골라 써 보세요.

보기

| 몰입 | 지출 | 출입 | 출현 |

(1) 십수 년째 연극을 한 그는 주어진 상황에 [   ]을 잘한다.

(2) 에너지 절약을 위해 [   ] 시에는 꼭 문을 닫아주십시오.

(3) 사건을 본 목격자의 [   ]으로 수사가 빠르게 진행되었다.

(4) 수입보다 [   ]이 많을 경우 불필요하게 낭비되는 돈이 없는지 점검할 필요가 있다.

2 보기 의 글자로 다음 문장의 빈칸에 들어갈 낱말을 만들어 써 보세요.

보기

| 개 | 몰 | 문 | 입 |

(1) 내가 잘 알지 못하는 일에는 최대한 [   ]을 하지 않는 것이 좋다.
　　　　　　　　자신과 직접적인 관계가 없는 일에 끼어듦.

(2) 피아니스트의 아름다운 연주에 관객들은 완전히 [   ]을 하였다.
　　　　　　　　깊게 파고들거나 빠짐.

(3) 글쓰기 [   ] 과정에서는 일기나 편지 같은 생활 속 글쓰기를 연습한다.
　무엇을 배우는 길에 처음 들어섬.

👍 맞힌 개수 ⎵⎵⎵ / 10 　⭐ 오늘 배운 한자 　支 出 入 現 介 沒 門

 오늘 배운 한자를 다시 써 보세요.

| 飲 | 飲 마실 음 | | |
| 食 | 食 먹을 식 | | |

 오늘 배운 한자를 다시 익혀 보세요.

1 다음 대화의 빈칸에 들어갈 한자성어로 가장 알맞은 것은 무엇인가요?   (   )

> A: 요즘 학생들은 풍족하게 자라서 물건 귀한 것을 몰라요.
> B: 제 생각도 그래요. 학생들이 너무 쉽게 사고 쉽게 버리는 것이 문제예요.
> A: 집집마다 자녀가 한 명 혹은 두 명 정도이니 부모들도 아이들이 원하는 대로 다 사 주고는 하잖아요.
> B: 대부분의 학생들이 부족함 없이 (   )하며 살고 있지요. 하지만 분명한 건 올바른 경제관을 어릴 때부터 심어 주어야 한다는 것이에요.

① 호형호제(呼兄呼弟)   ② 호의호식(好衣好食)
③ 가가호호(家家戶戶)   ④ 박학다식(博學多識)

2 다음 한자어의 소리와 뜻을 써 보세요.

(1) 飲食
소리: _____
뜻: _____

(2) 飽食
소리: _____
뜻: _____

 오늘 배운 낱말을 확인해 보세요.

1 다음 문장에 어울리는 낱말을 골라 ○표 하세요.

(1) 행사장에는 새로 나온 음료를 판매하기 위해 (시음 / 과음) 행사가 열렸다.

(2) 아버지께서 저녁에 (과음 / 포식)을 하셔서 얼굴이 벌게진 채로 들어오셨다.

(3) 전 세계의 (음식 / 과음)을 한자리에서 맛볼 수 있는 세계 음식 축제가 열린다.

2 다음 문장의 빈칸에 알맞은 낱말을 찾아 써 보세요.

(1) 아시아권에서는 [   ]이 쌀인 나라가 많다.

> 식단   주식   포식

(2) 몸무게를 줄이려고 야채 중심의 [   ]을 짜 보았다.

> 식단   주식   포식

(3) 많이 먹는 과식만큼 많이 마시는 [   ]도 건강에 해롭다.

> 과음   시음   주식

(4) [   ]을 자주 하면 위가 늘어나서 먹는 양도 늘어나게 된다.

> 식단   주식   포식

👍 맞힌 개수 [   ] / 10   ⭐ 오늘 배운 한자 **飲 食 過 試 單 主 飽**

 오늘 배운 한자를 다시 써 보세요.

答 대답 답

問 물을 문

 오늘 배운 한자를 다시 익혀 보세요.

1 다음 한자성어의 뜻으로 알맞은 것은 무엇인가요?   (   )

東問西答 동문서답

① 물음과는 전혀 상관없는 엉뚱한 대답을 이름.
② 묻는 말에 대답하지 않고 입을 다문 상황을 이름.
③ 묻지도 않은 말에 쓸데없이 많은 말을 하는 상황을 이름.

2 다음 밑줄 친 낱말에 해당하는 한자어를 보기 에서 찾아 써 보세요.

보기

設   問   訪   安

(1) 아버지는 매일 아침 할아버지께 <u>문안</u>을 여쭙는다.   → _____

(2) 예전에는 집에 물건을 들고 찾아오는 <u>방문</u> 판매가 있었다.   → _____

(3) <u>설문</u> 조사로 반 아이들이 가장 좋아하는 연예인을 알아보았다.

→ _____

 오늘 배운 낱말을 확인해 보세요.

1 보기의 글자로 다음 문장의 빈칸에 들어갈 낱말을 만들어 써 보세요.

> 보기
>
> 설   문   방   안

(1) 오늘은 가스 안전 점검을 위해 안전 요원이 [   ]을 할 예정이다.
어떤 사람이나 장소를 찾아가서 만나거나 봄.

(2) 삼촌이 갑자기 맹장 수술을 하시는 바람에 [   ] 인사를 하러 병원을 찾아갔다.
웃어른께 안부를 여쭙는 것

(3) 신제품에 대한 소비자 [   ]에서 전체 응답자의 60% 이상이 긍정적인 반응을 보였다.
어떤 현상을 조사하기 위해 어떤 주제에 대하여 묻는 것

2 다음 빈칸에 '답(答)'자가 들어간 낱말을 넣어 문장을 완성해 보세요.

(1) 집안에 사람이 없는지 초인종을 아무리 눌러도 [ ][ ]이 없다.
부름이나 물음에 반응하여 답하는 것

(2) 그는 자신을 위해 노래해 준 사람들을 향해 손을 들어 [ ][ ]을 했다.
시나 노래에 응하여 대답하는 것

(3) 낳아 주고 길러 준 부모님의 은혜에 [ ][ ]을 하는 것은 자식된 도리이다.
입은 혜택이나 은혜를 갚는 것

맞힌 개수   / 10   오늘 배운 한자   答 報 應 正 問 設 安 訪

 공부한 날　월　일

 오늘 배운 한자를 다시 써 보세요.

事 일 사

物 물건 물

 오늘 배운 한자를 다시 익혀 보세요.

1 다음 한자성어의 뜻을 써 보세요.

見物生心　견물생심

→ _____

2 다음 빈칸에 알맞은 한자어를 보기 에서 찾아 써 보세요.

보기

物價　　從事　　物情

(1) 세상 _____ 모르던 아이가 어느새 자라서 어른이 되었다.

(2) 치솟는 _____ 때문에 주머니 가벼운 서민들의 근심이 늘었다.

(3) 30년 이상을 같은 직업에 _____ 하다 보면, 자기도 모르는 사이에 그 분야의 전문가가 된다.

 오늘 배운 낱말을 확인해 보세요.

1 다음 문장의 빈칸에 알맞은 낱말을 찾아 써 보세요.

(1) 다른 곳에서 자란 그는 이곳의 [   ]에 어둡다.

> 사물   사연   물정

(2) 그녀는 눈물을 흘리며 가족과 떨어지게 된 [   ]을 이야기했다.

> 사연   사업   물정

(3) 나와 동생은 편의점에 가서 [   ]이/가 엄청나게 오른 것을 실감했다.

> 물가   물정   물질

2 다음 문장에 어울리는 낱말을 골라 ○표 하세요.

(1) 두 사람이 다시 만나게 된 (물정 / 사연)이 궁금하다.

(2) 모든 (사물 / 사연)은 고유한 성질과 이름을 가지고 있다.

(3) 봉사활동을 좋아하는 이모는 남을 도와주는 일에 (종사 / 종속)를 한다.

(4) 비누는 미끄러운 성질을 가진 (물질 / 물가)로 때를 씻어 낼 때 사용한다.

👍 맞힌 개수 [/ 10]   ⭐ 오늘 배운 한자 事 物 緣 從 價 情 質

오늘 배운 한자를 다시 써 보세요.

말씀 언

말씀 화

오늘 배운 한자를 다시 익혀 보세요.

1 다음 한자성어의 뜻으로 알맞은 것은 무엇인가요?　　　　　　(　　　　)

言中有骨 언중유골

① 중요한 내용을 힘주어 말함.
② 흔히 하는 말 속에 단단한 속뜻이 들어 있음.
③ 날카로운 말이 상대방에게는 씻을 수 없는 상처가 될 수 있음.

2 다음 밑줄 친 낱말에 해당하는 한자어를 보기 에서 찾아 써 보세요.

보기

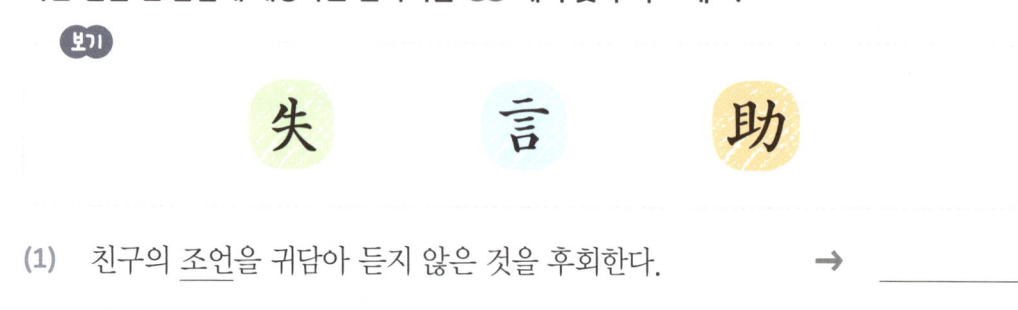

失　　言　　助

(1)　친구의 조언을 귀담아 듣지 않은 것을 후회한다.　→ _____

(2)　가벼운 농담을 하려던 것인데, 실언을 하고 말았다.　→ _____

 오늘 배운 낱말을 확인해 보세요.

1 다음 문장의 빈칸에 알맞은 낱말을 찾아 써 보세요.

(1) [   ]이 뛰어난 사람은 남을 설득하는 것을 잘한다.

실언   조언   화술

(2) 이 시를 쓴 사람은 남자이지만, 작품 속 [   ]는 여성이다.

관객   담화   화자

(3) 오랜 만에 만난 친구와 시간 가는 줄 모르고 [   ]를 나누었다.

담화   언어   화자

2 다음 문장의 빈칸에 알맞은 낱말을 **보기**에서 골라 써 보세요.

보기

실언   언어   조언   화자

(1) 언니는 언제나 [   ]와/과 격려를 아끼지 않는다.

(2) 제 [   ]을/를 너그럽게 용서해 주시기 바랍니다.

(3) [   ]의 반대말은 듣는 이를 가리키는 청자이다.

(4) [   ] 습관을 통해 그 사람의 성격과 직업 등을 알 수 있다.

맞힌 개수 / 10   ★ 오늘 배운 한자 談 話 術 者 失 言 語 助

공부한 날   월   일

 오늘 배운 한자를 다시 써 보세요.

市 저자 시

場 마당 장

 오늘 배운 한자를 다시 익혀 보세요.

1 다음 빈칸에 알맞은 한자를 넣어 한자성어를 완성해 보세요.

☐前成☐ 문전성시

찾아오는 사람이 많아 집 문 앞이 시장을 이루다시피 함.

2 다음 밑줄 친 한자어의 소리를 써 보세요.

(1) 수다쟁이 친구의 <u>登場</u>에 분위기가 싸늘해졌다.　→ _____

(2) 자신의 <u>立場</u>만 내세우다 보면 갈등이 생길 수 있다.　→ _____

(3) 우리 회사는 기존의 제품을 보완하여 신제품을 <u>出市</u>할
예정이다.　→ _____

 오늘 배운 낱말을 확인해 보세요.

1 다음 문장의 빈칸에 알맞은 낱말을 찾아 선으로 이어 보세요.

(1) 많은 사람들이 공연을 보기 위해 ( )에 모여들었다. •

• 광장

(2) 강연자가 ( )하자 관객석에서 환호와 박수가 흘러나왔다. •

• 출시

(3) 오랜 연구 끝에 만들어 낸 이번 제품은 ( )되자마자 순식간에 팔려 나갔다. •

• 등장

2 다음 문장의 빈칸에 알맞은 낱말을 찾아 써 보세요.

(1) 사람들은 가게가 [ ] 전인데도 문 앞에 줄을 섰다.

개시   상시   출시

(2) 아는 사람이라고 사정을 봐 주다가는 [ ]이 곤란해진다.

광장   입장   등장

(3) 농촌의 젊은이들이 일자리를 찾아 [ ](으)로 몰려들었다.

오지   도시   촌락

맞힌 개수   / 10   ★ 오늘 배운 한자   開 市 都 場 出 廣 登 立

오늘 배운 한자를 다시 써 보세요.

기록할 기

과정 과

 오늘 배운 한자를 다시 익혀 보세요.

1 다음 한자성어의 뜻으로 알맞은 것은 무엇인가요?   (   )

博聞强記 박문강기

① 다양한 지식을 쌓아서 유식함.
② 사물을 널리 알고 이를 잘 기억함.
③ 다양한 분야에 걸쳐 깊고 넓은 지식을 가지고 있음.

2 다음 밑줄 친 낱말에 해당하는 한자어를 보기 에서 찾아 써 보세요.

보기

記   暗   表

(1) 최고의 암기 비법은 여러 번을 반복하여 읽는 것이다.   → _____

(2) 받아쓰기를 할 때 소리 나는 대로만 표기를 하면 틀리기 쉽다.

        → _____

 오늘 배운 낱말을 확인해 보세요.

1 다음 문장의 빈칸에 알맞은 낱말을 찾아 써 보세요.

(1) 주민등록번호는 숫자로 [   ]를 한다.

> 과외   기호   표기

(2) 며칠 째 아파서 학교에 가지 못한 나는 언니에게 [   ]를 받았다.

> 과외   암기   표기

(3) 선생님은 각자 발표할 주제를 생각해 오라고 [   ]를 내어 주셨다.

> 과제   과외   일과

2 다음 문장에 어울리는 낱말을 골라 ○표 하세요.

(1) 고대 유적에서 특이한 (기호 / 암기)를 발견했다.

(2) 내가 맡은 역할은 대사가 많아서 (암기 / 표기)를 하기 어렵다.

(3) 건강을 위해 운동을 (과외 / 일과)로 삼기로 나 자신과 약속했다.

(4) 선생님께서는 내가 쓴 글에서 (기호 / 표기)가 틀린 부분을 맞춤법에 맞게 바로잡아 주셨다.

맞힌 개수   / 10   오늘 배운 한자 記 號 表 暗 課 外 題

 오늘 배운 한자를 다시 써 보세요.

효도 효

늙을 로(노)

 오늘 배운 한자를 다시 익혀 보세요.

1 다음 한자성어의 소리와 뜻으로 알맞은 것은 무엇인가요?　(　　)

男女老少

① 남녀노소(모든 사람을 이름.)
② 갑남을녀(평범한 사람들을 이름.)
③ 선남선녀(착하고 어진 사람들을 이름.)

2 다음 밑줄 친 한자어의 소리로 알맞은 것은 무엇인가요?

(1) 누구나 나이가 들면 몸의 기능이 약해지는 老化를 겪게 된다.　(　　)
　① 노쇠　　② 노화　　③ 약화　　④ 저하

(2) 버스의 앞쪽에는 어르신을 위한 敬老 우대석이 마련되어 있다.　(　　)
　① 경륜　　② 경로　　③ 노약　　④ 노인

(3) 부모님이 연세가 드셨다는 것이 느껴지면 저절로 孝心이 생긴다.　(　　)
　① 진심　　② 근심　　③ 효심　　④ 효성

 오늘 배운 낱말을 확인해 보세요.

1 다음 문장의 빈칸에 알맞은 낱말을 보기에서 골라 써 보세요.

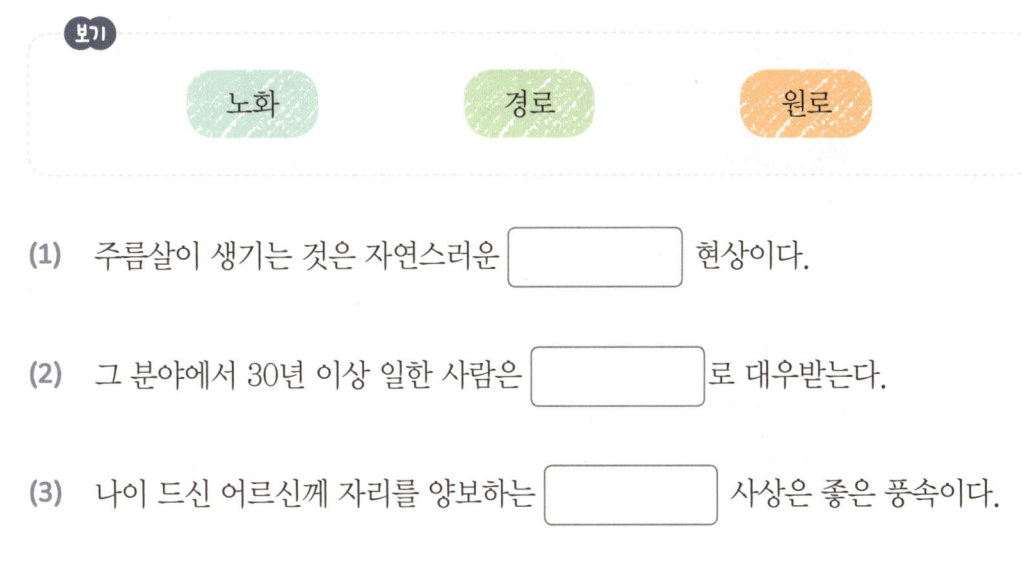

보기

노화   경로   원로

(1) 주름살이 생기는 것은 자연스러운 ☐ 현상이다.

(2) 그 분야에서 30년 이상 일한 사람은 ☐ 로 대우받는다.

(3) 나이 드신 어르신께 자리를 양보하는 ☐ 사상은 좋은 풍속이다.

2 보기의 글자로 다음 문장의 빈칸에 들어갈 낱말을 만들어 써 보세요.

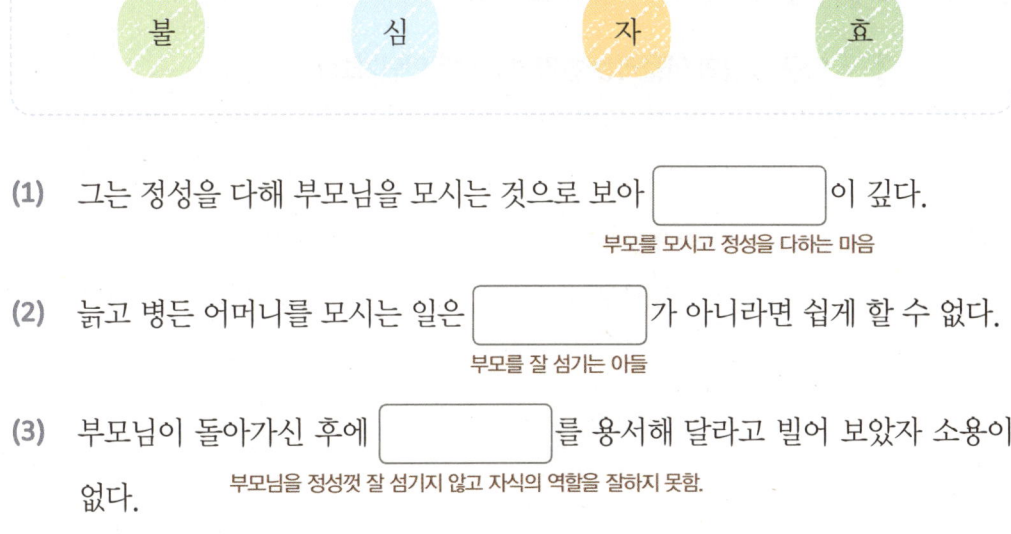

보기

불   심   자   효

(1) 그는 정성을 다해 부모님을 모시는 것으로 보아 ☐ 이 깊다.
　　　　　　　　　　　　　　　　　　　　부모를 모시고 정성을 다하는 마음

(2) 늙고 병든 어머니를 모시는 일은 ☐ 가 아니라면 쉽게 할 수 없다.
　　　　　　　　　　　　　　　　부모를 잘 섬기는 아들

(3) 부모님이 돌아가신 후에 ☐ 를 용서해 달라고 빌어 보았자 소용이
없다. 　부모님을 정성껏 잘 섬기지 않고 자식의 역할을 잘하지 못함.

맞힌 개수 　 / 10 　 ★ 오늘 배운 한자 　孝 子 心 不 敬 老 化 元

 오늘 배운 한자를 다시 써 보세요.

姓 성씨 성

名 이름 명

 오늘 배운 한자를 다시 익혀 보세요.

1 다음 속담과 어울리는 한자성어는 무엇인가요?   (   )

> 소문난 잔치에 먹을 것 없다 .

① 有名無實(유명무실)   ② 有口無言(유구무언)
③ 唯一無二(유일무이)   ④ 有備無患(유비무환)

2 다음 밑줄 친 한자어의 소리를 써 보세요.

(1) 내가 억울한 <u>陋名</u>을 쓰게 되자 친구가 내 편을 들어주었다. → _____

(2) 쓰레기를 아무 데나 버린 사람에 대해 <u>匿名</u>의 신고가 들어왔다.
　　　　　　　　　　　　　　　　　　　　　　　　　　　→ _____

 오늘 배운 낱말을 확인해 보세요.

1 다음 문장의 빈칸에 알맞은 낱말을 보기 에서 골라 써 보세요.

보기

| 누명 | 성함 | 통성명 | 집성촌 |

(1) 새로 오신 선생님께서 [   ]을 알려 주셨다.

(2) 동생은 억울하게 거짓말을 했다는 [   ]을 썼다.

(3) 저 마을은 같은 성을 가진 사람들이 모여 사는 [   ]이다.

(4) 나는 새로 바뀐 짝과 아직 [   ]도 하지 못한 채 어색하게 앉아 있다.

2 다음 문장에 어울리는 낱말을 골라 ○표 하세요.

(1) 몇 년째 (누명 / 익명)의 후원자가 봉사 단체를 돕고 있다.

(2) 나는 (익명 / 누명)을 벗기 위해서라면 무엇이든 할 것이다.

(3) 반장은 학교의 (명예 / 명언)을/를 걸고 축구 경기의 대표 선수로 출전했다.

맞힌 개수 / 10   오늘 배운 한자 姓 街 集 村 通 名 陋 譽 匿

오늘 배운 한자를 다시 써 보세요.

男 사내 남

子 아들 자

 오늘 배운 한자를 다시 익혀 보세요.

1 다음 한자성어의 소리와 뜻으로 알맞은 것은 무엇인가요?   (   )

甲男乙女

① 갑남을녀(평범한 사람들을 이름.)

② 남녀노소(남자와 여자, 늙은이와 젊은이. 곧 모든 사람을 이름.)

③ 남남북녀(남자는 남쪽 지방 사람이 잘나고 여자는 북쪽 지방 사람이 고움.)

2 다음 밑줄 친 한자어의 소리를 써 보세요.

(1) 사촌 언니의 得男 소식에 온 가족이 기뻐했다.   → _____

(2) 君子는 다른 사람과의 신뢰를 쉽게 저버리지 않는다.   → _____

(3) 아버지는 가난한 집안의 次男으로 태어나 해 보지 못한 것이 많았다.

       → _____

 오늘 배운 낱말을 확인해 보세요.

1 보기 의 글자로 다음 문장의 빈칸에 들어갈 낱말을 만들어 써 보세요.

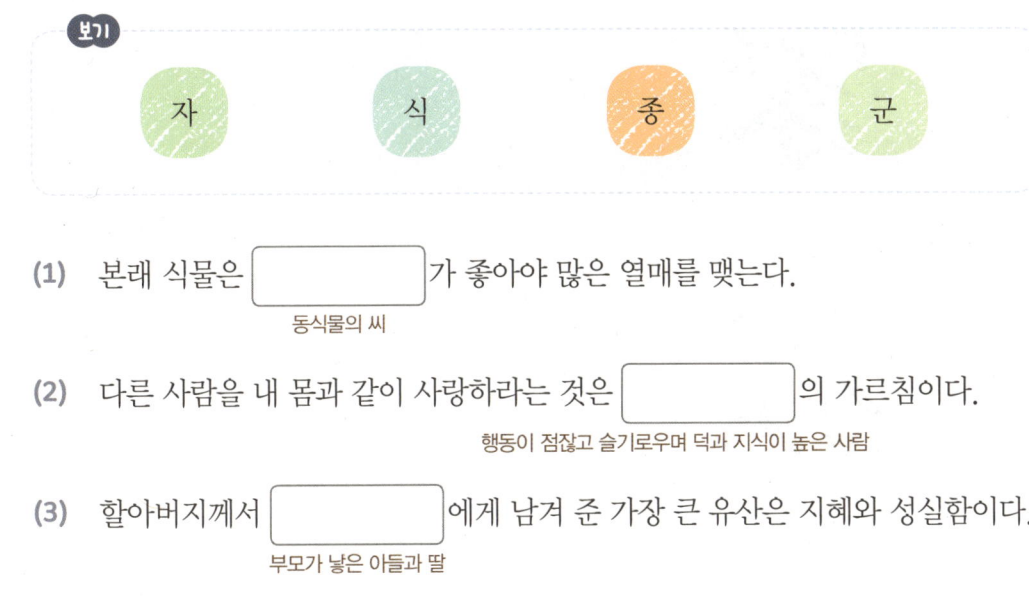

보기

자   식   종   군

(1) 본래 식물은 [   ]가 좋아야 많은 열매를 맺는다.
동식물의 씨

(2) 다른 사람을 내 몸과 같이 사랑하라는 것은 [   ]의 가르침이다.
행동이 점잖고 슬기로우며 덕과 지식이 높은 사람

(3) 할아버지께서 [   ]에게 남겨 준 가장 큰 유산은 지혜와 성실함이다.
부모가 낳은 아들과 딸

2 다음 문장의 빈칸에 알맞은 낱말을 보기 에서 골라 써 보세요.

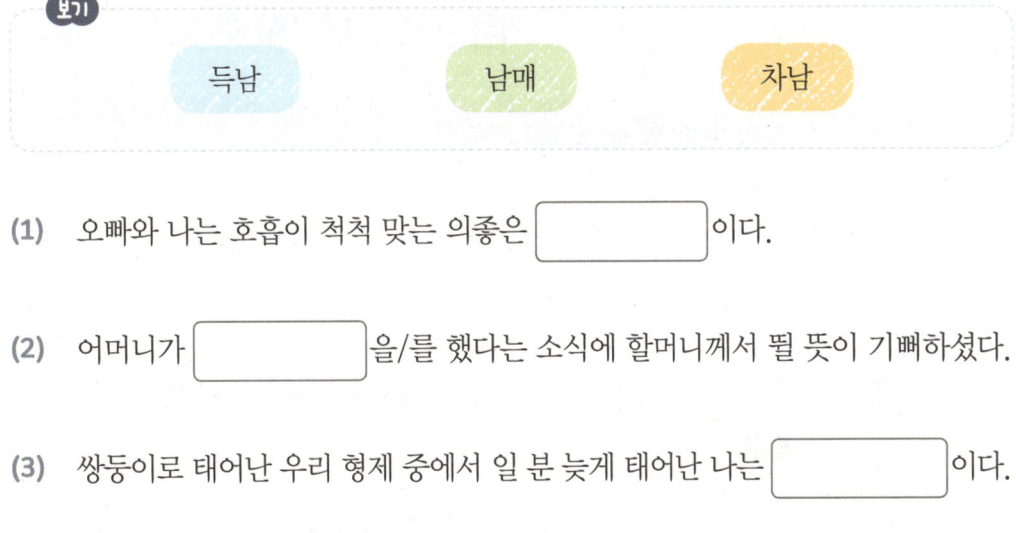

보기

득남   남매   차남

(1) 오빠와 나는 호흡이 척척 맞는 의좋은 [   ]이다.

(2) 어머니가 [   ]을/를 했다는 소식에 할머니께서 뛸 듯이 기뻐하셨다.

(3) 쌍둥이로 태어난 우리 형제 중에서 일 분 늦게 태어난 나는 [   ]이다.

맞힌 개수 [   ] / 10   오늘 배운 한자 子 息 君 種 男 妹 得 次

공부한 날   월   일

 오늘 배운 한자를 다시 써 보세요.

| 家 | 家 집 가 | | |
| 族 | 族 겨레 족 | | |

 오늘 배운 한자를 다시 익혀 보세요.

1 다음 한자성어의 뜻으로 알맞은 것은 무엇인가요?   (   )

自手成家 자수성가

① 자기가 한 일을 스스로 자랑함.
② 거침없이 자기 마음대로 할 수 있음.
③ 자기 혼자의 힘으로 집안을 일으키고 재산을 모음.

2 다음 밑줄 친 낱말에 해당하는 한자어를 보기 에서 찾아 써 보세요.

보기

家   親   族

(1) 아버지와 어머니, 그리고 나와 동생은 한 가족이다.   → _____

(2) 친족 간이라도 자주 만나지 않으면 남보다 먼 사이가 된다. → _____

 오늘 배운 낱말을 확인해 보세요.

1　다음 문장에 어울리는 낱말을 골라 ○표 하세요.

(1)　아무래도 (유족 / 친족) 간에는 서로 닮은 구석이 있다.

(2)　이번 사고의 책임자가 (족보 / 유족) 앞에서 무릎을 꿇었다.

(3)　아버지가 일찍 돌아가셔서 서윤이에게 남은 (가족 / 가훈)은 어머니뿐이다.

(4)　어머니는 저녁 아홉 시가 되도록 일을 하느라 (귀가 / 출가)를 하지 못하셨다.

2　다음 문장의 빈칸에 알맞은 낱말을 찾아 써 보세요.

(1)　우리 집의 [　　　　]은 '성실과 끈기'이다.

| 가족 | 가훈 | 친족 |

(2)　할아버지께서 [　　　　]에 적힌 내 이름을 보여 주셨다.

| 족보 | 유족 | 가훈 |

(3)　명절을 앞두고 차례를 지내기 위해 가까운 [　　　　]이/가 모였다.

| 족보 | 친족 | 가훈 |

👍 맞힌 개수 [　　　　] / 10　　⭐ 오늘 배운 한자　家 族 訓 歸 遺 譜 親

 오늘 배운 한자를 다시 써 보세요.

自
스스로 자

身
몸 신

 오늘 배운 한자를 다시 익혀 보세요.

1 다음 한자성어의 소리와 뜻으로 알맞은 것은 무엇인가요?   (   )

自業自得

① 자업자득(자기가 저지른 일의 결과를 자기가 받게 됨.)
② 자승자박(자기가 한 말과 행동에 자기 자신이 옭혀 곤란하게 됨.)
③ 자가당착(같은 사람의 말이나 행동이 앞뒤가 서로 맞지 아니하고 모순됨.)

2 다음 밑줄 친 한자어의 소리를 써 보세요.

(1) 나이가 들면 <u>心身</u>이 약해지기 마련이다.   → _____

(2) 친구 노진이에게 진 <u>身世</u>를 잊지 않고 꼭 갚겠다.   → _____

(3) 대부분 감기 몸살을 앓기 전에는 <u>自覺</u> 증상이 있다.   → _____

오늘 배운 낱말을 확인해 보세요.

1 다음 문장의 빈칸에 알맞은 낱말을 보기 에서 골라 써 보세요.

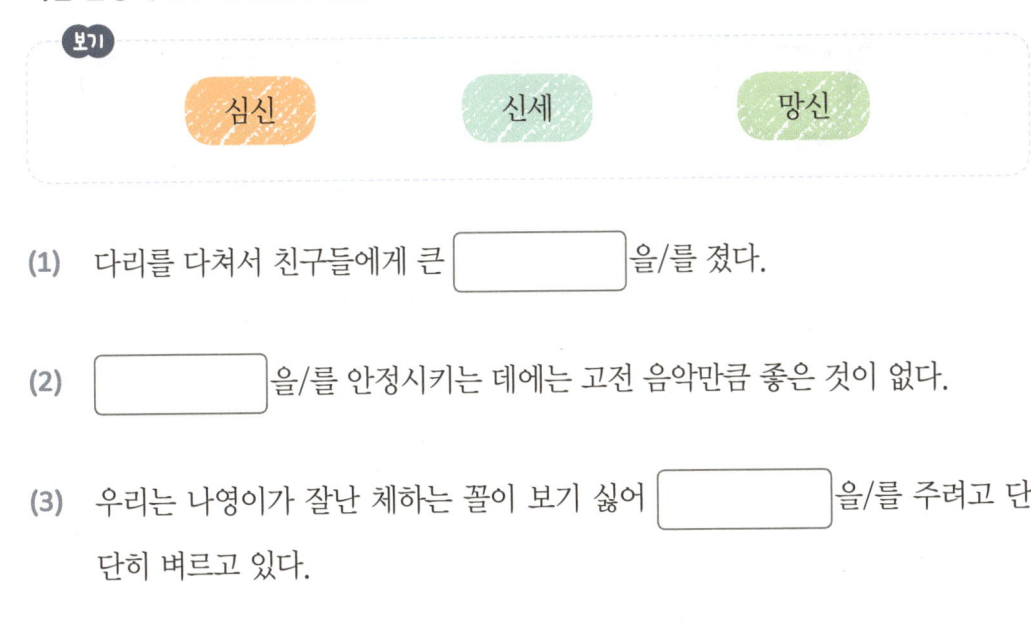

보기

심신   신세   망신

(1) 다리를 다쳐서 친구들에게 큰 [   ]을/를 졌다.

(2) [   ]을/를 안정시키는 데에는 고전 음악만큼 좋은 것이 없다.

(3) 우리는 나영이가 잘난 체하는 꼴이 보기 싫어 [   ]을/를 주려고 단단히 벼르고 있다.

2 보기 의 글자로 다음 문장의 빈칸에 들어갈 낱말을 만들어 써 보세요.

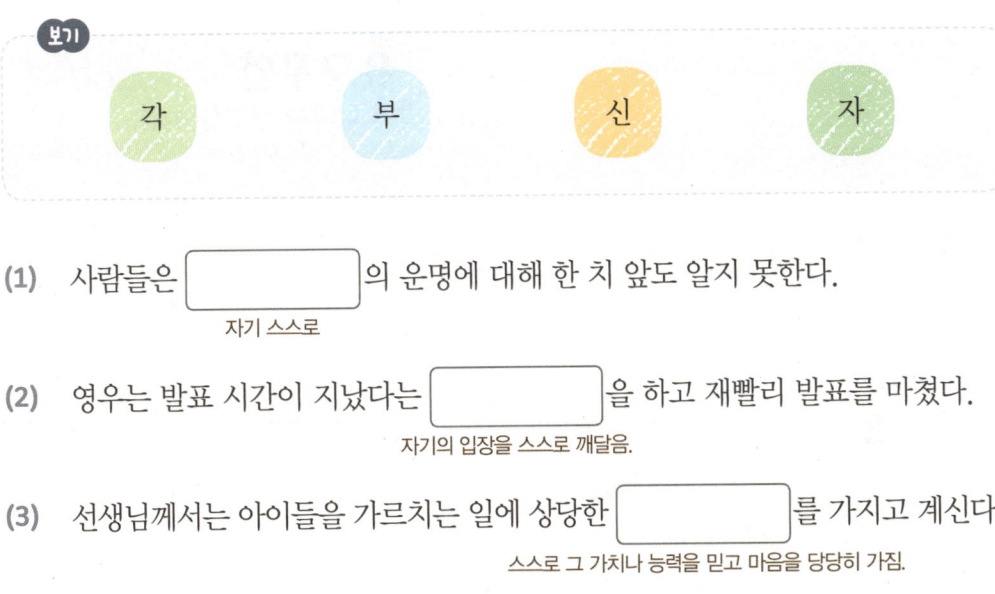

보기

각   부   신   자

(1) 사람들은 [   ]의 운명에 대해 한 치 앞도 알지 못한다.
　　　　　　　自己 스스로

(2) 영우는 발표 시간이 지났다는 [   ]을 하고 재빨리 발표를 마쳤다.
　　　　　　　　　　자기의 입장을 스스로 깨달음.

(3) 선생님께서는 아이들을 가르치는 일에 상당한 [   ]를 가지고 계신다.
　　　　　　　　　　　스스로 그 가치나 능력을 믿고 마음을 당당히 가짐.

맞힌 개수 [/ 10]   ★ 오늘 배운 한자   自 身 覺 負 亡 世 心

오늘 배운 한자를 다시 써 보세요.

입 구

눈 목

 오늘 배운 한자를 다시 익혀 보세요.

1 다음 소리와 뜻에 알맞은 한자성어는 무엇인가요? ( )

> ## 유구무언
> 변명할 말이 없거나 변명을 못함.

① 有備無患   ② 有口無言

③ 有名無實   ④ 有耶無耶

2 다음 밑줄 친 낱말에 알맞은 한자어는 무엇인가요?

(1) 여러 번 약속에 늦어서 <u>면목</u>이 없다. ( )

① 面目   ② 科目   ③ 注目   ④ 耳目

(2) 갓 지은 흰쌀밥을 보니 <u>구미</u>가 당겼다. ( )

① 口腔   ② 口傳   ③ 口味   ④ 口舌

(3) 현장을 조사하던 형사는 범인이 남긴 발자국에 <u>주목</u>을 했다. ( )

① 朱木   ② 朱穆   ③ 注目   ④ 州牧

 오늘 배운 낱말을 확인해 보세요.

1 다음 문장의 빈칸에 알맞은 낱말을 찾아 선으로 이어 보세요.

(1) 발표 내용을 찾을 (   )
으로 인터넷을 검색했다. •

• 주목

(2) 그의 독특한 차림새는 사람들의
(   )을 끌었다. •

• 목적

(3) 이어 달리기에서 꼴찌를 했으니
무슨 (   )으로 친구들
을 볼까? •

• 면목

2 다음 문장의 빈칸에 알맞은 낱말을 골라 써 보세요.

(1) 판소리는 ⬚ 되어 내려오는 우리 노래이다.

구미   구두   구전

(2) 동생은 내가 책을 읽는 동안 조용히 하기로 ⬚ (으)로 약속했다.

구미   구두   구전

(3) 김치찌개와 된장찌개는 한국 사람의 ⬚ 에 맞는 대표적인 음식이다.

구미   구두   구전

👍 맞힌 개수 / 10   ⭐ 오늘 배운 한자 口 頭 味 傳 面 目 的 注

공부한 날　　월　　일

 오늘 배운 한자를 다시 써 보세요.

손 수

발 족

오늘 배운 한자를 다시 익혀 보세요.

1 다음 한자성어의 뜻으로 알맞은 것은 무엇인가요? (　　　　)

束手無策 속수무책

① 손을 쓰느니 오히려 가만히 두는 것이 더 나음.
② 손을 묶은 것처럼 어찌할 도리가 없어 꼼짝 못 함.
③ 자신이 저지른 일에 아무런 책임을 지지 않고 모른 척함.

2 다음 밑줄 친 낱말에 해당하는 한자어를 **보기**에서 찾아 써 보세요.

보기

(1) 그는 주어진 상황에 <u>흡족</u>해하며 방긋 웃어 보였다. → ＿＿＿＿＿＿

(2) 날씨가 나빠서 공항에 <u>수족</u>이 묶인 신세가 되어 버렸다. → ＿＿＿＿＿＿

 오늘 배운 낱말을 확인해 보세요.

1 다음 문장의 빈칸에 알맞은 낱말을 **보기** 에서 골라 써 보세요.

보기

> 수기   수족   착수

(1) 관찰 보고서를 쓰기 위해 하천 조사에 [   ] 을/를 하였다.

(2) 반 친구가 봉사 활동을 하고 쓴 체험 [   ] 을/를 읽고 깊은 감명을 받았다.

(3) 병세가 악화되어 [   ] 을/를 움직일 수 없음에도 그는 밝은 모습을 잃지 않았다.

2 다음 문장에 어울리는 낱말을 골라 ○표 해 보세요.

(1) 아버지는 의젓하게 자란 아들의 모습에 (흡족 / 족적)해했다.

(2) 급식을 다 먹고도 (부족 / 흡족)한 사람은 배식을 더 받아도 된다.

(3) 정부는 홍수로 인해 피해가 발생하자 대책 마련에 (수기 / 착수)를 했다.

(4) 하얀 눈길 위에 남겨진 (족적 / 부족)을 따라가다 보니 외딴 마을이 보였다.

👍 맞힌 개수   / 10   ⭐ 오늘 배운 한자   手 足 記 着 不 跡 洽

오늘 배운 한자를 다시 써 보세요.

世 인간 세

界 지경 계

 오늘 배운 한자를 다시 익혀 보세요.

1 다음 한자성어의 소리와 뜻으로 알맞은 것은 무엇인가요?   (   )

曲學阿世

① 세상만사(세상에서 일어나는 모든 일)

② 입신출세(성공하여 세상에 이름을 떨침.)

③ 곡학아세(바른길에서 벗어난 학문으로 세상 사람에게 아첨함.)

2 다음 문장의 빈칸에 알맞은 한자어를 **보기** 에서 찾아 써 보세요.

보기

各界   出世

(1)   그는 [   ]의 부푼 꿈을 안고서 고향을 떠나 도시로 올라왔다.

(2)   [   ] 전문가들은 지구의 환경 오염이 심각하다고 입을 모은다.

 오늘 배운 낱말을 확인해 보세요.

1 보기의 글자로 다음 문장의 빈칸에 들어갈 낱말을 만들어 써 보세요.

보기

각　계　경　세　한

(1) 계속되는 무더위를 버티기에 내 인내심은 [　　　]에 다다랐다.
　　사물이나 능력, 책임 따위가 실제 작용할 수 있는 범위

(2) 조선 시대의 과학자 장영실은 [　　　] 최초로 측우기를 발명하였다.
　　지구상의 모든 나라

(3) 산불로 살 곳을 잃은 사람들에게 [　　　]에서 후원이 잇따르고 있다.
　　사회의 여러 분야

(4) 얼굴 눈썹 위로부터 머리털이 난 부분을 [　　　]로 이마를 구분한다.
　　지역이나 기준이 구분되는 한계

2 다음 문장의 빈칸에 알맞은 낱말을 찾아 써 보세요.

(1) 걸어서 [　　　] 여행을 하는 것은 나의 오랜 꿈이다.

세계　　세속　　출세

(2) 우리 가족은 [　　　]에 따라 설날에 모여 떡국을 먹었다.

세계　　세속　　출세

(3) 공부가 높은 자리에 오르기 위한 [　　　]의 수단이 되어서는 안 된다.

세계　　각계　　출세

맞힌 개수 / 10　　오늘 배운 한자 世 界 俗 出 各 境 限

 오늘 배운 한자를 다시 써 보세요.

| 工 | 工 장인 공 | | | |

| 功 | 功 공 공 | | | |

 오늘 배운 한자를 다시 익혀 보세요.

1 다음 소리와 뜻에 알맞은 한자성어는 무엇인가요?　　　　　　（　　　）

> ## 형설지공
> 고생을 하면서 부지런하고 꾸준하게 공부하는 자세

① 螢雪之功　　　　　　　② 論功行賞
③ 富貴功名　　　　　　　④ 他山之石

2 다음 밑줄 친 낱말에 알맞은 한자어는 무엇인가요?

(1) 실패는 <u>成功</u>의 어머니이다.　　　　　　　　（　　　）
① 공로　　　② 대성　　　③ 성공　　　④ 성장

(2) 시장은 어린이를 구한 용감한 시민의 <u>功勞</u>를 표창하였다.　（　　　）
① 공구　　　② 공로　　　③ 경로　　　④ 원로

(3) 작가는 <u>功名</u>을 좇아 세월을 헛되이 보낸 것을 후회하였다.　（　　　）
① 공명　　　② 영광　　　③ 성공　　　④ 목적

 오늘 배운 낱말을 확인해 보세요.

1 다음 문장의 빈칸에 알맞은 낱말을 찾아 써 보세요.

(1) [   ]한 사람 중에는 자기와의 약속을 잘 지키는 사람들이 많다.

(가공)   (공로)   (성공)

(2) ○○ 김치 공장은 모든 생산 [   ]에서 철저하게 위생을 지킨다.

(가공)   (공명)   (공정)

(3) 전교 어린이 회장이었던 희정이는 [   ]을/를 인정받아 졸업식에서 표창장을 받았다.

(가공)   (공로)   (공정)

2 다음 문장에 어울리는 낱말을 골라 ○표 해 보세요.

(1) 이 장난감 로봇은 (공구 / 공로)가 없어도 쉽게 조립할 수 있다.

(2) 옛날에는 높은 신분을 가지고 태어나면 부귀와 (공정 / 공명)을 누렸다.

(3) 목재의 (가공 / 공구) 기술이 발달하여 물과 불에 강한 가구들이 생산되고 있다.

맞힌 개수 [/ 10]   ★ 오늘 배운 한자 加 工 具 程 功 勞 名 成

오늘 배운 한자를 다시 써 보세요.

便 편할 편

安 편안 안

오늘 배운 한자를 다시 익혀 보세요.

1 다음 한자성어의 뜻으로 알맞은 것은 무엇인가요?   (   )

安分知足 안분지족

① 작은 것도 나눌 줄 아는 삶의 태도
② 편안함만을 추구하고 게으르게 사는 사람
③ 편안한 마음으로 제 분수를 지키며 만족할 줄을 아는 태도

2 다음 밑줄 친 낱말에 해당하는 한자어를 보기 에서 찾아 써 보세요.

보기

安   否   保

(1) 경보음이 울리자 <u>보안</u> 업체에서 오 분만에 출동했다.   → _____

(2) 오늘은 시골에 계신 할머니께 <u>안부</u> 편지를 쓰기로 했다.   → _____

 오늘 배운 낱말을 확인해 보세요.

1 보기 의 낱말 중 다음 문장의 빈칸에 알맞은 낱말을 골라 써 보세요.

보기

| 방편 | 편법 | 편리 | 안부 |

(1) 로봇 청소기가 등장하며 청소가 한결 [   ]해졌다.

(2) 작은 놀이라도 [   ]을/를 쓰지 않고 공정하게 겨루어야 한다.

(3) 다리를 다쳐서 걷지 못하고 당분간 다른 [   ](으)로 학교에 가야 했다.

(4) 잘 지내는지 [   ]을/를 묻는 동생의 목소리에서 다정함이 느껴졌다.

2 보기 의 글자로 다음 문장의 빈칸에 들어갈 낱말을 만들어 써 보세요.

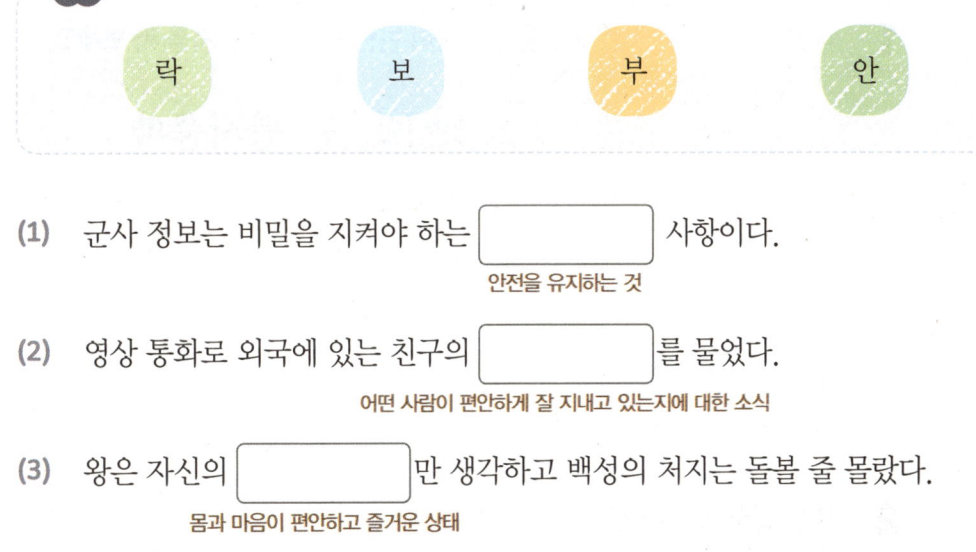

보기

| 락 | 보 | 부 | 안 |

(1) 군사 정보는 비밀을 지켜야 하는 [   ] 사항이다.
안전을 유지하는 것

(2) 영상 통화로 외국에 있는 친구의 [   ]를 물었다.
어떤 사람이 편안하게 잘 지내고 있는지에 대한 소식

(3) 왕은 자신의 [   ]만 생각하고 백성의 처지는 돌볼 줄 몰랐다.
몸과 마음이 편안하고 즐거운 상태

👍 맞힌 개수 [/ 10]   ⭐ 오늘 배운 한자 方 便 利 法 安 樂 否 保

오늘 배운 한자를 다시 써 보세요.

平	平		
	평평할 평		
和	和		
	화할 화		

 오늘 배운 한자를 다시 익혀 보세요.

1 다음 한자성어의 소리와 뜻을 참고하여 빈칸에 들어갈 한자를 써 보세요.

□地風波 평지풍파

뜻밖에 일어난 혼란스러움

2 다음 밑줄 친 한자어의 소리를 써 보세요.

(1) 우리 식구는 집안일을 <u>公平</u>하게 나누었다. → _____

(2) 감염병에 대한 통제가 <u>緩和</u>되자 해외 여행객이 늘어났다. → _____

(3) 연주자의 악기 소리와 가수의 노래 소리가 <u>調和</u>를 이루었다. → _____

 오늘 배운 낱말을 확인해 보세요.

1 다음 문장에 어울리는 낱말을 골라 ○표 하세요.

(1) 해영이와 나의 우정은 (일순간 / 일평생) 오래도록 이어질 것이다.

(2) 판사가 판결을 내릴 때에는 (공명 / 공평)을 유지하도록 힘써야 한다.

(3) 남과 북이 갈린 우리나라 지도를 보며 (완화 / 평화)의 소중함을 깨달았다.

2 다음 문장의 빈칸에 알맞은 낱말을 찾아 써 보세요.

(1) 그림을 그릴 때는 인물과 배경의 [＿＿＿＿＿]를 생각해야 한다.

> 조화 　　　 중화 　　　 완화

(2) 발표가 끝나서 긴장이 [＿＿＿＿＿]되자 갑자기 다리에 힘이 빠졌다.

> 조화 　　　 완화 　　　 융화

(3) 나와 다투고 나서 윤정이가 먼저 [＿＿＿＿＿]를 청했을 때 얼마나 고마웠는지 모른다.

> 조화 　　　 완화 　　　 화해

맞힌 개수 ＿ / 10 　　★ 오늘 배운 한자 　平 和 公 一 生 緩 調 解

 오늘 배운 한자를 다시 써 보세요.

死 죽을 사

生 날 생

 오늘 배운 한자를 다시 익혀 보세요.

1 다음 이야기 속 등장인물의 상황과 어울리는 한자성어는 무엇인가요? (   )

> 나는 만주에서 독립 운동을 할 때, 총에 세 번이나 맞았소. 하지만 목숨만은 겨우 건질 수 있었지. 여기 가슴과 옆구리에 있는 흉터가 바로 그것이오. 독립 자금을 구하기 위해 만주에서 일본으로 건너갔을 때는 기차가 탈선하는 사고가 발생했소. 하지만 그때도 나는 살아남았지. 하루에도 열두 번씩 죽을 고비를 넘겼소. 우리나라가 마침내 광복을 맞이했을 때, 그동안 겪어 온 수많은 일들이 눈앞을 스쳐 가며 나는 뜨거운 눈물을 흘리지 않을 수 없었소.

① 각자도생(各自圖生)   ② 구사일생(九死一生)
③ 문전성시(門前成市)   ④ 자수성가(自手成家)

2 다음 짝 지어진 한자의 관계가 나머지와 <u>다른</u> 것은 무엇인가요? (   )

① 대(大) / 소(小)   ② 생(生) / 사(死)
③ 장(長) / 단(短)   ④ 학(學) / 교(敎)

오늘 배운 낱말을 확인해 보세요.

1 보기의 글자로 다음 문장의 빈칸에 들어갈 낱말을 만들어 써 보세요.

보기

| 결 | 사 | 생 | 수 | 적 | 망 |

(1) 응급 처치로 환자의 ⬚가 달라지기도 한다.
　　　　　　　　　　　　　　삶과 죽음

(2) 병에 걸린 환자는 수술 도중에 결국 ⬚하고 말았다.
　　　　　　　　　　　　　　　　　사람이 죽음.

(3) 우리 군은 적군이 들어오지 못하도록 끝까지 성문을 ⬚했다.
　　　　　　　　　　　　　　　　　　　　　　　죽음을 무릅쓰고 지킴.

(4) 주민들은 마을에 들어서는 쓰레기 처리장 건설에 ⬚(으)로 반대했다.
　　　　　　　　　　　　　　죽기를 각오하고 있는 힘을 다할 것을 결심하는 것

2 다음 문장에 어울리는 낱말을 골라 ○표 하세요.

(1) 지진이 처음 (파생 / 발생)한 것은 일본 해역 쪽이었다.

(2) 강아지를 잃어버려서 강아지의 (생사 / 발생)을/를 알 수 없다.

(3) 골키퍼인 호준이는 우리 반의 우승을 위해 골문을 (사망 / 사수)했다.

(4) 대형 은행들이 무너지자 여러 가지 심각한 경제 문제가 (사수 / 파생)되었다.

맞힌 개수　　/ 10　　⭐ 오늘 배운 한자　死 亡 守 決 的 發 生 派

오늘 배운 한자를 다시 써 보세요.

오늘 배운 한자를 다시 익혀 보세요.

1 다음 한자성어의 알맞은 뜻은 무엇인가요?   (   )

死中求活 사중구활

① 죽음을 앞두고 살아왔던 길을 돌아봄.
② 죽을 수밖에 없는 처지에서 한 가닥 살길을 찾음.
③ 죽기를 각오하고 있는 힘을 다하여 나라의 은혜에 보답함.

2 다음 밑줄 친 낱말에 해당하는 한자어를 **보기** 에서 찾아 써 보세요.

보기

活   用   氣

(1) 일찍 일어나 아침을 <u>활기</u> 있게 시작하면 하루가 즐겁다. → _____

(2) 플라스틱은 우리 생활에 여러 가지 제품으로 <u>활용</u>하기 좋다. → _____

 **오늘 배운 낱말을 확인해 보세요.**

1 다음 문장의 빈칸에 알맞은 낱말을 찾아 써 보세요.

(1) 길고양이는 [ ] 하는 곳이 일정하지 않다.

> 주차 재활 주거

(2) ○○ 시청이 도시의 중심으로 [ ] 하려고 이삿짐을 꾸리고 있다.

> 활기 활용 이주

(3) 할아버지는 한적한 산골 마을에 [ ] 하며 조용하게 살기를 언제나 꿈꿔 왔다.

> 안전 안주 주변

2 다음 문장에 어울리는 낱말을 골라 ○표 하세요.

(1) 작아진 양말을 (활용 / 환기)하여 인형을 만들었다.

(2) 꾸준하게 운동하면 (활기 / 재활)을/를 되찾을 수 있다.

(3) 운동으로 생긴 부상은 치료만큼 (재활 / 활용)도 중요하다.

(4) 산업화 시대에는 많은 사람들이 시골에서 도시로 (거주 / 이주)하였다.

맞힌 개수 / 10   오늘 배운 한자 再 活 氣 用 安 住 移 居

한자능력
검정시험
모의 문제

문제

30문항 / 30분 시험 / 시험 일자: _____ 년 _____ 월 _____ 일

성명 (   )

문제 1-4

다음 밑줄 친 漢字語한자어를 ◦보기◦에서 찾아 그 번호를 쓰세요.

─── 보기 ───

① 男妹　② 次男　③ 家族　④ 親族

(1) 우리 두 사람은 남매이다.　　　　(　　)

(2) 명절에는 친족들이 만난다.　　　　(　　)

(3) 그는 가족의 품이 그리웠다.　　　　(　　)

(4) 둘째 아들로 태어난 나는 우리 집 차남이다.

(　　)

문제 5-8

다음 뜻에 알맞은 漢字語한자어를 ◦보기◦에서 찾아 그 번호를 쓰세요.

─── 보기 ───

① 同時　② 常侍　③ 正午　④ 深夜

(5) 깊은 밤.　　　　　　　　　　(　　)

(6) 낮 열두 시.　　　　　　　　　(　　)

(7) 같은 때나 시기.　　　　　　　(　　)

(8) 특별한 일이 없는 보통 때.　　　(　　)

문제 9-14

다음 漢字한자의 訓(훈: 뜻)과 音(음: 소리)를 쓰세요.

字 → 글자 자

(9) 間　　　　　　　　(　　　　　)

(10) 孝　　　　　　　　(　　　　　)

(11) 話　　　　　　　　(　　　　　)

(12) 路　　　　　　　　(　　　　　)

(13) 老　　　　　　　　(　　　　　)

(14) 活　　　　　　　　(　　　　　)

문제 15-18

다음 漢字한자의 상대 또는 반대되는 漢字를 ◦보기◦에서 골라 그 번호를 쓰세요.

─── 보기 ───

① 死　② 地　③ 問　④ 入

(15) 出 ↔ (　　　)

(16) 天 ↔ (　　　)

(17) 生 ↔ (　　　)

(18) 答 ↔ (　　　)

계속

다음 訓(훈: 뜻)과 音(음: 소리)에 맞는 漢字한자를 ∘보기∘에서 골라 그 번호를 쓰세요.

∘ 보기 ∘

①長   ②姓   ③物   ④便

(19) 길 장   (   )

(20) 물건 물   (   )

(21) 성씨 성   (   )

(22) 편할 편   (   )

다음 밑줄 친 한자어의 讀音(독음: 읽는 소리)을 쓰세요.

漢字 → 한자

(23) 너 自身을 알라.   (   )

(24) 어머니가 飮食을 만드셨다.   (   )

(25) 언니가 동생을 手足처럼 부린다.   (   )

(26) 市場에는 물건을 사고파는 사람들이 모인다.

(   )

(27) 그는 도움을 요청하기 위해 左右를 살폈다.

(   )

(28) 이번 행사에는 이삼십 명 內外의 사람들이 참

석했다.   (   )

다음 漢字한자의 진하게 표시한 획은 몇 번째 쓰는지 ∘보기∘에서 찾아 그 번호를 쓰세요.

∘ 보기 ∘

① 첫 번째   ② 두 번째

③ 세 번째   ④ 네 번째

⑤ 다섯 번째   ⑥ 여섯 번째

⑦ 일곱 번째   ⑧ 여덟 번째

⑨ 아홉 번째   ⑩ 열 번째

(29)   (   )

後

記

(30)   (   )

수고하였습니다.

똑똑 초등 한자 어휘는

한자 어휘 - 문장 - 글의 단계적 학습으로
문해력을 기를 수 있는 교재입니다.

낱말 알아보기
교과서 및 일상 어휘, 한자능력검정시험에서 선별한
주제별 한자와 관련 어휘를 배울 수 있습니다.

문제 풀기
학습한 어휘의 문맥적 의미를 파악하는 문제를 통해
실제 쓰임을 익히고, 쓰기 활동을 통해 쓰기 능력을 기를 수 있습니다.

글로 익히기
어휘가 사용된 글을 독해하며 어휘의 의미를 되새기고
독해 문제를 풀며 문해력을 키울 수 있습니다.

이투스북

똑똑

똑똑 배움 똑똑한

초등
한자 어휘

5개 주제
30일
완성

정답과 해설

3단계
나무

초등 3·4학년

초등
한자 어휘

정답과 해설

3단계 | 나무

초등 3·4학년

天 하늘 천 / 地 땅 지

본문 · 010~013쪽

1단계 낱말 알아보기

| 1 천연 | 2 선천적 | 3 천하 |
| 4 양지 | 5 지상 | 6 대지 |

1 '천연'은 '하늘'과 '그러하다'를 뜻하는 말이 합쳐진 낱말이에요.
2 '선천적'은 '먼저'와 '하늘'을 뜻하는 말이 합쳐진 '선천'에 '그러한 성격을 띠다.'라는 뜻의 '-적'이 덧붙어 만들어졌어요.
3 '천하'는 '하늘'과 '아래'를 뜻하는 말이 합쳐진 낱말이에요.
4 '양지'는 '볕'과 '땅'을 뜻하는 말이 합쳐진 낱말이에요.
5 '지상'은 '땅'과 '위'를 뜻하는 말이 합쳐져 만들어졌어요.
6 '대지'는 '크다'와 '땅'을 뜻하는 말이 함께 쓰인 낱말이에요.

2단계 문제 풀기

1 (1) 양지 (2) 천하   2 (1) 대지 (2) 지상 (3) 선천적
3 ⑩ 천연의 재료를 사용하여 염색한 천은 피부에 자극을 주지 않는다.

1 (1) 햇빛이 잘 들어 눈이 다 녹아 버린 곳과 어울리는 말은 '햇빛이 바로 드는 곳'을 가리키는 '양지'예요.
  (2) '누구나 다'를 뜻하는 말과 어울리는 말은 '하늘 아래 온 세상'을 가리키는 '천하'예요.
2 (1) '활짝 트이고 아주 넓다.'라는 뜻의 '드넓다'에 어울리는 말은 '큰 땅'을 의미하는 '대지'예요.
  (2) 건물은 땅 위에 짓는 것이므로, '지상'이 어울려요.
  (3) '원래부터 가지고 태어난 장애'라는 의미를 가지려면 '선천적'이 쓰여야 해요. '후천적'은 '선천적'의 반대말이에요.

3단계 글로 익히기

1 (1) 대지 (2) 양지 (3) 천연
2 (1) 야생 식물 (2) 인간 (3) 고사리

1 (1) 대자연의 넓고 큰 땅을 '대지'라고 해요.
  (2) 햇볕이 바로 드는 곳을 뜻하는 말은 '양지'예요.
  (3) 사람의 힘이 닿지 않은 상태를 '천연'이라고 해요.
2 (1) 소율이는 야생 식물에 관심이 많고 이름도 잘 외운다고 하였어요.
  (2) 야생 식물 중에는 인간보다 오래된 역사를 가진 것이 있다고 하였어요.
  (3) 대부분의 야생 식물이 양지에서 잘 자라지만, 고사리는 그늘진 곳에서 자란다고 했어요.

午 낮 오 / 夜 밤 야

본문 · 014~017쪽

1단계 낱말 알아보기

| 1 정오 | 2 오찬 | 3 오후 |
| 4 심야 | 5 야식 | 6 야광 |

1 '정오'는 '바르다'와 '낮'을 뜻하는 말이 합쳐진 낱말이에요.
2 '낮'과 '밥'을 뜻하는 말이 합쳐진 '오찬'은 손님을 초대해서 먹는 점심 식사를 뜻해요.
3 '오후'는 '낮'과 '뒤'를 뜻하는 말이 함께 쓰인 낱말이에요.
4 '심야'는 '깊다'와 '밤'을 뜻하는 말이 함께 쓰였어요.
5 '야식'은 '밤'과 '먹다'라는 말이 합쳐진 낱말이에요.
6 '야광'은 '밤'과 '빛'이라는 말이 함께 쓰였어요.

2단계 문제 풀기

1 (1) 정오 (2) 심야 (3) 오후
2 (1) 야광 (2) 야식
3 ⑩ 친구들을 집으로 불러 모아 오찬을 함께 했다.

1 (1) 낮 열두 시를 가리키는 '정오'는 해가 가장 높이 떠 있는 시간이에요.
  (2) 택시 요금은 늦은 저녁이 되면 더 비싸져요. 따라서 문장에는 깊은 밤을 의미하는 '심야'가 알맞아요.
  (3) '햇볕이 내리쬐는 두 시'는 '오전'이 아니라 '오후'예요.
2 (1) 어두운 밤에 반딧불이가 수놓는 아름다운 빛은 '야광'이에요.
  (2) 밤중에 '야식'을 즐겨 먹으면 살이 많이 찔 수 있어요.

3단계 글로 익히기

1 (1) 심야 (2) 야식 (3) 정오
2 (1) × (2) ○ (3) ○

1 (1) 깊은 밤을 뜻하는 말은 '심야'예요.
  (2) 밤중에 먹는 음식을 '야식'이라고 해요.
  (3) 낮 열두 시를 가리키는 말은 '정오'예요.
2 (1) 배달 문화가 발달하여 깊은 밤에도 손쉽게 음식을 주문할 수 있다고 했어요.
  (2) 배달 문화가 발달하면서 일회용품의 사용이 엄청나게 늘어났다고 했어요.
  (3) 점심과 저녁 식사 시간을 전후로 음식을 배달하는 오토바이의 사고량이 많아졌다고 했어요.

자연 03 時 때 시 / 間 사이 간

본문 • 018~021쪽

1단계 낱말 알아보기

1 동시	2 상시	3 시차
4 기간	5 간접	6 간격

1 '동시'는 '같다'와 '때'를 뜻하는 말이 함께 쓰였어요.
2 '상시'는 '항상'과 '때'를 이르는 말이 함께 쓰였어요.
3 '시차'는 '때'와 '다르다'라는 뜻이 합쳐진 낱말이에요.
4 '기간'은 '그'와 '때'라는 뜻을 가진 말이 함께 쓰인 낱말이에요.
5 '간접'은 '사이'와 '잇다'라는 뜻이 합쳐져 만들어졌어요.
6 '사이'와 '사이가 뜨다.'를 뜻하는 말이 합쳐진 '간격'은 두 대상이 벌어지거나 띄어진 정도를 말해요.

2단계 문제 풀기

1 (1) 시차 (2) 상시   2 (1) 간격 (2) 간접 (3) 기간
3 ㉠ 발표 시간에 누가 먼저라고 할 것 없이 동시에 손을 들었다.

1 (1) 강낭콩이 자라는 모습은 시간의 차이를 두고 여러 번 관찰해야 하므로, 문장에는 시간의 차이를 뜻하는 '시차'가 알맞아요.
    (2) 경기장에는 언제든지 부상자를 실어 나르기 위해 구급차가 있어야 하므로, 문장에는 보통 때를 뜻하는 '상시'가 알맞아요.
2 (1) 열차가 십 분마다 한 대씩 출발한다는 뜻이므로, 시간의 벌어진 정도를 뜻하는 '간격'이 알맞아요.
    (2) 독서를 통해서는 얻게 되는 경험은 직접 체험하는 것이 아니므로, '간접 경험'이라고 해요.
    (3) 우리 학교에서 훌륭한 졸업생이 많이 나온 시간이라는 뜻을 나타내므로, 문장에는 '기간'이 알맞아요.

3단계 글로 익히기

1 (1) 상시 (2) 기간 (3) 간격
2 (1) ○ (2) ○ (3) ×

1 (1) 특별한 일이 없는 보통 때를 '상시'라고 해요.
    (2) 어느 때부터 다른 어느 때까지의 동안을 '기간'이라고 해요.
    (3) 시간의 벌어진 정도를 뜻하는 말은 '간격'이에요.
2 (1) '나'는 학교 숙제를 미루어 두었다가 한꺼번에 하는 일이 많았다고 했어요.
    (2) '나'는 일주일이라는 기간을 정해 계획표를 짰다고 했어요.
    (3) 아버지는 '나'에게 계획을 세워 실천하라고 하였을 뿐이므로, 함께 계획표를 만들었다고 볼 수는 없어요.

자연 04 道 길 도 / 路 길 로

본문 • 022~025쪽

1단계 낱말 알아보기

1 효도	2 보도	3 도로
4 진로	5 경로	6 노선

1 부모님의 몸과 마음을 편하게 잘 섬기는 것을 '효도'라고 해요.
2 '보도'는 '알리다'와 '길'을 뜻하는 말이 함께 쓰였어요.
3 '도로'는 '길'을 뜻하는 두 글자가 합쳐진 낱말이에요.
4 '진로'는 '나아가다'와 '길'을 뜻하는 말이 함께 쓰인 낱말이에요.
5 '지나다'와 '길'을 뜻하는 말이 합쳐져 '경로'라는 말이 되었어요.
6 '노선'은 '길'과 '줄'을 뜻하는 말이 합쳐진 낱말이에요.

2단계 문제 풀기

1 (1) 보도 (2) 진로 (3) 도로
2 (1) 노선 (2) 경로
3 ㉠ 몸과 마음을 편안하게 해 드리는 것이 바로 효도이다.

1 (1) 신문을 통해 새로운 소식이 알려지는 것을 '보도'라고 해요. '보급'은 물건을 나누어 주는 것을 뜻해요.
    (2) 타고난 능력이나 성질을 뜻하는 말인 '소질'에 맞게 정해야 하는 것은 미래의 직업과 관련 있는 말인 '진로'예요.
    (3) 차와 사람이 함께 다니는 길을 뜻하는 말은 '도로'예요.
2 (1) 버스는 미리 지정된 곳으로만 다니고, 이것을 표시한 것이 '노선'이에요.
    (2) 기후 변화로 철새들이 지나는 길이 달라졌다는 의미이므로, '이동 경로'가 알맞아요.

3단계 글로 익히기

1 (1) 보도 (2) 진로 (3) 경로
2 (1) × (2) × (3) ○

1 (1) 사람들에게 새로운 소식을 알리는 일을 '보도'라고 해요.
    (2) 장래의 직업과 같이 앞으로 나아갈 길을 '진로'라고 해요.
    (3) 일이 진행되는 방법이나 순서를 뜻하는 말은 '경로'예요.
2 (1) 수진이는 박공정 씨의 다큐멘터리를 보고 나서 기자의 꿈을 갖게 되었어요.
    (2) 박공정 씨는 결혼 후에 한동안 평범한 가정 주부로 지내다가 기자가 되었다고 했어요.
    (3) 박공정 씨는 TV 다큐멘터리 부문에서 '올해의 기자'로 뽑혔다고 했어요.

方 모 방 / 向 향할 향

본문 · 028~031쪽

1단계 낱말 알아보기

1 방향	2 방언	3 방안
4 편향	5 지향	6 향상

1 '방향'은 '구석, 모퉁이'와 '향하다'를 뜻하는 말이 함께 쓰인 낱말이에요.
2 '방언'은 '구석, 모퉁이'와 '말'을 뜻하는 글자가 합쳐진 낱말로 지방에서 쓰는 표준어가 아닌 사투리를 뜻해요.
3 일을 처리하여 나갈 방법이나 계획을 뜻하는 말은 '방안'이에요.
4 '편향'은 '치우치다'와 '향하다'라는 뜻을 가진 말이 만나 만들어졌어요.
5 '지향'은 '뜻'과 '향하다'라는 말이 만나 만들어진 낱말이에요.
6 '향상'은 '향하다'와 '위'를 뜻하는 말이 합쳐진 낱말이에요.

2단계 문제 풀기

1 (1) 방안 (2) 방향   2 (1) 편향 (2) 방언 (3) 지향
3 예 복습하는 습관을 들였더니 성적이 향상되었다.

1 (1) 문제를 해결하기 위해서는 '방안'이 필요해요.
  (2) 목적지와 반대쪽으로 오게 되었다는 내용이므로, '방향'이 알맞아요.
2 (1) 한쪽 주장만 듣다 보면 한쪽으로 치우친 '편향'된 생각을 할 수 있어요.
  (2) 지방 사람들이 사용하는 말을 '방언'이라고 해요.
  (3) 각국의 대표들이 미래의 재난을 대비하기 위해 모였으므로 '미래 지향의 태도'를 가졌다고 볼 수 있어요. '지양'은 '어떠한 것을 하지 않는다.'라는 뜻이에요.

3단계 글로 익히기

1 (1) 방향 (2) 방안 (3) 향상
2 자리, 제공, 등록

1 (1) 어느 쪽을 나타내는 말은 '방향'이에요.
  (2) 어떤 일을 해결하여 나갈 방법이나 계획을 '방안'이라고 해요.
  (3) 실력, 수준, 기술 따위가 나아지는 것을 '향상'이라고 해요.
2 프라임 학원은 샛별 초등학교에서 소방서 방향으로 300m 가량 떨어진 곳에 자리한다고 했어요. 또 프라임 학원에서는 학생들에게 쾌적한 공부 환경을 제공하기 위해 공기 순환 시스템을 작동한다고 했어요. 프라임 학원에 등록하면 몇 달 안에 학생의 향상된 성적을 확인하게 될 거라고 했어요.

上 윗 상 / 下 아래 하

본문 · 032~035쪽

1단계 낱말 알아보기

1 최상	2 상기	3 세상
4 저하	5 하교	6 비하

1 '최상'은 '가장 위'의 뜻을 가진 낱말이에요.
2 '상기'는 '위'와 '기운'을 뜻하는 말이 합쳐진 낱말이에요.
3 '세상'은 '인간'과 '위'를 뜻하는 말이 함께 쓰여 만들어진 낱말이에요.
4 '하교'는 '아래'와 '학교'를 뜻하는 말이 합쳐져 만들어졌어요.
5 '비하'는 '낮다'와 '아래'의 뜻을 가진 말로 만들어졌어요.
6 '저하'는 '낮다'와 '아래'의 뜻을 가진 말이 합쳐진 낱말이에요.

2단계 문제 풀기

1 (1) 세상 (2) 하교 (3) 최상   2 (1) 비하 (2) 저하
3 예 나온 방귀 소리에 얼굴이 벌겋게 상기되었다.

1 (1) 우리가 살고 있는 이곳은 '세상'이에요.
  (2) 수업이 끝나고 집으로 돌아오는 때는 '하교 시간'이에요.
  (3) 요즘 젊은이들은 공동체보다는 개인의 행복과 경험의 가치를 최고로 여긴다는 의미이므로, '최상'이 어울려요.
2 (1) 다른 사람을 대하는 태도와 관련된 말은 '비하'예요. '비하'는 다른 사람을 업신여기는 태도이므로 올바르지 못한 행동이라고 할 수 있어요.
  (2) 잠을 충분히 자지 못하면 체력이 떨어질 수 있으므로, 문장에 알맞은 말은 '떨어지다'라는 의미의 '저하'예요.

3단계 글로 익히기

1 (1) 저하 (2) 하교 (3) 세상
2 (1) ○ (2) ○ (3) ×

1 (1) 떨어져 낮아지는 것을 '저하'라고 해요.
  (2) 공부를 끝내고 학교에서 집으로 돌아오는 것을 '하교'라고 해요.
  (3) 사람이 살고 있는 모든 사회를 '세상'이라고 해요.
2 (1) 하교하는 도중에도 스마트폰에서 눈을 떼지 못하는 학생들을 많이 볼 수 있다고 했어요.
  (2) 최근 들어 학생들의 시력이 저하되는 문제로 고민하는 학부모가 많다고 했어요.
  (3) 글쓴이는 미디어 기기의 적절한 사용 방법과 시간에 대해 고민해야 한다고 했을 뿐, 미디어 기기의 사용을 금지해야 한다고 하지 않았어요.

방향 03 左 왼쪽 좌 / 右 오른쪽 우

본문 · 036~039쪽

1단계 날말 알아보기

1 좌우간	2 좌천	3 좌측
4 좌우명	5 우편	6 좌우

1 '좌우간'은 왼쪽으로든 오른쪽으로든 이렇듯 저렇듯 어떻든 간이라는 뜻으로 쓰여요.

2 예전에는 오른쪽에 비해 왼쪽에 두는 것을 중히 여기지 않는 데서 비롯된 것으로 '좌천'은 지위가 떨어지는 것을 말해요.

3 '좌측'은 '왼쪽'과 '곁'을 뜻하는 말이 함께 쓰인 낱말이에요.

4 '오른쪽 자리에 새긴' 것으로 귀히 여겨 늘 옆에 두고 가르침으로 삼는 말이나 글을 '좌우명'이라고 해요.

5 북쪽을 기준으로 동쪽, 또는 오른쪽을 '우편'이라고 해요.

6 '왼쪽'과 '오른쪽'을 뜻하는 말이 함께 쓰인 '좌우'는 왼쪽과 오른쪽, 또는 주변을 이르는 말로 쓰여요.

2단계 문제 풀기

1 (1) 좌천 (2) 좌우명   2 (1) 우편 (2) 좌우 (3) 좌측
3 ⓔ 무슨 일을 하든 좌우간 건강을 지키는 것이

1 (1) 지위가 떨어졌으므로 '좌천'되었다고 할 수 있어요.
  (2) '하면 된다.'라는 글귀는 '좌우명'이라고 할 수 있어요.
2 (1) 동해 바다는 한반도의 동쪽, 즉 오른쪽에 있으므로 '우편'에 있다고 할 수 있어요.
  (2) 도와줄 사람이 있는지 주변을 살폈다는 것이므로, '좌우'를 살폈다고 말할 수 있어요.
  (3) 우리나라 자동차의 운전석은 왼쪽에 있어요. 따라서 자동차를 운전하는 사람은 좌측에 앉는다고 할 수 있어요.

3단계 글로 익히기

1 (1) 좌우명 (2) 우편 (3) 좌우
2 (1) ○ (2) ○ (3) ×

1 (1) '돌다리도 두들겨 보고 건너자.'는 꼼꼼 씨의 '좌우명'이에요.
  (2) 꼼꼼 씨는 차를 '우편'으로 돌리려고 속도를 줄였어요.
  (3) 꼼꼼 씨는 우회전을 하기 위해 '좌우'를 살폈어요.
2 (1) 꼼꼼 씨는 사거리에서 갑자기 튀어나온 자전거 한 대를 피할 수 있었지만, 자신의 행동에 뿌듯해하며 방심하였으므로 뒤에 오는 자전거와 부딪히고 말았어요.
  (2) 꼼꼼 씨는 평소에 무슨 일을 하든 신중하고 조심스러운 태도로 임한다고 했어요.
  (3) 꼼꼼 씨는 사거리에서 우회전을 하기 전에 잠시 차를 세우고 주변을 살폈다고 했어요.

방향 04 前 앞 전 / 後 뒤 후

본문 · 040~043쪽

1단계 날말 알아보기

1 직전	2 전제	3 전후
4 후원	5 이후	6 후회

1 '직전'은 '바로 앞'을 뜻하는 낱말이에요.
2 '전제'는 '앞'과 '내놓다'라는 뜻을 가진 말로 만들어졌어요.
3 '전후'는 '앞'과 '뒤'를 뜻하는 말이 함께 쓰인 낱말이에요.
4 '후원'은 '뒤'와 '돕다'를 뜻하는 말이 함께 쓰였어요.
5 '이후'는 '~로부터'와 '뒤'를 뜻하는 말로 만들어졌어요.
6 '후회'는 '뒤'와 '뉘우치다'라는 뜻이 합쳐진 낱말이에요.

2단계 문제 풀기

1 (1) 이후 (2) 직전   2 (1) 전후 (2) 후원 (3) 전제
3 ⓔ 어떠한 일이 벌어진 후에 후회해도 소용이 없다는 뜻이다.

1 (1) 감기약을 먹은 뒤에 몸이 한결 나아졌다는 내용이므로 '뒤'의 의미를 가진 '이후'가 알맞아요.
  (2) 밥을 먹기 바로 직전에 물을 많이 마시면 물배가 차서 소화가 안 될 수 있어요.
2 (1) 다투게 된 이유와 그 앞뒤 과정을 선생님께 말씀드렸다는 것이므로 '전후 사정'이라고 표현하는 것이 알맞아요.
  (2) 주변 사람들의 도움으로 단체가 운영되고 있다는 내용이므로 '후원'이 알맞아요.
  (3) 부모님이 자식을 사랑하는 데에는 아무런 조건이나 단서가 붙지 않는다는 내용으로, 주어진 문장에는 '전제 조건'이라고 표현하는 것이 알맞아요.

3단계 글로 익히기

1 (1) 이후 (2) 후원 (3) 후회   2 ③

1 (1) 기준이 되는 때를 포함하여 그보다 뒤라는 뜻을 가진 말은 '이후'예요.
  (2) '뒤에서 도와주다.'라는 뜻을 가진 말은 '후원'이에요.
  (3) '과거에 한 일을 뉘우치거나 안타까워하는 것'을 '후회'라고 해요.
2 '천 원 식당'은 단순히 음식의 맛이나 저렴한 가격에 식사를 제공할 수 있는 경영 비법으로 주목을 받은 것이 아니에요. 사장님이 이웃들에게 값싸고 따뜻한 한 끼 식사를 제공하기 위해 헌신하고 노력해 온 점이 잘 드러나게 제목을 정해야 하므로 '따뜻한 마음이 만들어 낸 최고의 한 끼'가 가장 알맞아요.

방향 **05** 內 안 내 / 外 바깥 외

본문 · 044~047쪽

1단계 낱말 알아보기

1 내포	2 내심	3 내외
4 외모	5 의외	6 제외

1 '내포'는 '안'과 '꾸러미'를 뜻하는 말이 합쳐진 낱말이에요.
2 '내심'은 '안'과 '마음'을 뜻하는 말로 이루어졌어요.
3 '내외'는 '안'과 '밖'을 뜻하는 말이 합쳐진 낱말이에요.
4 '외모'는 '겉'과 '모양'을 뜻하는 말이 합쳐진 낱말이에요.
5 '의외'는 '생각'과 '밖'을 뜻하는 말이 함께 쓰였어요.
6 '제외'는 '덜어 내다'와 '밖'을 뜻하는 말로 이루어졌어요.

2단계 문제 풀기

1 (1) 외모 (2) 내심 (3) 내외
2 (1) 제외 (2) 내포
3 예 장기 자랑 대회에서 의외의 모습을 보였다.

1 (1) 사춘기가 되면, 누구나 겉모습인 '외모'에 관심을 많이 갖게 돼요.
   (2) 그는 반장이 되고 나서 표현은 안 했지만 속마음으로는 기뻐했다는 내용이므로, '내심'이 알맞아요.
   (3) 선생님이 요구한 것은 원고지 400자 정도의 발표문 분량이므로 이에 어울리는 말은 '내외'예요.
2 (1) 백 명의 선발 인원 중에서 절반만 남았으므로 오십 명이 '제외'된 것이라고 할 수 있어요.
   (2) 언니가 지은 미소는 어떤 꿍꿍이를 속에 품은 것 같은 느낌을 들게 하였다는 내용이므로, '내포'가 어울려요.

3단계 글로 익히기

1 (1) 내포 (2) 내심 (3) 의외
2 (1) ○ (2) × (3) ○

1 (1) 어떤 성질이나 뜻 따위를 속에 품는 것을 '내포'라고 해요.
   (2) '속마음'을 뜻하는 다른 말은 '내심'이에요.
   (3) 전혀 생각이나 예상을 하지 못하는 것을 '의외'라고 해요.
2 (1) 시인은 하고 싶었던 이야기를 직접 말하기보다 다른 것에 빗대어 표현한다고 했어요.
   (2) 겉으로 드러난 내용에만 집중하면 시를 제대로 감상할 수 없다고 했어요.
   (3) 운율은 글자 수를 비슷하게 맞추거나 특정한 글자가 반복될 때 나타난다고 했어요.

방향 **06** 長 길 장 / 短 짧을 단

본문 · 048~051쪽

1단계 낱말 알아보기

1 장기	2 최장	3 성장
4 최단	5 단축	6 단편

1 '장기'는 '길다'와 '기간'을 뜻하는 말이 합쳐진 낱말이에요.
2 '최장'은 '가장'과 '길다'를 뜻하는 말이 함께 쓰였어요.
3 '성장'은 '이루다'와 '길다'를 뜻하는 말이 합쳐진 낱말이에요.
4 '최단'은 '가장'과 '짧다'라는 뜻으로 이루어졌어요.
5 '단축'은 '짧다'와 '줄이다'라는 뜻이 함께 쓰인 낱말이에요.
6 '짧다'와 '엮다'를 뜻하는 말이 함께 쓰인 '단편'은 길이가 짧은 소설이나 영화를 말해요.

2단계 문제 풀기

1 (1) 최단 (2) 성장   2 (1) 단축 (2) 장기 (3) 최장
3 예 친구들과 도서관에 모여서 단편 소설을 읽었다.

1 (1) 직선은 두 점을 잇은 가장 짧은 거리를 나타내므로, '최단'이 어울려요.
   (2) 청소년기는 자라는 속도가 빠른 시기이므로, '성장'이 어울려요.
2 (1) 버스가 생겨 집으로 더 빨리 갈 수 있게 되었으므로, 시간이나 거리가 짧게 줄어든다는 의미의 '단축'이 알맞아요.
   (2) 사건을 해결하기 어렵다고 하였으므로 긴 기간이라는 뜻의 '장기'가 어울려요.
   (3) 드라마의 인기가 높으면 오랜 기간 사랑을 받게 되므로, 가장 긴 기간이라는 의미의 '최장'이 더 어울려요.

3단계 글로 익히기

1 (1) 최단 (2) 단축 (3) 성장
2 (1) ○ (2) × (3) ×

1 (1) '가장 짧다'는 뜻을 가진 낱말은 '최단'이에요.
   (2) '짧게 줄어들다'라는 의미를 가진 말은 '단축되다'예요.
   (3) '자라서 점점 커지다.'라는 뜻을 가진 말은 '성장하다'예요.
2 (1) 아버지와 함께 달리기를 하면서 최단 기간 동안 살이 많이 빠졌다고 했어요.
   (2) '나'는 아침이 아니라 저녁에 아버지와 함께 동네 한 바퀴를 돌고 있다고 했어요.
   (3) '나'가 먼 거리를 차를 타지 않고 걸어가는 습관이 생겼다는 내용은 찾아볼 수 없어요.

본문 • 052~055쪽

1단계 낱말 알아보기

| 1 출입 | 2 지출 | 3 출현 |
| 4 몰입 | 5 입문 | 6 개입 |

1 '출입'은 '나가다'와 '들어가다'라는 말이 만나 만들어졌어요.
2 '지출'은 '버티다'와 '나가다'를 뜻하는 말이 함께 쓰였어요.
3 '출현'은 '나가다'와 '나타나다'를 뜻하는 말이 함께 쓰였어요.
4 '몰입'은 '빠지다'와 '들어가다'를 뜻하는 말로 이루어졌어요.
5 '입문'은 '들어가다'와 '문'을 뜻하는 말이 합쳐진 낱말이에요.
6 '개입'은 '끼다'와 '들어가다'라는 뜻이 합쳐진 낱말이에요.

2단계 문제 풀기

1 (1) 지출 (2) 출입   2 (1) 출현 (2) 입문 (3) 개입
3 예 감정에 몰입하여 나도 모르게 눈물을 흘렸다.

1 (1) 돈을 모으려면 나가는 돈 즉, '지출'을 줄여야 해요.
  (2) 비밀 공간은 관계가 있는 사람에게만 드나들 수 있게 허락된다고 할 수 있어요. 따라서 '출입'이 가장 어울려요.
2 (1) 산짐승이 갑자기 나타난다면 사람들은 겁에 질릴 수 있어요. 따라서 나타나다는 뜻의 '출현'이 어울려요.
  (2) 그가 정치에 발을 딛은 지 십 년 만에 대통령 후보가 되었다는 내용이므로, '입문'이 어울려요.
  (3) '오지랖이 넓다.'라는 것은 다른 사람의 일에 지나치게 끼어드는 것을 말하므로, '개입'이 어울려요.

3단계 글로 익히기

1 (1) 출현 (2) 개입 (3) 몰입
2 (1) ○ (2) × (3) ×

1 (1) '거북이가 나타나다.'라는 말은 '거북이가 출현하다.'라는 말로 바꾸어 쓸 수 있어요.
  (2) 거북이가 자신과 직접적인 관계가 없는 일에 끼어들게 된 것은 '개입'하게 된 것으로 볼 수 있어요.
  (3) 염소와 물고기가 자기주장을 펼치는 데만 깊이 빠진 것은 '몰입'한 것으로 볼 수 있어요.
2 (1) 염소는 달리기가 수영보다 더 큰 힘이 필요하므로 힘들다고 했어요.
  (2) 물고기는 물에서는 땅보다 자유롭게 움직일 수 없다고 주장했어요.
  (3) 자기주장을 펼치는 데 몰입한 것은 거북이가 아니라 염소와 물고기예요.

본문 • 058~061쪽

1단계 낱말 알아보기

| 1 음식 | 2 과음 | 3 시음 |
| 4 포식 | 5 주식 | 6 식단 |

1 '음식'은 '마시다'와 '먹다'를 뜻하는 말이 함께 쓰인 낱말이에요.
2 '과음'은 '지나치다'와 '마시다'를 뜻하는 말이 함께 쓰였어요.
3 '시음'은 '시험'과 '마시다'라는 뜻을 가진 말로 이루어졌어요.
4 '배부르다'와 '먹다'라는 말이 함께 쓰인 '포식'은 배부르게 먹는 것을 말해요.
5 '중심'과 '밥'을 뜻하는 말이 함께 쓰인 '주식'은 끼니에 주로 먹는 음식을 가리켜요.
6 '먹다'와 '홑, 하나'를 뜻하는 말이 합쳐진 '식단'은 먹을 음식의 종류와 순서를 짜 놓은 계획표를 가리켜요.

2단계 문제 풀기

1 (1) 식단 (2) 주식   2 (1) 과음 (2) 시음 (3) 음식
3 예 포식을 하였다가 배탈이 나서 한동안 고생을 했다.

1 (1) '짜다' 또는 '계획하다'와 어울리는 말은 '식단'이에요. '식단'은 음식 계획표를 말해요.
  (2) 끼니마다 잡곡밥을 먹는다면, 잡곡밥은 '주식'이라고 할 수 있어요. '주식'은 끼니에 주로 먹는 음식을 가리키는 말이에요.
2 (1) 건강에 해로운 행동에 어울리는 말은 '과음'이에요.
  (2) 사람들이 새로 나온 음료수를 먹기 위해 줄을 선 것은 음료의 맛을 보기 위함이므로, '시음'이 어울려요.
  (3) 김치는 우리나라의 대표적인 '음식' 중 하나예요.

3단계 글로 익히기

1 (1) 음식 (2) 주식 (3) 시음   2 ①, ②

1 (1) 사람이 먹고 마시는 먹거리를 뜻하는 말은 '음식'이에요.
  (2) 끼니에 주로 먹는 음식을 '주식'이라고 해요.
  (3) 새로 나온 제품의 맛을 알기 위해 시험 삼아 마셔 보는 것을 '시음'이라고 해요.
2 과거 우리나라의 대표적인 주식은 쌀이었다고 했어요. 또한 과거에는 달고 톡 쏘는 자극적인 음료가 인기를 끌었지만 오늘날에는 맛과 영양을 고루 갖춘 음료들로 바뀌고 있다고 했어요.

본문 · 062~065쪽

1단계　낱말 알아보기

| 1 보답 | 2 화답 | 3 응답 |
| 4 문안 | 5 방문 | 6 설문 |

1 '보답'은 '갚다'와 '대답'을 뜻하는 말이 만나 만들어졌어요.
2 '화답'은 '응하다'와 '대답'을 뜻하는 말이 합쳐진 낱말이에요.
3 '응답'은 '반응하다'와 '대답'을 뜻하는 말로 이루어졌어요.
4 '문안'은 '묻다'와 '편안하다'를 뜻하는 말로 이루어졌어요.
5 '방문'은 '찾다'와 '묻다'를 뜻하는 말이 함께 쓰인 낱말이에요.
6 '베풀다'와 '묻다'라는 뜻을 가진 말이 합쳐진 '설문'은 어떤 현상을 조사하기 위해 묻는 것을 가리켜요.

2단계　문제 풀기

1 (1) 보답　(2) 설문　　2 (1) 화답　(2) 문안　(3) 방문
3 ㉙ 안에서는 누구 하나 아무런 응답이 없었다.

1 (1) 앞집에서 떡을 가져와서 식혜를 가져다 준 것은 입은 혜택을 갚는 행위이므로, '보답'과 관계가 있어요.
　(2) 급훈을 정하기 위해서는 반 친구들의 의견을 묻는 것은 '설문'과 관련이 있어요.
2 (1) 남자가 들려 준 노래에 대해 노래로 답을 했다는 것이므로 '화답'이 어울려요.
　(2) 오랜만에 찾아 뵌 친척 어른께는 편안하게 지내시는지를 묻는 '문안 인사'를 드릴 수 있어요.
　(3) 종종 몸이 불편하신 어르신들을 위해 의사나 간호사가 집으로 찾아가 '방문'하는 일이 있어요.

3단계　글로 익히기

1 (1) 설문　(2) 응답　(3) 방문
2 (1) ○　(2) ○　(3) ×

1 (1) 어떤 현상을 조사하기 위해 주제를 정해 묻는 조사 방식을 '설문조사'라고 해요.
　(2) 부름이나 물음에 반응하여 답하는 것을 '응답'이라고 해요.
　(3) 직접 찾아가서 만나는 것을 '방문'이라고 해요.
2 (1) 통신사에서는 설문에 응답한 고객에게 작은 상품을 준다고 했어요.
　(2) 통신사에서는 보다 나은 서비스를 제공하기 위해 설문조사를 한다고 했어요.
　(3) 통신사의 서비스 센터에 전화를 걸어 본 고객이 아니라 방문해 본 고객은 1번 버튼을 누르라고 했어요.

본문 · 066~069쪽

1단계　낱말 알아보기

| 1 사연 | 2 사물 | 3 종사 |
| 4 물가 | 5 물질 | 6 물정 |

1 '사연'은 '일'과 '관계'을 뜻하는 말이 합쳐진 낱말이에요.
2 '사물'은 '일'과 '물건'을 뜻하는 말이 함께 쓰인 낱말이에요.
3 '종사'는 '좇다'와 '일'을 뜻하는 말로 이루어졌어요.
4 '물가'는 '물건'과 '값'을 뜻하는 말이 합쳐진 낱말이에요.
5 '물질'은 '물건'과 '바탕'을 뜻하는 말이 함께 쓰였어요.
6 '물정'은 세상의 이러저러한 사정이나 형편을 나타내는 말이에요.

2단계　문제 풀기

1 (1) 사물　(2) 종사　　2 (1) 물정　(2) 물질　(3) 사연
3 ㉙ 물가가 올랐기 때문에 아이는 가진 돈으로는

1 (1) 어떤 대상을 생생하게 그리는 재주를 가지고 있다는 것이므로, 알맞은 낱말로는 '사물'이 적절해요.
　(2) 의료업에 일하는 사람이 감염병에 걸릴 위험이 많다는 내용이므로, '종사'가 어울려요.
2 (1) 주구장창 공부만 해서 세상 돌아가는 형편에 어둡다는 것이므로, '세상 물정을 모른다.'라고 표현하는 알맞아요.
　(2) 강에 오염된 무엇인가를 내보내어 적발되었다는 것이므로, '그 무엇'으로는 '물질'이 어울려요.
　(3) 떠난 사람이 남겨 둔 편지에는 말 대신 '떠날 수밖에 없는 사정'이 적혀 있을 것이므로, '사연'이 어울려요.

3단계　글로 익히기

1 (1) 물가　(2) 종사　(3) 물정
2 (1) ×　(2) ○　(3) ○

1 (1) '물건의 값'을 나타내는 말은 '물가'예요.
　(2) 어떤 일을 마음과 힘을 다하여 직업으로 하는 것을 '종사'라고 해요.
　(3) '세상의 이러저러한 형편'을 뜻하는 말은 '물정'이에요.
2 (1) 상인들이 정부가 주는 지원금을 거절했다는 내용은 확인할 수 없어요.
　(2) 상인들은 음식 재료의 가격이 오르면 음식 값을 올려야 하는데, 음식 가격이 오르면 손님들이 줄어들 것이므로 근심이 깊어진다고 했어요.
　(3) 상인들은 이익을 남겨야 하므로, 음식 재료의 가격이 오르면 음식의 가격을 올릴 수밖에 없어요.

言 말씀 언 / 話 말씀 화

본문 · 070~073쪽

1단계 낱말 알아보기

1 실언	2 조언	3 언어
4 화술	5 화자	6 담화

1 '잃다'와 '말씀'을 뜻하는 말이 함께 쓰인 '실언'은 말실수를 뜻해요.

2 '조언'은 '돕다'와 '말씀'을 뜻하는 말이 합쳐진 낱말이에요.

3 '말씀'이라는 뜻을 가진 두 말이 합쳐진 '언어'는 사람의 생각과 느낌을 표현하는 수단을 말해요.

4 '화술'은 '말씀'과 '재주'를 뜻하는 말이 함께 쓰인 낱말이에요.

5 '화자'는 '말씀'과 '사람'을 뜻하는 말이 합쳐진 낱말이에요.

6 '담화'는 '이야기'와 '말씀'을 뜻하는 말로 이루어졌어요.

2단계 문제 풀기

1 (1) 조언   (2) 언어   2 (1) 화자   (2) 담화   (3) 화술
3 예 실언을 하지 않는 가장 좋은 방법이다.

1 (1) 다른 사람을 깨우치는 '조언'이 지나치면 상대로 하여금 간섭받는다는 느낌을 줄 수 있어요.

   (2) '언어'는 '생각, 느낌 따위 등을 표현하는 데에 쓰는 음성, 문자 따위의 수단'이라는 의미를 가지고 있어요. 인간은 동물과 달리 언어를 사용해요.

2 (1) 시에서 말하고 있는 사람을 '화자'라고 해요. 화자는 시인 자신일 수도 있고, 시인이 만든 누군가일 수도 있어요.

   (2) '담화'는 서로 이야기를 주고받는 것을 말해요.

   (3) 풍부한 어휘력을 갖춘 사람이라면 말재주와 같은 '화술'이 뛰어날 수 있어요.

3단계 글로 익히기

1 (1) 담화   (2) 화자   (3) 실언   2 ④

1 (1) 서로 이야기를 주고받는 것을 '담화'라고 해요.

   (2) 이야기를 하는 사람을 '화자'라고 해요.

   (3) 실수로 잘못 말하거나 그렇게 한 말은 '실언'이라고 해요.

2 이 글의 중심 문장은 첫 부분과 끝 부분에 잘 드러나 있어요. 대화를 할 때나 담화를 나눌 때 그 상황이나 대화 상대와의 문화적 차이를 생각하고 말해야 한다는 거예요.

市 저자 시 / 場 마당 장

본문 · 074~077쪽

1단계 낱말 알아보기

1 개시	2 출시	3 도시
4 입장	5 등장	6 광장

1 '개시'는 '열다'와 '저자'를 뜻하는 말이 합쳐져 만들어졌어요.

2 '출시'는 '나오다'와 '저자'를 뜻하는 말이 합쳐진 낱말이에요.

3 '도시'는 '도읍'과 '저자'라는 뜻이 함께 쓰인 낱말이에요.

4 '입장'은 '서다'와 '마당(장소)'을 뜻하는 말이 함께 쓰였어요.

5 '오르다'와 '마당(장소)'을 뜻하는 말이 합쳐진 '등장'은 어떤 대상이 나타나는 것을 뜻해요.

6 '넓다'와 '마당(장소)'을 뜻하는 말이 함께 쓰인 '광장'은 사람들이 모이는 넓은 빈터를 가리키는 말이에요.

2단계 문제 풀기

1 (1) 입장   (2) 등장   2 (1) 도시   (2) 개시   (3) 출시
3 예 비둘기 떼가 먹이를 먹기 위해 광장으로

1 (1) 상대방이 처해 있는 형편이나 상황인 '입장'을 바꿔 생각하면 상대방을 이해할 수 있어요.

   (2) 큰 마트가 나타나 주변 가게들이 장사가 안 되어서 문을 닫고 있다는 내용이에요. 따라서 '등장'이 어울려요.

2 (1) 높은 층의 빌딩들이 늘어서 있는 곳으로는 '시장'보다 '도시'가 어울려요.

   (2) 가게 문을 여는 것을 '영업을 개시한다.'라고 말해요.

   (3) 새로운 자동차가 개발되어 나오는 것은 상품이 시장에 나오는 것이므로 '출시'가 어울려요.

3단계 글로 익히기

1 (1) 입장   (2) 광장   (3) 등장
2 (1) ○   (2) ×   (3) ×

1 (1) 처해 있는 형편이나 상황을 뜻하는 낱말은 '입장'이에요.

   (2) '넓은 빈터'의 의미를 가진 낱말은 '광장'이에요.

   (3) 영신이가 빈터에 새롭게 나타난 것은 '등장'한 것으로 볼 수 있어요.

2 (1) 영신이와 윤슬이는 다투기 전에 매일 단짝처럼 붙어다녔다고 했어요.

   (2) 윤슬이가 화해하기 위해 먼저 문자 메시지를 영신이에게 보냈다고 했어요.

   (3) 영신이는 약속 장소에 나오면서 활짝 웃었다고 하였으므로 기분이 상해 있었다고 보기는 어려워요.

생활 06   記 기록할 기 / 課 과정 과

본문 · 078~081쪽

1단계 낱말 알아보기

1 암기	2 표기	3 기호
4 일과	5 과외	6 과제

1 '암기'는 '깊숙하다'와 '기록하다'라는 뜻이 합쳐진 낱말이에요.
2 '표기'는 '겉'과 '기록하다'를 뜻하는 말이 함께 쓰였어요.
3 '기록하다'와 '이름'을 뜻하는 말이 합쳐진 '기호'는 숫자나 부호, 알파벳과 같은 문자 등을 나타내는 말이에요.
4 '일과'는 '날'과 '과정'을 뜻하는 말로 이루어졌어요.
5 '과외'는 '공부하다(과정)'와 '바깥'을 뜻하는 말로 만들어졌어요.
6 '과제'는 '공부하다(과정)'와 '제목'을 뜻하는 말이 합쳐진 낱말이에요.

2단계 문제 풀기

1 (1) 일과 (2) 과제   2 (1) 표기 (2) 기호 (3) 암기
3 ㉠ 과외를 해 줄 테니 열심히 공부하라고 하셨다.

1 (1) 수업이 끝나고 매일같이 운동하는 것은 날마다 규칙적으로 정해서 하는 일이므로 '일과'에 해당해요.
   (2) 물가를 낮추고 안정시켜야 하는 것은 정부가 해결해야 할 문제이므로 '과제'라고 표현할 수 있어요.
2 (1) 우리 옛글은 한자를 빌려 와서 만든 것이 많으므로 한자로 '표기'된 글자가 많다고 할 수 있어요.
   (2) 어떠한 뜻을 나타내기 위해 쓰는 부호, 문자 등을 '기호'라고 하며, 말은 소리 '기호'예요.
   (3) 내용을 머릿속에 달달 외우는 것보다 이해하는 것이 중요하다는 뜻이므로, '암기'가 알맞아요.

3단계 글로 익히기

1 (1) 일과 (2) 과제 (3) 암기   2 ①

1 (1) 날마다 규칙적으로 정해진 일을 '일과'라고 해요.
   (2) 선생님이 내 준 '연구 문제'는 '과제'라고 해요.
   (3) 머릿속으로 외우는 것을 '암기'라고 해요.
2 '나'는 오늘 저녁에 산책 겸 우리 고장의 지형지물을 소개하는 과제를 준비하기 위해 전통 시장을 찾았어요.

생활 07   孝 효도 효 / 老 늙을 로(노)

본문 · 082~085쪽

1단계 낱말 알아보기

1 효심	2 효자	3 불효
4 경로	5 노화	6 원로

1 '효심'은 '효도'와 '마음'을 뜻하는 말이 합쳐진 낱말이에요.
2 '효자'는 평소 부모님께 효도를 하는 아들을 뜻하는 말이에요.
3 '불효'는 '아니하다'와 '효도'를 뜻하는 말이 함께 쓰였어요.
4 '경로'는 '공경'과 '노인'을 뜻하는 말이 함께 쓰인 낱말이에요.
5 '늙다'는 뜻의 '노화'는 늙어가는 현상을 말해요.
6 '원로'는 '으뜸'과 '노인'을 뜻하는 말이 합쳐져 만들어졌어요.

2단계 문제 풀기

1 (1) 노화 (2) 경로   2 (1) 효심 (2) 효자 (3) 불효
3 ㉠ 원로 가수의 특별 공연이 이어졌다.

1 (1) 노인들은 노화로 인해 소화가 잘 안 될 수 있어요.
   (2) 정부에서 칠십 세 이상의 어른신들에게 제공하는 것으로 가장 알맞은 것은 '경로 혜택'이에요.
2 (1) 심청이는 아버지를 정성스럽게 모셨으므로 '효심'이 대단하다고 할 수 있어요.
   (2) 매일 할아버지께 안부 전화를 드리는 아버지는 '효자'라고 할 수 있어요.
   (3) 부모님이 물려주신 몸을 상하게 하는 것은 부모님의 마음을 아프게 하는 것이므로, '불효'라고 할 수 있어요.

3단계 글로 익히기

1 (1) 효자 (2) 노화 (3) 불효
2 (1) × (2) ○ (3) ×

1 (1) 부모를 잘 섬기는 아들을 나타내는 말은 '효자'예요.
   (2) 시간이 흐름에 따라 몸의 기능이 약해지는 현상을 뜻하는 낱말은 '노화'예요.
   (3) 부모님을 정성껏 섬기지 않고 자식의 역할을 잘하지 못하는 것을 나타내는 낱말은 '불효'예요.
2 (1) 어머니는 병이 드신 게 아니라 나이가 많으셔서 몸이 약해지신 것이에요.
   (2) 어머니는 부모의 마음을 불편하게 하는 것은 불효라고 말했어요. 즉, 어머니는 효도가 부모님의 마음을 편안하게 해 드리는 것이라고 생각했음을 알 수 있어요.
   (3) 어머니는 장가를 가지 않고 자신을 섬기는 아들이 불효를 한다고 생각했어요.

姓 성씨 성 / 名 이름 명

본문 · 088~091쪽

1단계 낱말 알아보기

1 성함	2 집성촌	3 통성명
4 익명	5 명예	6 누명

1 '성함'은 '성씨'와 '이름'을 뜻하는 말이 합쳐진 낱말이에요.
2 '집성촌'은 '모으다'와 '성씨', '마을'을 뜻하는 말이 쓰였어요.
3 '통성명'은 '통하다', '성씨', '이름'을 뜻하는 말이 쓰였어요.
4 '익명'은 '숨기다'와 '성씨'를 뜻하는 말로 만들어졌어요.
5 '명예'는 '이름'과 '기리다'라는 뜻을 가진 말로 이루어졌어요.
6 '누명'은 '더럽다'와 '이름'을 뜻하는 말이 함께 쓰였어요.

2단계 문제 풀기

1 (1) 집성촌 (2) 통성명 2 (1) 누명 (2) 명예 (3) 익명
3 ㉾ 성함은 홍 길자 동자이십니다.

1 (1) 경상북도 안동은 안동 김 씨 가문 사람들이 마을을 이루어 살았던 곳으로 '집성촌'이라고 할 수 있어요.
   (2) 처음 보는 친구와 어색한 분위기를 풀기 위해 이름을 나누었다는 것이므로 '통성명'이 들어가는 것이 알맞아요.
2 (1) 진짜 범인을 잡아 사실이 아닌 일을 바로잡겠다는 의미의 문장이므로, '누명'이 들어가는 것이 알맞아요.
   (2) 세계적으로 한국 영화의 이름이 드높아졌다는 것이므로 '명예를 안았다'라고 표현하는 것이 알맞아요.
   (3) 인터넷에서는 자신의 이름을 밝히지 않고 '익명'으로 글을 쓰는 일이 많아요.

3단계 글로 익히기

1 (1) 명예 (2) 통성명 (3) 익명
2 (1) × (2) ○ (3) ×

1 (1) '세상에서 훌륭하다고 인정되는 이름이나 자랑'이라는 의미를 가진 낱말은 '명예'예요.
   (2) 처음으로 인사할 때 서로 성과 이름을 알려주는 것을 뜻하는 낱말은 '통성명'이에요.
   (3) '이름을 숨기는 것을 뜻하는 낱말은 '익명'이에요.
2 (1) 커뮤니티에서는 앞으로도 가입 시에 이름을 알리는 통성명을 원칙으로 한다고 했으므로, 커뮤니티 회원들이 서로의 이름을 모른 채 운영된다는 것은 알맞지 않아요.
   (2) 글쓴이는 회원들에게 온라인 모임에서 의견을 나눌 때 주의해야 할 사항들에 대하여 당부의 말을 하고 있어요.
   (3) 온라인 커뮤니티는 5년 연속 '바른 말 고운 말 사용하기 운동'에서 대상이 아닌 최우수상을 차지했다고 했어요.

男 사내 남 / 子 아들 자

본문 · 092~095쪽

1단계 낱말 알아보기

1 차남	2 득남	3 남매
4 종자	5 자식	6 군자

1 '차남'은 '다음'과 '사내'를 뜻하는 말이 합쳐진 낱말이에요.
2 '득남'은 '얻다'와 '사내'를 뜻하는 말로 만들어졌어요.
3 '남매'는 '사내'와 '누이'를 뜻하는 말이 함께 쓰인 낱말이에요.
4 '종자'는 '씨'와 '아들'을 뜻하는 말이 합쳐진 낱말이에요.
5 '자식'은 '아들'과 '키우다'를 뜻하는 말로 이루어졌어요.
6 '임금'과 '아들'을 뜻하는 말이 함께 쓰인 '군자'는 슬기로우며 덕과 지식이 높은 사람을 가리켜요.

2단계 문제 풀기

1 (1) 종자 (2) 자식 (3) 군자
2 (1) 남매 (2) 차남
3 ㉾ 득남을 해서 나에게도 남동생이 생겼다.

1 (1) 우리나라는 소나무의 씨가 자라기 좋은 환경을 갖추고 있어요.
   (2) 피로 얽힌 부모와 자식 사이는 떼려야 뗄 수 없는 관계예요.
   (3) 슬기로우며 덕과 지식을 갖춘 '군자'는 말을 함부로 하거나 경솔하게 행동하지 않아요.
2 (1) 오빠와 '나'는 남자와 여자로 이루어진 형제이므로 '남매'라고 해요.
   (2) 현우는 형보다 심부름도 잘하고 키도 커서 장남으로 보이지만, 그 아래 동생이므로 '차남'이라 할 수 있어요.

3단계 글로 익히기

1 (1) 종자 (2) 자식 (3) 득남   2 ②

1 (1) 동식물의 씨를 가리켜 '종자'라고 해요.
   (2) 아들과 딸을 합하여 부르는 말은 '자식'이에요.
   (3) '아들을 낳음.'이라는 뜻을 가진 낱말은 '득남'이에요.
2 식물은 종자에 따라 물을 좋아하는지 햇빛을 좋아하는지 따뜻한 곳을 좋아하는지 그 특성이 다르며, 자라는 환경 조건이 다르다고 했어요.

사람 03 家 집 가 / 族 겨레 족

본문 · 096~099쪽

1단계 낱말 알아보기

1 귀가	2 가족	3 가훈
4 유족	5 친족	6 족보

1 '귀가'는 '돌아가다'와 '집'을 뜻하는 말이 합쳐진 낱말이에요.
2 '가족'은 '집'과 '겨레'를 뜻하는 말로 이루어졌어요.
3 '가훈'은 '집'과 '가르치다'를 뜻하는 말이 합쳐진 낱말이에요.
4 '유족'은 '남기다'와 '겨레'를 뜻하는 말이 합쳐진 낱말이에요.
5 '친족'은 '친하다'와 '겨레'를 뜻하는 말이 함께 쓰였어요.
6 '족보'는 '겨레'와 '적다'를 뜻하는 말로 이루어졌어요.

2단계 문제 풀기

1 (1) 족보 (2) 친족　　2 (1) 가족 (2) 귀가 (3) 가훈
3 예 떠나보낸 유족들은 깊은 슬픔에 빠졌다.

1 (1) 사고파는 행위에 어울리는 것은 물건이므로, 조상과 그 자손의 관계를 적은 책자를 뜻하는 '족보'가 알맞아요.
　(2) 가깝게 느껴진다는 것은 관계를 나타내는 말이므로, 이웃과 비교할 수 있는 가족 관계인 '친족'이 들어가는 것이 알맞아요.
2 (1) 생김새가 닮았다는 것은 '가족'의 특징이에요.
　(2) 수업 후의 행동을 지시하는 것으로, 행동과 관련 있는 말은 집으로 돌아간다는 뜻의 '귀가'예요.
　(3) '정직과 성실'과 같은 글귀는 한집안의 조상이나 어른이 자손들에게 주는 가르침인 '가훈'과 관련이 있어요.

3단계 글로 익히기

1 (1) 유족 (2) 가훈 (3) 가족
2 (1) × (2) ○ (3) ×

1 (1) 죽은 사람의 남은 가족을 가리키는 말은 '유족'이에요.
　(2) 집안의 조상이나 어른이 자손들에게 일러 주는 가르침을 나타내는 말은 '가훈'이에요.
　(3) 가정을 이루는 사람들을 가리키는 말은 '가족'이에요.
2 (1) 사고로 목숨을 잃은 학생이 장기 기증을 받았다는 내용은 이 글에서 확인할 수 없어요.
　(2) 유족들은 살아 있을 당시에 장기 기증을 하고 싶다고 말을 한 학생의 생각을 존중하여 학생의 장기 기증을 결정하게 되었다고 했어요.
　(3) 사고로 목숨을 잃은 학생은 자신의 신체 기관을 떼어 병을 앓는 열두 명의 생명을 살렸다고 했어요.

사람 04 自 스스로 자 / 身 몸 신

본문 · 100~103쪽

1단계 낱말 알아보기

1 자신	2 자부	3 자각
4 심신	5 신세	6 망신

1 '자신'은 '스스로'와 '몸'을 뜻하는 말이 합쳐진 낱말이에요.
2 '자부'는 '스스로'와 '떠맡다'라는 뜻을 가진 말이 함께 쓰인 낱말이에요.
3 '자각'은 '스스로'와 '깨닫다'라는 말로 이루어졌어요.
4 '심신'은 '마음'과 '몸'을 뜻하는 말이 함께 쓰인 낱말이에요.
5 '신세'는 '몸'과 '세상'을 뜻하는 말이 합쳐진 낱말이에요.
6 '망신'은 '망하다'와 '몸'을 뜻하는 말이 함께 쓰여 체면이 구겨지는 일을 뜻해요.

2단계 문제 풀기

1 (1) 자부 (2) 자각 (3) 자신
2 (1) 신세 (2) 망신
3 예 명상을 하는 것은 심신을 건강하게 하는 데 좋다.

1 (1) 학생을 가르치는 일에 최고라고 생각하는 것은 스스로 자기의 가치나 능력을 믿는 것이므로 '자부'라는 말이 어울려요.
　(2) 환경오염의 심각성은 깨달아야 하는 것이므로, '깨닫다'라는 의미를 가지고 있는 '자각'이 어울려요.
　(3) 선수가 경기에서 지고 나서 느낀 것은 자기의 초라함이므로, '자기 스스로'를 의미하는 '자신'이 어울려요.
2 (1) '~을 지다.'와 어울리는 말은 '신세'예요. '신세를 지다.'라는 것은 다른 사람에게 도움을 받는 것을 말해요.
　(2) '~을 당하다.'와 어울리는 말은 '망신'이에요. '망신을 당하다.'라는 것은 체면이 구겨지는 것을 뜻하는 말이에요.

3단계 글로 익히기

1 (1) 망신 (2) 심신 (3) 자부　　2 ④

1 (1) '말이나 행동을 잘못하여 체면이 구겨지는 일'을 '망신'이라고 해요.
　(2) '마음과 몸'을 가리켜 '심신'이라고 해요.
　(3) '스스로 그 가치나 능력을 믿고 마음을 당당히 가지다.'라는 뜻을 가진 낱말은 '자부하다'예요.
2 '나'는 오래달리기에 있어 자신의 능력을 자부하고 있지만, 그것을 다른 친구들 앞에서 으스대고 싶어 하는 모습은 찾아볼 수 없어요.

사람 05 口입구 / 目눈목

본문 · 104~107쪽

1단계 낱말 알아보기

1 구두	2 구전	3 구미
4 목적	5 면목	6 주목

1 '구두'는 '입'과 '머리'를 뜻하는 말이 합쳐진 낱말이에요.
2 '구전'은 '입'과 '전하다'라는 뜻을 가진 말이 함께 쓰였어요.
3 '구미'는 '입'과 '맛'을 뜻하는 말이 함께 쓰인 낱말이에요.
4 '목적'은 '눈'과 '과녁'을 뜻하는 말로 이루어졌어요.
5 '면목'은 '얼굴'과 '눈'을 뜻하는 말이 합쳐진 낱말이에요.
6 '주목'은 '붓다'와 '눈'을 뜻하는 말이 함께 쓰인 낱말이에요.

2단계 문제 풀기

1 (1) 주목 (2) 면목 (3) 목적
2 (1) 구미 (2) 구두
3 예 들려주시는 옛날이야기는 구전이 되어 내려온 것이다.

1 (1) 사람들은 보통 화려한 옷을 입은 연예인의 모습을 보면 관심을 가지고 집중하여 살피므로, '주목'이 어울려요.
　(2) '나'가 할머니가 아끼시는 오래된 도자기를 깨뜨린 일은 떳떳하지 못한 것으로, '면목'이 없는 일이에요.
　(3) 우리 팀이 이번 농구 대회에서 우승을 차지하는 것은 이루려고 하는 '목적'과 관련 있어요.
2 (1) 불고기가 세계인의 입맛에 잘 맞는다는 내용이므로, '입맛'과 같은 뜻을 가진 '구미'가 쓰이는 것이 알맞아요.
　(2) 약속은 글로도 할 수 있지만, 말로도 할 수 있어요. 말로 하는 것을 '구두'로 한다고 말해요.

3단계 글로 익히기

1 (1) 목적 (2) 구전 (3) 주목
2 (1) 구전 문학 (2) 감정 (3) 문화

1 (1) '이루려고 하는 일이나 나아가는 방향'을 뜻하는 말은 '목적'이에요.
　(2) '말로 전하여 내려온 문학'을 '구전 문학'이라고 해요.
　(3) '관심을 가지고 집중하여 살피는 것'을 뜻하는 말은 '주목'이에요.
2 이글은 '옛이야기 사랑회'의 책임 연구원 김 고전이 진행하고 있는 연구에 대해 밝힌 것으로, 김 고전은 구전 문학을 통해 알 수 있는 우리 민족의 감정과 문화에 대해 살피고자 한다고 말하고 있어요.

사람 06 手손수 / 足발족

본문 · 108~111쪽

1단계 낱말 알아보기

1 수기	2 착수	3 수족
4 흡족	5 족적	6 부족

1 '수기'는 '손'과 '기록하다'라는 뜻을 가진 말로 이루어졌어요.
2 '착수'는 '붙다'와 '손'을 뜻하는 말이 합쳐진 낱말이에요.
3 '수족'은 '손'과 '발'을 뜻하는 말로 만들어졌어요.
4 '흡족'은 '넓다'와 '족하다'라는 뜻을 가진 말이 함께 쓰였어요.
5 '족적'은 '발'과 '흔적'을 뜻하는 말이 함께 쓰인 낱말이에요.
6 '부족'은 '아니하다'와 '족하다'라는 뜻의 말이 함께 쓰였어요.

2단계 문제 풀기

1 (1) 수족 (2) 수기 (3) 흡족
2 (1) 착수 (2) 부족
3 예 백신을 개발하여 의학계에 큰 족적을 남겼다.

1 (1) 형이 동생에게 마구 심부름을 시키는 것은 '수족'을 부리는 것과 같아요.
　(2) 체험을 직접 쓴 글을 가리키는 '수기'는 '수기를 쓰다.'와 같이 쓰여요.
　(3) 아버지가 집 앞의 눈을 다 쓰시고 나서 가질 수 있는 감정은 '흡족'이에요.
2 (1) 주민들이 재난 대책 마련에 기뻐했다는 내용으로, 어떤 일을 시작한다는 뜻의 '착수'가 어울려요.
　(2) 농촌에서 농작물을 거두어 들이는 데 어려움을 겪는 이유는 일손이 '부족'하기 때문이에요.

3단계 글로 익히기

1 (1) 수기 (2) 수족 (3) 부족
2 (1) × (2) × (3) ○

1 (1) 체험을 직접 쓴 기록을 '수기'라고 해요.
　(2) 손과 발을 아울러 가리키는 말은 '수족'이에요.
　(3) 필요한 양이나 기준에 미치지 못해 충분하지 않음을 나타내는 말은 '부족'이에요.
2 (1) '나'는 장애인의 날을 맞아 학교에서 봉사활동이 아니라 장애 체험을 했어요.
　(2) '나'는 왼쪽 손과 오른쪽 발에 붕대를 감고 오전 시간을 보냈어요.
　(3) '나'는 건강하고 자유로운 몸을 가지고 있다는 것에 대해 감사함을 느꼈다고 했어요.

사람 07 世 인간 세 / 界 지경 계

본문 • 112~115쪽

1단계 낱말 알아보기

1 출세	2 세계	3 세속
4 각계	5 경계	6 한계

1 '출세'는 '나오다'와 '세상'을 뜻하는 말이 합쳐진 낱말이에요.

2 '세계'는 '인간'과 '지경'을 뜻하는 말이 만나 만들어졌어요.

3 '세속'은 '인간'과 '풍속'을 뜻하는 말로 이루어졌어요.

4 '각계'는 '각각'과 '지경'을 뜻하는 말이 함께 쓰인 낱말이에요.

5 '경계'는 '지경'을 뜻하는 두 말이 합쳐진 낱말이에요.

6 '한계'는 '제한하다'와 '지경'을 뜻하는 말이 함께 쓰였어요.

2단계 문제 풀기

1 (1) 세속　(2) 출세　　2 (1) 한계　(2) 각계　(3) 세계
3 ⑩ 38선을 경계로 남과 북이 갈라졌다.

1 (1) 정월 대보름에 오곡밥을 먹는 것은 세상의 일반적인 풍속이므로 '세속'이라고 말할 수 있어요.

  (2) 그가 어떤 목적을 위해서는 수단과 방법을 가리지 않는다는 문장이에요. 여기서 목적으로 삼을 만한 것으로는 사회적으로 높은 지위에 오르는 '출세'를 생각해 볼 수 있어요.

2 (1) 자신을 성장시키는 방법 중 하나는 자신이 가진 능력의 한계를 뛰어넘는 것이에요.

  (2) 지구 환경 문제에 대해 이야기하기 위해 다양한 분야의 전문가들이 모였다는 것이므로, 빈칸에는 '각계'가 어울려요.

  (3) 약한 동물이 강한 동물에게 희생당하는 것은 동물의 '세계'에서는 흔한 일이에요.

3단계 글로 익히기

1 (1) 세계　(2) 경계　(3) 각계　　2 ②

1 (1) 지구상의 모든 나라 또는 특정 사회나 영역이라는 의미를 가진 말은 '세계'예요.

  (2) 지역이나 기준이 구분되는 한계라는 의미를 가진 말은 '경계'예요.

  (3) 사회의 각 분야라는 의미를 가진 말은 '각계'예요.

2 요즘 청소년들에게 가장 인기 있는 장래 희망은 크리에이터라고 했어요.

사람 08 工 장인 공 / 功 공 공

본문 • 116~119쪽

1단계 낱말 알아보기

1 공정	2 공구	3 가공
4 성공	5 공명	6 공로

1 '공정'은 '장인'과 '정도'를 뜻하는 말이 합쳐진 낱말이에요.

2 '공구'는 '장인'과 '갖추다'를 뜻하는 말로 이루어졌어요.

3 '가공'은 '더하다'와 '장인'을 뜻하는 말이 만나 만들어졌어요.

4 '성공'은 '이루다'와 '공'을 뜻하는 말이 함께 쓰인 낱말이에요.

5 '공명'은 '공'과 '이름'을 뜻하는 말로 이루어졌어요.

6 '공로'는 '공'과 '일하다'라는 뜻을 가진 말이 합쳐진 낱말이에요.

2단계 문제 풀기

1 (1) 공구　(2) 공정　　2 (1) 성공　(2) 공명　(3) 공로
3 ⑩ 통조림과 같은 가공된 식품은 오래 두고 먹을 수 있다는

1 (1) 벽에 못을 박기 위해서는 '도구'을 이용해야 하므로, '도구'의 뜻을 가지고 있는 '공구'가 알맞아요.

  (2) 반도체를 만들기 위해서는 세세하고 까다로운 과정을 거쳐야 한다는 내용으로, '과정'의 의미를 가진 '공정'이 알맞아요.

2 (1) '드디어'라는 낱말의 의미로 볼 때 천 조각의 퍼즐 맞추기를 완성했다는 것이므로 빈칸에 들어갈 말로는 '성공'이 알맞아요.

  (2) '~을 떨치다.'와 어울리는 말은 '공명'이에요. 선비들은 자기 이름을 드러내는 공명을 떨치는 것을 중요하게 생각했다는 내용이에요.

  (3) 선생님은 삼십 년 동안 교육에 힘쓴 점을 인정받아 표창을 받은 것이므로, 빈칸에 들어갈 말로는 '공로'가 알맞아요.

3단계 글로 익히기

1 (1) 가공　(2) 공구　(3) 성공　　2 ㉮, ㉣

1 (1) 자연 재료를 손대어 새롭게 만든 것을 '가공'이라고 해요.

  (2) 물건을 만들거나 고치는 데 쓰는 도구는 '공구'라고 해요.

  (3) 목표하는 것을 이루는 것을 '성공'이라고 말해요.

2 '나'는 신체검사를 앞두고 몸무게를 줄일 계획을 세웠어요. '나'는 몸무게를 줄이기 위해 탄수화물은 줄이고 단백질이 풍부한 음식을 먹겠다고 다짐했어요.

1단계 낱말 알아보기

1 편리　2 편법　3 방편
4 보안　5 안락　6 안부

1 '편리'는 '편하다'와 '이익'를 뜻하는 말이 만나 만들어졌어요.
2 '편법'은 '편하다'와 '법'을 뜻하는 말이 함께 쓰인 낱말이에요.
3 '방편'은 '방법'과 '편하다'를 뜻하는 말로 이루어졌어요.
4 '보안'은 '지키다'와 '편하다'라는 뜻을 가진 말로 만들어졌어요.
5 '안락'은 '편하다'와 '즐거워하다'라는 뜻을 가진 말이 함께 쓰인 낱말이에요.
6 '안부'는 '편하다'와 '아니다'를 뜻하는 말이 함께 쓰였어요.

2단계 문제 풀기

1 (1) 방편　(2) 편법　　2 (1) 보안　(2) 안락　(3) 안부
3 예 가로등은 오고가는 사람들에게 편리를 제공한다.

1 (1) 갑자기 정전이 일어나는 것에 대비해 양초를 준비해 둔 것은 경우에 따라 편하고 쉽게 이용할 수 있는 '방편'을 마련한 것이라고 할 수 있어요.
　(2) 선거 운동은 불법이나 편법을 쓰지 않고 공정하게 하는 것이 중요해요.
2 (1) 개인 정보 유출을 막는 것은 안전을 유지하는 '보안'과 관련 있어요.
　(2) 젊었을 때 성실하게 살아온 덕분에 누릴 수 있는 것은 '안락한 생활'임을 알 수 있어요.
　(3) 전학 간 친구가 잘 지내고 있는지 전화를 거는 것은 '안부'를 묻는 행동이에요.

3단계 글로 익히기

1 (1) 편리　(2) 안부　(3) 보안
2 (1) ○　(2) ○　(3) ×

1 (1) 이익이 되며 편하고 이용하기 쉬움을 뜻하는 말은 '편리'예요.
　(2) 어떤 사람이 편안하게 잘 지내고 있는지에 대한 소식을 뜻하는 말은 '안부'예요.
　(3) 안전을 유지하는 것을 뜻하는 말은 '보안'이에요.
2 (1) 과학 기술의 발전이 인류에게 편리한 생활을 가져다주었다고 했어요.
　(2) 우리가 지구촌 시대를 맞이할 수 있게 된 것은 교통과 통신의 역할이 가장 컸다고 했어요.
　(3) 지구촌 시대에는 개인의 정보가 새어 나가지 않도록 보안에 신경 써야 한다고 했어요.

1단계 낱말 알아보기

1 일평생　2 평화　3 공평
4 조화　5 완화　6 화해

1 '일평생'은 '하나'와 '평평하다', '나다'의 뜻으로 이루어졌어요.
2 '평화'는 '평평하다'와 '화합하다'라는 말이 함께 쓰였어요.
3 '공평'은 '정의롭다'와 '평평하다'라는 말로 이루어졌어요.
4 '조화'는 '고르다'와 '화합하다'라는 뜻이 합쳐진 낱말이에요.
5 '완화'는 '느리다'와 '화합하다'라는 뜻이 함께 쓰였어요.
6 '화해'는 '화합하다'와 '풀다'라는 말이 합쳐진 낱말이에요.

2단계 문제 풀기

1 (1) 일평생　(2) 평화　(3) 공평
2 (1) 조화　(2) 완화
3 예 친구에게 먼저 용기를 내어 화해를 청했다.

1 (1) 과학자 에디슨은 살아 있는 동안 수많은 발명품을 만들었으므로, 발명품을 만드는 데 '일평생'을 바쳤다고 할 수 있어요.
　(2) 사람들이 전쟁이 끝나고 아무 탈 없이 조용하고 정다운 때가 오기를 기도했다는 내용이므로, 그에 어울리는 말은 '평화'예요.
　(3) 동생과 '나'가 샌드위치를 절반씩 나누었으므로 '공평'하게 나눴다고 볼 수 있어요.
2 (1) 건축물이 자연과 잘 어울린다면 그 아름다움은 더욱 빛을 발할 거예요. '서로 잘 어울리다.'라는 말에 해당하는 말은 '조화'예요.
　(2) 거리에 활기가 감돌았다고 한 것으로 보아 전염병으로 인한 출입 제한이 '완화'가 되었음을 알 수 있어요.

3단계 글로 익히기

1 (1) 완화　(2) 평화　(3) 일평생　　2 ㉮, ㉱

1 (1) 급한 상태가 느슨하게 되는 것을 '완화되다'라고 해요.
　(2) 탈이 없고 조용하고 정다움을 나타내는 말은 '평화'예요.
　(3) 살아 있는 동안을 뜻하는 말은 '일평생'이에요.
2 강릉에 큰 화재가 발생하여 경포호 주변이 잿더미로 변했다고 했어요. 또한 관광지의 특성상 나무가 많고 강풍이 불어 불길이 급속도로 번졌다고 하였어요.

본문 • 130~133쪽

1단계 낱말 알아보기

| 1 사망 | 2 사수 | 3 결사적 |
| 4 생사 | 5 발생 | 6 파생 |

1 '사망'은 '죽다'와 '망하다'라는 말이 합쳐진 낱말이에요.
2 '사수'는 '죽다'와 '지키다'를 뜻하는 말이 함께 쓰였어요.
3 '결단하다'와 '죽다', '~의 상태'를 뜻하는 말이 함께 쓰인 '결사적'은 죽기를 각오하고 있는 힘을 다하는 것을 말해요.
4 '생사'는 '살다'와 '죽다'라는 말이 합쳐진 낱말이에요.
5 '발생'은 '피다'와 '나다'라는 뜻을 가진 말이 함께 쓰였어요.
6 '파생'은 '갈래'와 '나다'라는 뜻의 말이 합쳐진 낱말이에요.

2단계 문제 풀기

1 (1) 사망 (2) 결사적   2 (1) 발생 (2) 파생 (3) 생사
3 ㉺ 군인들은 목숨을 걸고 나라를 사수한다.

1 (1) '유족'은 죽은 사람의 남은 가족을 가리키는 말로, 빈칸에는 사람의 죽음을 뜻하는 '사망'이 어울려요.
 (2) 어머니가 아이를 구하기 위해 몸을 날린 태도와 관련된 말이므로 '결사적'과 어울려요.
2 (1) 화재로 주민들이 긴급히 대피하였다는 것이므로, 어떤 일이 일어남을 뜻하는 말인 '발생'이 알맞아요.
 (2) 고구려는 북부여의 작은 무리가 세운 나라로 북부여에서 갈려 나와 '파생'되었다고 할 수 있어요.
 (3) 그녀와 연락이 끊긴 지 오래되어 그녀가 살았는지 죽었는지 확인하기 어렵다는 것이므로, '생사'가 적절해요.

3단계 글로 익히기

1 (1) 결사적 (2) 발생 (3) 사수
2 (1) ○ (2) × (3) ○

1 (1) 죽기를 각오하고 있는 힘을 다할 것을 결심한 것을 뜻하는 말은 '결사적'이에요.
 (2) 어떤 일이 생겨나는 것을 '발생'한다고 말해요.
 (3) 죽음을 무릅쓰고 지킨다는 뜻을 가진 낱말은 '사수'예요.
2 (1) 소포리 주민들은 골프장 건설 계획이 발표되자 결사적으로 반대했어요.
 (2) 소포리 주민들은 마을에 골프장이 들어서면 관광객이 많아져 각종 오염이 늘어날 것을 걱정하고 있어요.
 (3) 소포리 주민들은 골프장 건설로 얻을 관광 수입보다는 소포리의 자연 그대로의 모습을 지키는 것을 원하기 때문이에요.

본문 • 134~137쪽

1단계 낱말 알아보기

| 1 활용 | 2 활기 | 3 재활 |
| 4 주거 | 5 안주 | 6 이주 |

1 '활용'은 '살다'와 '쓰다'라는 뜻을 가진 말이 합쳐진 낱말이에요.
2 '활기'는 '살다'와 '기운'을 뜻하는 말이 함께 쓰였어요.
3 '재활'은 '다시'와 '살다'라는 뜻이 함께 쓰인 낱말이에요.
4 '주거'는 '살다'라는 뜻을 가진 두 말로 이루어졌어요.
5 '안주'는 '편안하다'와 '살다'를 뜻하는 말이 함께 쓰였어요.
6 '이주'는 '옮기다'와 '살다'를 뜻하는 말이 합쳐진 낱말이에요.

2단계 문제 풀기

1 (1) 활기 (2) 활용   2 (1) 주거 (2) 안주 (3) 이주
3 ㉺ 부상을 입었지만 재활에 최선을 다하고 있다.

1 (1) 그녀가 주위를 밝게 하는 이유와 관련된 말은 활발한 기운을 뜻하는 '활기'예요.
 (2) 폐품으로 물총을 만들었다는 것이므로, '활용'이 알맞아요.
2 (1) 조선 시대와 현재는 머물러 사는 것을 뜻하는 말인 '주거' 공간이 다르다고 말할 수 있어요.
 (2) 현재의 상황이나 처지에 만족하는 '안주'를 하다 보면 발전이 없어요.
 (3) 그 지역 주민인 원주민이 다른 나라에서 온 사람들에게 삶의 터전을 빼앗겼다는 것이므로, '이주'가 알맞아요.

3단계 글로 익히기

1 (1) 활기 (2) 주거 (3) 활용   2 ③

1 (1) 활동력이 있거나 활발한 기운이라는 의미를 가진 낱말은 '활기'예요.
 (2) 일정한 곳에 머물러 사는 것을 '주거'한다고 말해요.
 (3) 충분히 잘 이용함이라는 의미를 가진 낱말은 '활용'이에요.
2 이 글에서 새은이는 활기가 넘친다고 했어요. 또한 생일을 맞아 새은이네 집에 초대받았는데, 친절하게 집 주소와 약도를 그려 주었다고 했어요. 그리고 새은이의 집에서 일회용품을 활용한 작품들을 보며 새은이가 손재주도 좋은 친구라고 느꼈다고 했어요. 하지만 새은이의 얼굴이 예쁘다고 말한 내용은 없었어요.

오늘 배운 한자를 다시 써 보세요.

天
하늘 천

地
땅 지

오늘 배운 한자를 다시 익혀 보세요.

1 다음 한자성어의 뜻으로 알맞은 것은 무엇인가요? 　　(①)

易地思之 역지사지

① 상대방의 처지에서 생각해 봄.
② 상대방과의 차이를 인정하는 것이 중요함.
③ 상대방과 다툼이 있을 때는 피하는 것이 좋음.

2 다음 밑줄 친 낱말에 해당하는 한자어를 보기에서 찾아 써 보세요.

보기

 地 陽 大

(1) 양지에서는 그늘진 곳보다 빨래가 빨리 마른다. → 陽地
(2) 끝없이 펼쳐진 대지에 따뜻한 햇살이 비추었다. → 大地

오늘 배운 낱말을 확인해 보세요.

1 다음 문장에 어울리는 낱말을 골라 ○표 하세요.
(1) 치타는 (지상/ 지하)에서 가장 빠른 동물이다.
(2) 햇볕이 잘 드는 (양지/ 음지)에서는 꽃이 잘 자란다.
(3) 해가 지자 드넓은 (대지/ 지도)에 짙은 어둠이 깔렸다.
(4) 그가 거짓말쟁이라는 것은 (지하 /천하)가 다 아는 사실이다.

2 다음 문장의 빈칸에 알맞은 낱말을 보기에서 골라 써 보세요.

보기

천하 　　 천연 　　 선천적

(1) 야생 동물들은 　선천적　(으)로 청각이 뛰어나다.
(2) 그 사람의 힘은 　천하　에 그 누구도 당할 자가 없다.
(3) 건강에 대한 관심이 높아지면서 　천연　 조미료의 판매량이 증가했다.

달힌 개수 / 10 　★ 오늘 배운 한자 天 然 下 先 的 地 上 大 陽

오늘 배운 한자를 다시 써 보세요.

午
낮 오

夜
밤 야

오늘 배운 한자를 다시 익혀 보세요.

1 다음 상황에 어울리는 한자성어는 무엇인가요? 　　(③)

그는 어려운 형편에도 불구하고 공부를 게을리하지 않았다. 낮에는 편의점에서 아르바이트를 해야 했기 때문에, 공부는 주로 밤에 잠자는 시간을 쪼개어 가며 해야 했다. 결국 그는 검정고시에 당당하게 합격했다.

① 인지상정(人之常情) 　　　② 안하무인(眼下無人)
③ 주경야독(晝耕夜讀) 　　　④ 우이독경(牛耳讀經)

2 다음 밑줄 친 한자어의 소리를 써 보세요.
(1) 출출한 밤에는 夜食을 참기가 어렵다. → 야식
(2) 늦은 밤 지하철을 놓친 그는 深夜 버스를 탔다. → 심야
(3) 두 나라 대표는 午餐을 함께 하며 협력 방안을 논의했다. → 오찬

오늘 배운 낱말을 확인해 보세요.

1 보기의 글자로 다음 문장의 빈칸에 들어갈 낱말을 만들어 써 보세요.

보기

오 　 정 　 찬 　 후

(1) 대통령은 각 정당의 대표들을 　오찬　에 초대했다.
　　　　　　　　　　　　　　　　손님을 초대하여 함께 먹는 점심 식사
(2) 우리 마을에서는 12시가 되면 　정오　를 알리는 종소리가 울려 퍼진다.
　　　　　　　　　　　　　　　　　　낮 열두 시
(3) 이곳은 해가 뉘엿뉘엿 넘어가며 붉은 노을이 지는 때가 　오후　 시간 중에서 가장 아름답다.
　　　　　　　　　　　　　　　　　　　　　낮 열두 시부터 밤 열두 시까지의 시간

2 다음 문장의 빈칸에 알맞은 낱말을 보기에서 골라 써 보세요.

보기

심야 　　 야식 　　 야광

(1) 　야식　은/는 현대인의 비만율을 높이는 원인 중 하나이다.
(2) 어두운 도로에 　야광　 표지판을 설치하면 교통사고를 줄일 수 있다.
(3) 나는 　심야　에 달리기를 하면서 생각을 정리하고 내일의 계획을 세웠다.

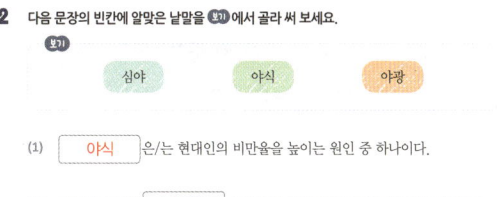
달힌 개수 / 10 　★ 오늘 배운 한자 正 午 後 餐 夜 食 深 光

오늘 배운 한자를 다시 써 보세요.

 때 시

 사이 간

 오늘 배운 한자를 다시 익혀 보세요.

1 다음 한자성어의 소리와 뜻으로 알맞은 것은 무엇인가요?   (②)

> ### 今時初聞

① 금시초견(바로 지금 처음으로 봄.)
② 금시초문(바로 지금 처음으로 들음.)
③ 금시발복(어떤 일을 한 뒤에 좋은 보람으로서 복을 누리게 됨.)

2 다음 밑줄 친 한자어를 올바르게 읽은 것은 무엇인가요?

(1) 한자능력검정시험은 常時 접수를 받고 있습니다.   (①)
　① 상시   ② 항상   ③ 일시   ④ 정시

(2) 그와 다툰 뒤로는 극복할 수 없는 間隔이 생겨 버렸다.   (②)
　① 격차   ② 간격   ③ 간직   ④ 간극

 오늘 배운 낱말을 확인해 보세요.

1 다음 문장에 어울리는 낱말을 골라 ○표 하세요.

(1) 두 사건은 (시각 / (시차))을/를 두고 연달아 일어났다.

(2) 우리 반 아이들은 ((동시)/ 상시)에 한목소리로 말했다.

(3) ((상시)/ 한시)로 열리는 시장을 상설 시장이라고 한다.

(4) 출퇴근 시간대에는 지하철이 오 분 ((간격)/ 거리)(으)로 출발한다.

2 다음 문장의 빈칸에 알맞은 낱말을 찾아 선으로 이어 보세요.

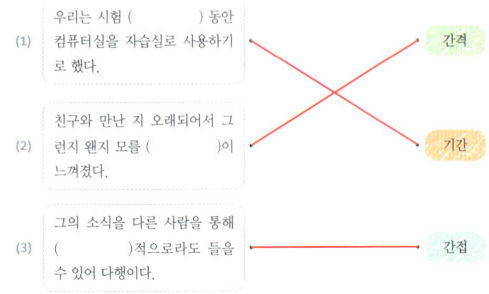

(1) 우리는 시험 (   ) 동안 컴퓨터실을 자습실로 사용하기로 했다.   간격

(2) 친구와 만난 지 오래되어서 그런지 왠지 모를 (   )이 느껴졌다.   기간

(3) 그의 소식을 다른 사람을 통해 (   )적으로라도 들을 수 있어 다행이다.   간접

 맞힌 개수   / 10    오늘 배운 한자   時 差 同 常 間 隔 接 其

 오늘 배운 한자를 다시 써 보세요.

 길 도

 길 로(노)

 오늘 배운 한자를 다시 익혀 보세요.

1 다음 한자성어의 뜻으로 알맞은 것은 무엇인가요?   (③)

> ### 安貧樂道 안빈낙도

① 가난함 속에서도 올바른 길을 추구함.
② 가난은 편안함과 즐거움을 이길 수 없음.
③ 가난한 생활을 하면서도 편안한 마음으로 도리를 즐겨 지킴.

2 다음 한자어의 뜻으로 알맞은 것은 무엇인가요?

(1) 孝道   (②)
　① 부모님의 은혜   ② 부모님을 잘 섬기는 일

(2) 經路   (②)
　① 결과에 대한 원인   ② 일이 진행되는 방법이나 순서

(3) 路線   (①)
　① 두 지점으로 오가는 교통선   ② 거리나 방향을 알려 주는 안내판

 오늘 배운 낱말을 확인해 보세요.

1 다음 문장의 빈칸에 알맞은 낱말을 보기 에서 골라 써 보세요.

> **보기**   효도   보도   도로

(1) 기자는 사실에 대해 정확하고 정직하게 [보도]를 해야 한다.

(2) 5중 추돌 사고 때문에 멈춰 선 차량들로 [도로]가 꽉 막혔다.

(3) 우리 조상들은 부모님께 [효도]를 하는 것을 중요하게 여겼다.

2 다음 문장의 빈칸에 알맞은 낱말을 찾아 써 보세요.

(1) 경찰은 다양한 [경로]를 통해 범죄 정보를 수집한다.

　경과   경로   진로

(2) 직업 체험 활동을 하면 [진로]를 탐색하는 데 도움이 된다.

　진도   진노   진로

(3) 마을버스의 [노선]이 변경되어 등교하는 데 걸리는 시간이 줄었다.

　노선   도선   차선

 맞힌 개수   / 10    오늘 배운 한자   道 路 報 孝 經 線 進

오늘 배운 한자를 다시 써 보세요.

方
向

오늘 배운 한자를 다시 익혀 보세요.

1 다음 빈칸에 알맞은 한자를 넣어 한자성어를 완성해 보세요.

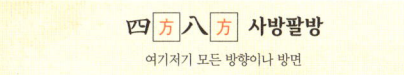

四 方 八 方 사방팔방

여기저기 모든 방향이나 방면

2 다음 밑줄 친 한자어의 소리를 써 보세요.

(1) 우리나라는 각 지역마다 方言이 발달했다. → 방언

(2) 평화는 세계 모든 사람들이 志向하는 목표이다. → 지향

(3) 복습을 꾸준히 했더니 성적이 엄청나게 向上되었다. → 향상

오늘 배운 낱말을 확인해 보세요.

1 다음 문장의 빈칸에 알맞은 낱말을 찾아 써 보세요.

(1) 이곳을 빠져 나갈 **방안** 은 도움을 요청하는 것뿐이다.

    방안   방언   방향

(2) 선장은 배가 나아가는 **방향** 을 바꾸기 위해 뱃머리를 돌렸다.

    방안   방언   방향

(3) 할머니는 전라도 **방언** 을 쓰셔서 가끔 못 알아듣는 말이 있다.

    방안   방언   방향

2 다음 문장의 빈칸에 알맞은 낱말을 찾아 선으로 이어 보세요.

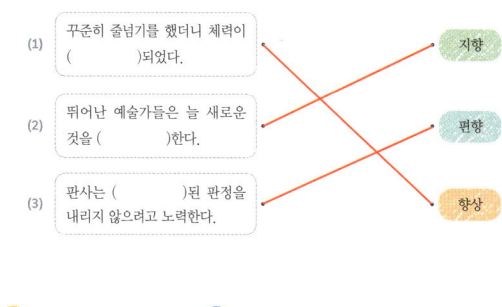

(1) 꾸준히 줄넘기를 했더니 체력이 ( )되었다.   지향

(2) 뛰어난 예술가들은 늘 새로운 것을 ( )한다.   편향

(3) 판사는 ( )된 판정을 내리지 않으려고 노력한다.   향상

맞힌 개수   / 10   ★ 오늘 배운 한자 方 案 言 向 志 偏 上

오늘 배운 한자를 다시 써 보세요.

上
下

오늘 배운 한자를 다시 익혀 보세요.

1 다음 한자성어의 뜻으로 알맞은 것은 무엇인가요?   (②)

雪上加霜 설상가상

① 좋은 일은 언제나 한꺼번에 찾아옴.
② 곤란한 일이나 불행한 일이 잇따라 일어남.
③ 불행한 일이 오히려 좋은 일의 기회로 바뀜.

2 다음 밑줄 친 낱말에 해당하는 한자어를 보기 에서 찾아 써 보세요.

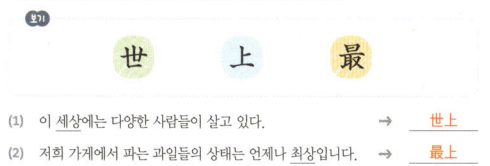

世   上   最

(1) 이 세상에는 다양한 사람들이 살고 있다. → 世上

(2) 저희 가게에서 파는 과일들의 상태는 언제나 최상입니다. → 最上

오늘 배운 낱말을 확인해 보세요.

1 다음 문장의 빈칸에 알맞은 낱말을 보기 에서 골라 써 보세요.

보기   비하   상기   저하   하교

(1) 그녀는 노골적으로 나를 **비하** 하며 무시했다.

(2) 상철이는 몸무게가 급격히 늘어나자 체력이 **저하** 되었다.

(3) 오늘은 학부모 총회가 있는 날이라 **하교** 시간이 당겨졌다.

(4) 지각을 면하려고 한참을 내달린 그의 얼굴은 벌겋게 **상기** 가 되어 있었다.

2 다음 문장의 빈칸에 알맞은 낱말을 찾아 써 보세요.

(1) 이 모니터는 **최상** 의 화질을 자랑합니다.

    상기   세상   최상

(2) 무슨 일인지 **상기** 된 표정의 동생이 급하게 뛰어왔다.

    상기   저하   최상

(3) 내 짝궁은 **세상** 에서 나를 가장 잘 이해해 주는 친구이다.

    세상   상기   최상

맞힌 개수   / 10   ★ 오늘 배운 한자 上 氣 世 最 卑 下 低 校

오늘 배운 한자를 다시 써 보세요.

左 왼쪽 좌
右 오른쪽 우

 공부한 날　월　일
정답과 해설 · 20쪽

 오늘 배운 한자를 다시 익혀 보세요.

1 다음 상황에 어울리는 한자성어는 무엇인가요?　(　③　)

> 우리 가족은 휴가철을 맞아서 해외여행을 가기 위해 공항으로 향했다. 그런데 공항에 들어서는 순간, 휴대 전화를 집에 두고 온 것이 생각났다. 부모님께 사실대로 말하고 급히 집에 다녀와야 할지 혼란스러웠다. 조급한 마음에 이리저리 왔다 갔다 하며 허둥대는 사이 비행기를 타야 할 시간은 점점 다가오고 있었다.

① 백발백중(百發百中)　② 일필휘지(一筆揮之)
③ 우왕좌왕(右往左往)　④ 설왕설래(說往說來)

2 다음 밑줄 친 낱말에 알맞은 한자어를 골라 보세요.

(1) 그는 우편에 큰 보따리를 둘러메고 나타났다.　(　①　)
　① 右便　② 郵便　③ 右側　④ 左便

(2) 우리는 길을 건너기 전에는 항상 좌우를 살핀다.　(　②　)
　① 左鄕　② 左右　③ 座右　④ 右左

(3) 도시에서 잘 나가던 삼촌은 어느 날 지방으로 좌천되어 내려갔다.　(　④　)
　① 右翼　② 左翼　③ 右便　④ 左遷

오늘 배운 낱말을 확인해 보세요.

1 보기 의 글자로 다음 문장의 빈칸에 들어갈 낱말을 만들어 써 보세요.

보기
간　명　우　좌

(1) 내 동생은 어려서인지 [좌우] 방향 감각이 둔하다.
　　　　　　　　　　　　　원쪽과 오른쪽

(2) 라면을 끓일 때 무엇을 먼저 넣든지 [좌우간] 맛만 있으면 된다.
　　　　　　　　　　　　　　　　　　이렇듯 저렇든 어떻든 간

(3) [좌우명] 을 보면 그 사람이 중요하게 생각하는 삶의 태도를 알 수 있다.
　늘 옆에 두고 가르침으로 삼는 말이나 글

2 다음 문장의 빈칸에 알맞은 낱말을 찾아 써 보세요.

(1) 화장실 열쇠는 출입문의 [좌측] 에 걸려 있다.
　　좌천　　좌측　　좌우간

(2) 시골 근무지로 [좌천] 된 그는 농사를 배우며 새 인생을 시작했다.
　　좌천　　좌우　　좌측

(3) 오른손잡이는 보통 컴퓨터를 쓸 때 마우스를 자판의 [우편] 에 둔다.
　　좌편　　우편　　좌우간

참한 배우 　/ 10　오늘 배운 한자　左 遷 側 右 間 便 座 銘

공부한 날　월　일
정답과 해설 · 20쪽

 오늘 배운 한자를 다시 써 보세요.

前 앞 전
後 뒤 후

오늘 배운 한자를 다시 익혀 보세요.

1 다음 한자성어의 소리와 뜻으로 알맞은 것은 무엇인가요?　(　①　)

雨後竹筍

① 우후죽순(어떤 일이 한 때에 많이 생겨남.)
② 전무후무(이전에도 없었고 앞으로도 없음.)
③ 전전긍긍(몹시 두려워서 벌벌 떨며 조심함.)

2 다음 밑줄 친 한자어를 올바르게 읽은 것은 무엇인가요?

(1) 두 사람은 결혼을 前提로 만나고 있다.　(　③　)
　① 근거　② 전시　③ 전제　④ 주제

(2) 이미 지난 간 일은 너무 마음에 두고 後悔하지 말아라.　(　②　)
　① 후기　② 후회　③ 후한　④ 후면

(3) 사람들은 지진이 일어나기 直前에 모두 건물을 빠져 나왔다.　(　③　)
　① 이전　② 이후　③ 직전　④ 직후

오늘 배운 낱말을 확인해 보세요.

1 다음 문장의 빈칸에 알맞은 낱말을 찾아 써 보세요.

(1) 시험지를 내기 [직전] 에 고친 것이 정답이었다.
　　이후　　전제　　직전

(2) 이모는 결혼을 [전제] (으)로 남자친구와 진지하게 만나고 있다.
　　전후　　전제　　직전

(3) 적진에 들어선 군인들은 숨어 있는 적들이 없는지 [전후] 를 살폈다.
　　선후　　전제　　전후

2 다음 문장의 빈칸에 알맞은 낱말을 보기 에서 골라 써 보세요.

보기
후원　　후회　　이후

(1) 이 시간 [이후] (으)로는 주문을 받을 수 없습니다.

(2) 할머니는 지금껏 살아온 인생에서 [후회] 되는 일은 없다고 말씀하셨다.

(3) 미세 먼지가 심해지자 보육원에 마스크를 보내는 등 [후원] 하는 사람들이 늘어났다.

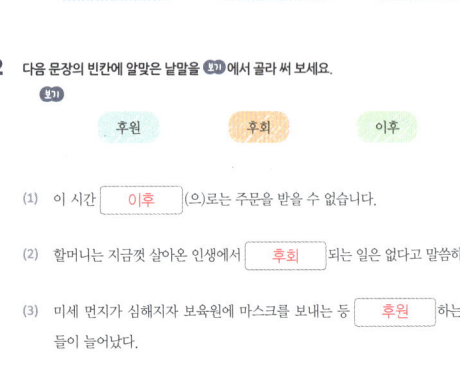
 / 10　오늘 배운 한자　前 提 後 直 以 援 悔

오늘 배운 한자를 다시 써 보세요.

內 안 내
外 바깥 외

 오늘 배운 한자를 다시 익혀 보세요.

1 다음 뜻에 알맞은 한자성어는 무엇인가요? 　　　　(①)

> 겉으로는 부드럽고 순하게 보이나 속은 굳센 사람의 성격

① 外柔內剛　　　　　② 博文約禮
③ 長幼有序　　　　　④ 內外之間

2 다음 밑줄 친 낱말에 알맞은 한자어는 무엇인가요?
(1) 그녀는 자신의 외모에 대해 지나치게 자신감이 없다. 　(①)
　① 外貌　　② 外面　　③ 外向　　④ 外家
(2) 친구의 묘한 대답은 여러 가지 의미를 내포하는 듯 보였다. 　(③)
　① 包含　　② 內心　　③ 內包　　④ 內在

 오늘 배운 낱말을 확인해 보세요.

1 다음 문장에 어울리는 낱말을 골라 ○표 하세요.
(1) ((의외) / 제외)의 인물이 반장으로 뽑혔다.
(2) 사람을 판단할 때 ((외모) / 내외)로만 판단하는 것은 어리석다.
(3) 이번 졸업 앨범에서 조별 사진은 (의외 / (제외))하기로 결정했다.
(4) 우리는 작품에 ((내포) / 내정)된 의미를 알아보기 위해 작가님을 만나기로 했다.

2 다음 문장의 빈칸에 알맞은 낱말을 **보기** 에서 골라 써 보세요.

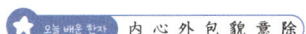
보기
내포　　　내심　　　내외

(1) 택시를 타면 기차역에 십 분 　내외　 (으)로 도착할 수 있다.
(2) 안 그런 척하긴 했지만 동생은 부모님의 칭찬에 　내심　 좋아했다.
(3) 실수한 사람에게 "잘했다!"라고 하는 말에는 여러 의미가 　내포　 되어 있다.

맞힌 개수 　 / 10 　★ 오늘 배운 한자 　內 心 外 包 貌 意 除

 오늘 배운 한자를 다시 써 보세요.

長 길 장
短 짧을 단

 오늘 배운 한자를 다시 익혀 보세요.

1 다음 한자성어를 올바르게 읽은 것은 무엇인가요? 　(③)

> 長幼有序
> 어른과 어린이 사이에는 순서와 질서가 있음.

① 승승장구　　　　② 장삼이사
③ 장유유서　　　　④ 장생불사

2 다음 한자어의 소리와 뜻을 써 보세요.
(1) 長 期 　소리: 장기 　뜻: 긴 기간
(2) 最 短 　소리: 최단 　뜻: 가장 짧음.

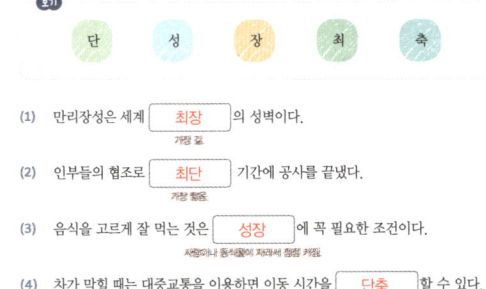 오늘 배운 낱말을 확인해 보세요.

1 **보기** 의 글자로 다음 문장의 빈칸에 들어갈 낱말을 만들어 써 보세요.

보기
단　성　장　최　축

(1) 만리장성은 세계 　최장　 의 성벽이다.
　　　　　　가장 긴
(2) 인부들의 협조로 　최단　 기간에 공사를 끝냈다.
　　　　　　가장 짧은
(3) 음식을 고르게 잘 먹는 것은 　성장　 에 꼭 필요한 조건이다.
　　　　　사람이나 동식물이 자라서 점점 커짐.
(4) 차가 막힐 때는 대중교통을 이용하면 이동 시간을 　단축　 할 수 있다.
　　　　　시간이나 거리가 짧게 줄어듦.

2 다음 문장의 빈칸에 알맞은 낱말을 찾아 써 보세요.
(1) 　단편　 소설은 짧지만 긴 여운을 남긴다.
　　장기　　　단축　　　단편
(2) 목적지에 빨리 도착하려면 　최단　 경로로 가야 한다.
　　단편　　　성장　　　최단
(3) 좋은 습관이 몸에 익으려면 그것을 　장기　 적으로 실천해야만 한다.
　　장기　　　단편　　　최단

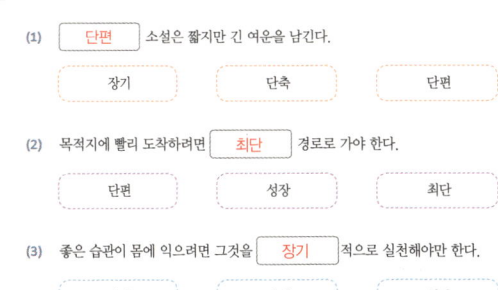 맞힌 개수 　 / 10 　★ 오늘 배운 한자 　成 長 期 最 短 縮 篇

공부한 날　　월　　일

오늘 배운 한자를 다시 써 보세요.

出
날 출

入
들 입

오늘 배운 한자를 다시 익혀 보세요.

1 다음 한자성어의 뜻으로 알맞은 것은 무엇인가요?　　(①)

單刀直入 단도직입

① 바로 요점이나 본문제를 중심적으로 말함.
② 원하는 목표를 향해 주저하지 않고 바로 나아감.
③ 문제가 닥쳤을 때 일단 부딪쳐 보는 것이 중요함.

2 다음 밑줄 친 한자어의 소리를 써 보세요.

(1) 잔디밭에 出入 금지라는 팻말이 붙어 있다.　　→　出入

(2) 그는 영화에 어찌나 沒入했는지 옆 사람이 들어오는 줄도
몰랐다.　　→　몰입

오늘 배운 낱말을 확인해 보세요.

1 다음 문장의 빈칸에 알맞은 낱말을 보기에서 골라 써 보세요.

보기
몰입　　지출　　출입　　출현

(1) 십수 년째 연극을 한 그는 주어진 상황에 │몰입│을 잘한다.

(2) 에너지 절약을 위해 │출입│ 시에는 꼭 문을 닫아주십시오.

(3) 사건을 본 목격자의 │출현│으로 수사가 빠르게 진행되었다.

(4) 수입보다 │지출│이 많을 경우 불필요하게 낭비되는 돈이 없는지 점검
할 필요가 있다.

2 보기의 글자로 다음 문장의 빈칸에 들어갈 낱말을 만들어 써 보세요.

보기
개　　몰　　문　　입

(1) 내가 잘 알지 못하는 일에는 최대한 │개입│을 하지 않는 것이 좋다.
　　자신과 직접적인 관계가 없는 일에 끼어듦.

(2) 피아니스트의 아름다운 연주에 관객들은 완전히 │몰입│을 하였다.
　　깊게 파고들거나 빠짐.

(3) 글쓰기 │입문│ 과정에서는 일기나 편지 같은 생활 속 글쓰기를 연습한다.
　　무엇을 배우는 길에 처음 들어섬.

확인 개수 　　/ 10　　★ 오늘 배운 한자 　支 出 入 現 介 沒 門

공부한 날　　월　　일

오늘 배운 한자를 다시 써 보세요.

飮
마실 음

食
먹을 식

오늘 배운 한자를 다시 익혀 보세요.

1 다음 대화의 빈칸에 들어갈 한자성어로 가장 알맞은 것은 무엇인가요?　　(②)

A: 요즘 학생들은 풍족하게 자라서 물건 귀한 것을 몰라요.
B: 제 생각도 그래요. 학생들이 너무 쉽게 사고 쉽게 버리는 것이 문제예요.
A: 집집마다 자녀가 한 명 혹은 두 명 정도이니 부모들도 아이들이 원하는 대로 다
　사 주고는 하잖아요.
B: 대부분의 학생들이 부족함 없이 (　　　　)하며 살고 있지요. 하지만 분명한
　건 올바른 경제관을 어릴 때부터 심어 주어야 한다는 것이에요.

① 호형호제(呼兄呼弟)　　② 호의호식(好衣好食)
③ 가가호호(家家戶戶)　　④ 박학다식(博學多識)

2 다음 한자어의 소리와 뜻을 써 보세요.

(1) 飮 食
소리: 음식
뜻: 사람이 먹고 마시는 먹거리

(2) 飽 食
소리: 포식
뜻: 배부르게 먹는 것

오늘 배운 낱말을 확인해 보세요.

1 다음 문장에 어울리는 낱말을 골라 ○표 하세요.

(1) 행사장에는 새로 나온 음료를 판매하기 위해 (⊙시음/ 과음) 행사가 열렸다.

(2) 아버지께서 저녁에 (⊙과음/ 포식)을 하셔서 얼굴이 벌게진 채로 들어오셨다.

(3) 전 세계의 (⊙음식/ 과음)을 한자리에서 맛볼 수 있는 세계 음식 축제가 열린다.

2 다음 문장의 빈칸에 알맞은 낱말을 찾아 써 보세요.

(1) 아시아권에서는 │주식│이 쌀인 나라가 많다.

　│식단│　│주식│　│포식│

(2) 몸무게를 줄이려고 야채 중심의 │식단│을 짜 보았다.

　│식단│　│주식│　│포식│

(3) 많이 먹는 과식만큼 많이 마시는 │과음│도 건강에 해롭다.

　│과음│　│시음│　│주식│

(4) │포식│을 자주 하면 위가 늘어나서 먹는 양도 늘어나게 된다.

　│식단│　│주식│　│포식│

확인 개수 　　/ 10　　★ 오늘 배운 한자　飮 食 過 試 單 主 飽

오늘 배운 한자를 다시 써 보세요.

答
대답 답

問
물을 문

오늘 배운 한자를 다시 익혀 보세요.

1 다음 한자성어의 뜻으로 알맞은 것은 무엇인가요?   (①   )

東問西答 동문서답

① 물음과는 전혀 상관없는 엉뚱한 대답을 이름.
② 묻는 말에 대답하지 않고 입을 다문 상황을 이름.
③ 묻지도 않은 말에 쓸데없이 많은 말을 하는 상황을 이름.

2 다음 밑줄 친 낱말에 해당하는 한자어를 보기 에서 찾아 써 보세요.

보기

設   問   訪   安

(1) 아버지는 매일 아침 할아버지께 <u>문안</u>을 여쭙는다. →   <u>問安</u>

(2) 예전에는 집에 물건을 들고 찾아오는 <u>방문</u> 판매가 있었다. →   <u>訪問</u>

(3) <u>설문</u> 조사로 반 아이들이 가장 좋아하는 연예인을 알아보았다. →   <u>設問</u>

오늘 배운 낱말을 확인해 보세요.

1 보기 의 글자로 다음 문장의 빈칸에 들어갈 낱말을 만들어 써 보세요.

보기

설   문   방   안

(1) 오늘은 가스 안전 점검을 위해 안전 요원이 방문 을 할 예정이다.
어떤 사람이나 장소를 찾아가서 만나거나 봄.

(2) 삼촌이 갑자기 맹장 수술을 하시는 바람에 문안 인사를 하러 병원을 찾아갔다.
윗어른께 안부를 여쭘는 것

(3) 신제품에 대한 소비자 설문 에서 전체 응답자의 60% 이상이 긍정적인 반응을 보였다.
어떤 현상을 조사하기 위해 어떤 주제에 대하여 묻는 것

2 다음 빈칸에 '답(答)'자가 들어간 낱말을 넣어 문장을 완성해 보세요.

(1) 집안에 사람이 없는지 초인종을 아무리 눌러도 응 답 이 없다.
부름이나 물음에 반응하여 답하는 것

(2) 그는 자신을 위해 노래해 준 사람들을 향해 손을 들어 화 답 을 했다.
시나 노래에 응하여 대답하는 것

(3) 낳아 주고 길러 준 부모님의 은혜에 보 답 을 하는 것은 자식된 도리이다.
입은 혜택이나 은혜를 갚는 것

 / 10    오늘 배운 한자 答 報 應 正 問 設 安 訪

오늘 배운 한자를 다시 써 보세요.

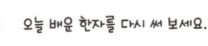

事
일 사

物
물건 물

오늘 배운 한자를 다시 익혀 보세요.

1 다음 한자성어의 뜻을 써 보세요.

見物生心 견물생심

→ <u>실제로 보게 되면 그것을 가지고 싶은 욕심이 생김.</u>

2 다음 빈칸에 알맞은 한자어를 보기 에서 찾아 써 보세요.

보기

物價   從事   物情

(1) 세상 <u>物情</u> 모르던 아이가 어느새 자라서 어른이 되었다.

(2) 치솟는 <u>物價</u> 때문에 주머니 가벼운 서민들의 근심이 늘었다.

(3) 30년 이상을 같은 직업에 <u>從事</u> 하다 보면, 자기도 모르는 사이에 그 분야의 전문가가 된다.

오늘 배운 낱말을 확인해 보세요.

1 다음 문장의 빈칸에 알맞은 낱말을 찾아 써 보세요.

(1) 다른 곳에서 자란 그는 이곳의 물정 에 어둡다.

   사물   사연   물정

(2) 그녀는 눈물을 흘리며 가족과 떨어지게 된 사연 을 이야기했다.

   사연   사업   물정

(3) 나와 동생은 편의점에 가서 물가 이/가 엄청나게 오른 것을 실감했다.

   물가   물정   물질

2 다음 문장에 어울리는 낱말을 골라 ○표 하세요.

(1) 두 사람이 다시 만나게 된 (물정 / (사연))이 궁금하다.

(2) 모든 ((사물) / 사연)은 고유한 성질과 이름을 가지고 있다.

(3) 봉사활동을 좋아하는 이모는 남을 도와주는 일에 ((종사) / 종속)를 한다.

(4) 비누는 미끄러운 성질을 가진 ((물질) / 물가)로 때를 씻어 낼 때 사용한다.

 / 10   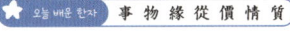 오늘 배운 한자 事 物 緣 從 價 情 質

 오늘 배운 한자를 다시 써 보세요.

言 낱말 언
話 말씀 화

 오늘 배운 한자를 다시 익혀 보세요.

1 다음 한자성어의 뜻으로 알맞은 것은 무엇인가요?   (②)

言中有骨 언중유골

① 중요한 내용을 힘주어 말함.
② 흔히 하는 말 속에 단단한 속뜻이 들어 있음.
③ 날카로운 말이 상대방에게는 씻을 수 없는 상처가 될 수 있음.

2 다음 밑줄 친 낱말에 해당하는 한자어를 보기 에서 찾아 써 보세요.

보기

失   言   助

(1) 친구의 조언을 귀담아 듣지 않은 것을 후회한다. → 助言
(2) 가벼운 농담을 하려던 것인데, 실언을 하고 말았다. → 失言

 오늘 배운 낱말을 확인해 보세요.

1 다음 문장의 빈칸에 알맞은 낱말을 찾아 써 보세요.

(1) [화술] 이 뛰어난 사람은 남을 설득하는 것을 잘한다.
    [실언]   [조언]   [화술]

(2) 이 시를 쓴 사람은 남자이지만, 작품 속 [화자] 는 여성이다.
    [관객]   [담화]   [화자]

(3) 오랜 만에 만난 친구와 시간 가는 줄 모르고 [담화] 를 나누었다.
    [담화]   [언어]   [화자]

2 다음 문장의 빈칸에 알맞은 낱말을 보기 에서 골라 써 보세요.

보기
실언   언어   조언   화자

(1) 언니는 언제나 [조언] 와/과 격려를 아끼지 않는다.
(2) 제 [실언] 을/를 너그럽게 용서해 주시기 바랍니다.
(3) [화자] 의 반대말은 듣는 이를 가리키는 청자이다.
(4) [언어] 습관을 통해 그 사람의 성격과 직업 등을 알 수 있다.

맞힌 개수 / 10   ★ 오늘 배운 한자 談 話 術 者 失 言 語 助

 오늘 배운 한자를 다시 써 보세요.

市 저자 시
場 마당 장

오늘 배운 한자를 다시 익혀 보세요.

1 다음 빈칸에 알맞은 한자를 넣어 한자성어를 완성해 보세요.

門 前成 市 문전성시
찾아오는 사람이 많아 집 문 앞이 시장을 이루다시피 함.

2 다음 밑줄 친 한자어의 소리를 써 보세요.
(1) 수다쟁이 친구의 登場에 분위기가 싸늘해졌다. → 등장
(2) 자신의 立場만 내세우다 보면 갈등이 생길 수 있다. → 입장
(3) 우리 회사는 기존의 제품을 보완하여 신제품을 出市할
    예정이다. → 출시

 오늘 배운 낱말을 확인해 보세요.

1 다음 문장의 빈칸에 알맞은 낱말을 찾아 선으로 이어 보세요.

(1) 많은 사람들이 공연을 보기 위 해 ( )에 모여들었다.   —   광장
(2) 강연자가 ( )하자 관 객석에서 환호와 박수가 흘러나 왔다.   —   출시
(3) 오랜 연구 끝에 만들어 낸 이번 제품은 ( )되자마자 순식간에 팔려 나갔다.   —   등장

2 다음 문장의 빈칸에 알맞은 낱말을 찾아 써 보세요.

(1) 사람들은 가게가 [개시] 전인데도 문 앞에 줄을 섰다.
    [개시]   [상시]   [출시]

(2) 아는 사람이라고 사정을 봐 주다가는 [입장] 이 곤란해진다.
    [광장]   [입장]   [등장]

(3) 농촌의 젊은이들이 일자리를 찾아 [도시] (으)로 몰려들었다.
    [오지]   [도시]   [촌락]

맞힌 개수 / 10   ★ 오늘 배운 한자 開 市 都 場 出 廣 登 立

오늘 배운 한자를 다시 써 보세요.

記 기록할 기
課 과정 과

오늘 배운 한자를 다시 익혀 보세요.

1 다음 한자성어의 뜻으로 알맞은 것은 무엇인가요?   (②)

博聞强記 박문강기

① 다양한 지식을 쌓아서 유식함.
② 사물을 널리 알고 이를 잘 기억함.
③ 다양한 분야에 걸쳐 깊고 넓은 지식을 가지고 있음.

2 다음 밑줄 친 낱말에 해당하는 한자어를 보기 에서 찾아 써 보세요.

보기
記   暗   表

(1) 최고의 암기 비법은 여러 번을 반복하여 읽는 것이다. → 暗記
(2) 받아쓰기를 할 때 소리 나는 대로만 표기를 하면 틀리기 쉽다. → 表記

오늘 배운 낱말을 확인해 보세요.

1 다음 문장의 빈칸에 알맞은 낱말을 찾아 써 보세요.

(1) 주민등록번호는 숫자로 [표기]를 한다.
    [과외]   [기호]   [표기]

(2) 며칠 째 아파서 학교에 가지 못한 나는 언니에게 [✓ 과외]를 받았다.
    [과외]   [암기]   [표기]

(3) 선생님은 각자 발표할 주제를 생각해 오라고 [과제]를 내어 주셨다.
    [과제]   [과외]   [일과]

2 다음 문장에 어울리는 낱말을 골라 ○표 하세요.

(1) 고대 유적에서 특이한 ((기호)/ 암기)를 발견했다.
(2) 내가 맡은 역할은 대사가 많아서 ((암기)/ 표기)를 하기 어렵다.
(3) 건강을 위해 운동을 (과외 /(일과))로 삼기로 나 자신과 약속했다.
(4) 선생님께서는 내가 쓴 글에서 (기호 /(표기))가 틀린 부분을 맞춤법에 맞게 바로잡아 주셨다.

 맞힌 개수 / 10    오늘 배운 한자   記 號 表 暗 課 外 題

오늘 배운 한자를 다시 써 보세요.

孝 효도 효
老 늙을 로(노)

오늘 배운 한자를 다시 익혀 보세요.

1 다음 한자성어의 소리와 뜻으로 알맞은 것은 무엇인가요?   (①)

男女老少

① 남녀노소(모든 사람을 이름.)
② 갑남을녀(평범한 사람들을 이름.)
③ 선남선녀(착하고 어진 사람들을 이름.)

2 다음 밑줄 친 한자어의 소리로 알맞은 것은 무엇인가요?

(1) 누구나 나이가 들면 몸의 기능이 약해지는 老化를 겪게 된다. (②)
    ① 노쇠   ② 노화   ③ 약화   ④ 저하

(2) 버스의 앞쪽에는 어르신을 위한 敬老 우대석이 마련되어 있다. (②)
    ① 경륜   ② 경로   ③ 노약   ④ 노인

(3) 부모님이 연세가 드셨다는 것이 느껴지면 저절로 孝心이 생긴다. (③)
    ① 진심   ② 근심   ③ 효심   ④ 효성

오늘 배운 낱말을 확인해 보세요.

1 다음 문장의 빈칸에 알맞은 낱말을 보기 에서 골라 써 보세요.

보기
노화   경로   원로

(1) 주름살이 생기는 것은 자연스러운 [노화] 현상이다.
(2) 그 분야에서 30년 이상 일한 사람은 [원로]로 대우받는다.
(3) 나이 드신 어르신께 자리를 양보하는 [경로] 사상은 좋은 풍속이다.

2 보기 의 글자로 다음 문장의 빈칸에 들어갈 낱말을 만들어 써 보세요.

보기
불   심   자   효

(1) 그는 정성을 다해 부모님을 모시는 것으로 보아 [효심]이 깊다.
     부모를 모시고 정성을 다하는 마음

(2) 늙고 병든 어머니를 모시는 일은 [효자]가 아니라면 쉽게 할 수 없다.
     부모를 잘 섬기는 아들

(3) 부모님이 돌아가신 후에 [불효]를 용서해 달라고 빌어 보았자 소용이 없다.
     부모님을 정성껏 잘 섬기지 않고 자식의 역할을 잘하지 못함.

 맞힌 개수 / 10   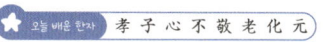 오늘 배운 한자   孝 子 心 不 敬 老 化 元

오늘 배운 한자를 다시 써 보세요.

姓 성씨 성

名 이름 명

오늘 배운 한자를 다시 익혀 보세요.

1 다음 속담과 어울리는 한자성어는 무엇인가요?　　(①)

소문난 잔치에 먹을 것 없다

① 有名無實(유명무실)　　② 有口無言(유구무언)
③ 唯一無二(유일무이)　　④ 有備無患(유비무환)

2 다음 밑줄 친 한자어의 소리를 써 보세요.
(1) 내가 억울한 陋名을 쓰게 되자 친구가 내 편을 들어주었다. → 누명
(2) 쓰레기를 아무 데나 버린 사람에 대해 匿名의 신고가 들어왔다. → 익명

오늘 배운 낱말을 확인해 보세요.

1 다음 문장의 빈칸에 알맞은 낱말을 보기에서 골라 써 보세요.

보기
누명　　성함　　통성명　　집성촌

(1) 새로 오신 선생님께서 성함 을 알려 주셨다.
(2) 동생은 억울하게 거짓말을 했다는 누명 을 썼다.
(3) 저 마을은 같은 성을 가진 사람들이 모여 사는 집성촌 이다.
(4) 나는 새로 바뀐 짝과 아직 통성명 도 하지 못한 채 어색하게 앉아 있다.

2 다음 문장에 어울리는 낱말을 골라 ○표 하세요.
(1) 몇 년째 (누명 / (익명))의 후원자가 봉사 단체를 돕고 있다.
(2) 나는 (익명 / (누명))을 벗기 위해서라면 무엇이든 할 것이다.
(3) 반장은 학교의 ((명예) / 명언)을/를 걸고 축구 경기의 대표 선수로 출전했다.

림빈 개수 / 10　　★ 오늘 배운 한자 姓 衝 集 村 通 名 陋 譽 匿

오늘 배운 한자를 다시 써 보세요.

男 사내 남

子 아들 자

오늘 배운 한자를 다시 익혀 보세요.

1 다음 한자성어의 소리와 뜻으로 알맞은 것은 무엇인가요?　　(①)

甲男乙女

① 갑남을녀(평범한 사람들을 이름.)
② 남녀노소(남자와 여자, 늙은이와 젊은이, 곧 모든 사람을 이름.)
③ 남남북녀(남자는 남쪽 지방 사람이 잘나고 여자는 북쪽 지방 사람이 고움.)

2 다음 밑줄 친 한자어의 소리를 써 보세요.
(1) 사촌 언니의 得男 소식에 온 가족이 기뻐했다. → 득남
(2) 君子는 다른 사람과의 신뢰를 쉽게 저버리지 않는다. → 군자
(3) 아버지는 가난한 집안의 次男으로 태어나 해 보지 못한 것이 많았다. → 차남

오늘 배운 낱말을 확인해 보세요.

1 보기의 글자로 다음 문장의 빈칸에 들어갈 낱말을 만들어 써 보세요.

보기
자 식 종 군

(1) 본래 식물은 종자 가 좋아야 많은 열매를 맺는다.
식물의 씨
(2) 다른 사람을 내 몸과 같이 사랑하라는 것은 군자 의 가르침이다.
행동이 점잖고 슬기로우며 덕과 지식이 높은 사람
(3) 할아버지께서 자식 에게 남겨 준 가장 큰 유산은 지혜와 성실함이다.
부모가 낳은 아들과 딸

2 다음 문장의 빈칸에 알맞은 낱말을 보기에서 골라 써 보세요.

보기
득남 남매 차남

(1) 오빠와 나는 호흡이 척척 맞는 의좋은 남매 이다.
(2) 어머니가 득남 을/를 했다는 소식에 할머니께서 뛸 듯이 기뻐하셨다.
(3) 쌍둥이로 태어난 우리 형제 중에서 일 분 늦게 태어난 나는 차남 이다.

받힌 개수 / 10　　★ 오늘 배운 한자 子 息 君 種 男 妹 得 次

 오늘 배운 한자를 다시 써 보세요.

家　집 가
族　겨레 족

 오늘 배운 한자를 다시 익혀 보세요.

1 다음 한자성어의 뜻으로 알맞은 것은 무엇인가요?　　　(③)

自手成家 자수성가

① 자기가 한 일을 스스로 자랑함.
② 거침없이 자기 마음대로 할 수 있음.
③ 자기 혼자의 힘으로 집안을 일으키고 재산을 모음.

2 다음 밑줄 친 낱말에 해당하는 한자어를 보기에서 찾아 써 보세요.

보기
家　　親　　族

(1) 아버지와 어머니, 그리고 나와 동생은 한 가족이다. → 家族
(2) 친족 간이라도 자주 만나지 않으면 남보다 먼 사이가 된다. → 親族

42 · 똑똑 초등 한자 어휘

 오늘 배운 낱말을 확인해 보세요.

1 다음 문장에 어울리는 낱말을 골라 ○표 하세요.

(1) 아무래도 (유족 /〔친족〕) 간에는 서로 닮은 구석이 있다.
(2) 이번 사고의 책임자가 (족보 /〔유족〕) 앞에서 무릎을 꿇었다.
(3) 아버지가 일찍 돌아가셔서 서윤이에게 남은 (〔가족〕/ 가훈)은 어머니뿐이다.
(4) 어머니는 저녁 아홉 시가 되도록 일을 하느라 (〔귀가〕/ 출가)를 하지 못하셨다.

2 다음 문장의 빈칸에 알맞은 낱말을 찾아 써 보세요.

(1) 우리 집의 ｜ 가훈 ｜은 '성실과 끈기'이다.

｜ 가족 ｜　｜ 가훈 ｜　｜ 친족 ｜

(2) 할아버지께서 ｜ 족보 ｜에 적힌 내 이름을 보여 주셨다.

｜ 족보 ｜　｜ 유족 ｜　｜ 가훈 ｜

(3) 명절을 앞두고 차례를 지내기 위해 가까운 ｜ 친족 ｜이/가 모였다.

｜ 족보 ｜　｜ 친족 ｜　｜ 가훈 ｜

 맞힌 개수 ／ 10　 오늘 배운 한자 家 族 訓 歸 遺 譜 親

 오늘 배운 한자를 다시 써 보세요.

自　스스로 자
身　몸 신

 오늘 배운 한자를 다시 익혀 보세요.

1 다음 한자성어의 소리와 뜻으로 알맞은 것은 무엇인가요?　　　(①)

自業自得

① 자업자득(자기가 저지른 일의 결과를 자기가 받게 됨.)
② 자승자박(자기가 한 말과 행동에 자기 자신이 얽혀 곤란하게 됨.)
③ 자가당착(같은 사람의 말이나 행동이 앞뒤가 서로 맞지 아니하고 모순됨.)

2 다음 밑줄 친 한자어의 소리를 써 보세요.

(1) 나이가 들면 心身이 약해지기 마련이다. → 심신
(2) 친구 노진이에게 진 身世를 잊지 않고 꼭 갚겠다. → 신세
(3) 대부분 감기 몸살을 앓기 전에는 自覺 증상이 있다. → 자각

44 · 똑똑 초등 한자 어휘

오늘 배운 낱말을 확인해 보세요.

1 다음 문장의 빈칸에 알맞은 낱말을 보기에서 골라 써 보세요.

보기
심신　　신세　　망신

(1) 다리를 다쳐서 친구들에게 큰 ｜ 신세 ｜을/를 졌다.
(2) ｜ 심신 ｜을/를 안정시키는 데에는 고전 음악만큼 좋은 것이 없다.
(3) 우리는 나영이가 잘난 체하는 꼴이 보기 싫어 ｜ 망신 ｜을/를 주려고 단단히 벼르고 있다.

2 보기의 글자로 다음 문장의 빈칸에 들어갈 낱말을 만들어 써 보세요.

보기
각　　부　　신　　자

(1) 사람들은 ｜ 자신 ｜의 운명에 대해 한 치 앞도 알지 못한다.
　　　　　　자기 스스로
(2) 영우는 발표 시간이 지났다는 ｜ 자각 ｜을 하고 재빨리 발표를 마쳤다.
　　　　　　자기의 입장을 스스로 깨달음.
(3) 선생님께서는 아이들을 가르치는 일에 상당한 ｜ 자부 ｜를 가지고 계신다.
　　　　　　스스로 그 가치나 능력을 믿고 마음을 당당히 가짐.

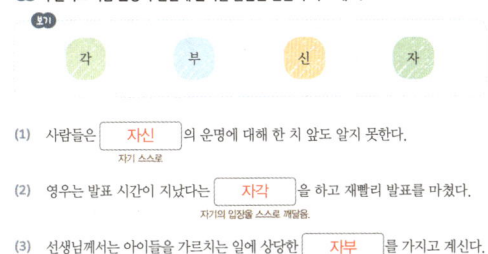 맞힌 개수 ／ 10　 오늘 배운 한자 自 身 覺 負 亡 世 心

오늘 배운 한자를 다시 써 보세요.

口 입 구

目 눈 목

 오늘 배운 한자를 다시 익혀 보세요.

1 다음 소리와 뜻에 알맞은 한자성어는 무엇인가요?　　　(②)

유구무언
변명할 말이 없거나 변명을 못함.

① 有備無患
② 有口無言
③ 有名無實
④ 有耶無耶

2 다음 밑줄 친 낱말에 알맞은 한자어는 무엇인가요?

(1) 여러 번 약속에 늦어서 면목이 없다.　　　(①)
① 面目　② 科目　③ 注目　④ 耳目

(2) 갓 지은 흰쌀밥을 보니 구미가 당겼다.　　　(③)
① 口腔　② 口傳　③ 口味　④ 口舌

(3) 현장을 조사하던 형사는 범인이 남긴 발자국에 주목을 했다. (③)
① 朱木　② 朱穆　③ 注目　④ 州牧

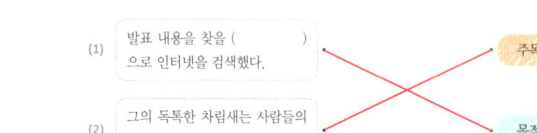 오늘 배운 낱말을 확인해 보세요.

1 다음 문장의 빈칸에 알맞은 낱말을 찾아 선으로 이어 보세요.

(1) 발표 내용을 찾을 (　　) 으로 인터넷을 검색했다.

(2) 그의 독특한 차림새는 사람들의 (　　)을 끌었다.

(3) 이어 달리기에서 꼴찌를 했으니 무슨 (　　)으로 친구들을 볼까?

· 주목
· 목적
· 면목

2 다음 문장의 빈칸에 알맞은 낱말을 골라 써 보세요.

(1) 판소리는 **구전** 되어 내려오는 우리 노래이다.
구미　　구두　　구전

(2) 동생은 내가 책을 읽는 동안 조용히 하기로 **구두** (으)로 약속했다.
구미　　구두　　구전

(3) 김치찌개와 된장찌개는 한국 사람의 **구미** 에 맞는 대표적인 음식이다.
구미　　구두　　구전

 맞힌 개수　　/ 10　　 오늘 배운 한자　口 頭 味 傳 面 目 的 注

 오늘 배운 한자를 다시 써 보세요.

手 손 수

足 발 족

 오늘 배운 한자를 다시 익혀 보세요.

1 다음 한자성어의 뜻으로 알맞은 것은 무엇인가요?　　　(②)

束手無策 속수무책

① 손을 쓰느니 오히려 가만히 두는 것이 더 나음.
② 손을 묶은 것처럼 어찌할 도리가 없어 꼼짝 못 함.
③ 자신이 저지른 일에 아무런 책임을 지지 않고 모른 척함.

2 다음 밑줄 친 낱말에 해당하는 한자어를 보기 에서 찾아 써 보세요.

보기

手　　足　　洽

(1) 그는 주어진 상황에 흡족해하며 방긋 웃어 보였다. → 洽足

(2) 날씨가 나빠서 공장에 수족이 묶인 신세가 되어 버렸다. → 手足

오늘 배운 낱말을 확인해 보세요.

1 다음 문장의 빈칸에 알맞은 낱말을 보기 에서 골라 써 보세요.

보기

수기　　수족　　착수

(1) 관찰 보고서를 쓰기 위해 하천 조사에 **착수** 을/를 하였다.

(2) 반 친구가 봉사 활동을 하고 쓴 체험 **수기** 을/를 읽고 깊은 감명을 받았다.

(3) 병세가 악화되어 **수족** 을/를 움직일 수 없음에도 그는 밝은 모습을 잃지 않았다.

2 다음 문장에 어울리는 낱말을 골라 ○표 해 보세요.

(1) 아버지는 의젓하게 자란 아들의 모습에 (흡족 / 족적)해했다.

(2) 급식을 다 먹고도 (부족 / 흡족)한 사람은 배식을 더 받아도 된다.

(3) 정부는 홍수로 인해 피해가 발생하자 대책 마련에 (수기 / 착수)를 했다.

(4) 하얀 눈길 위에 남겨진 (족적 / 부족)을 따라가다 보니 외딴 마을이 보였다.

맞힌 개수　　/ 10　　오늘 배운 한자　手 足 記 着 不 蹟 洽

오늘 배운 한자를 다시 써 보세요.

世 인간 세

界 지경 계

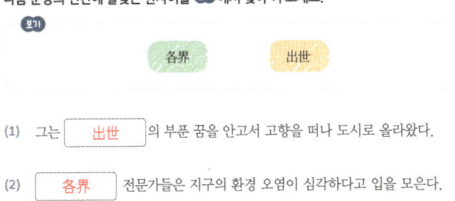 오늘 배운 한자를 다시 익혀 보세요.

1 다음 한자성어의 소리와 뜻으로 알맞은 것은 무엇인가요?　　　　　（ ③ ）

曲學阿世

① 세상만사(세상에서 일어나는 모든 일)
② 입신출세(성공하여 세상에 이름을 펼침.)
③ 곡학아세(바른길에서 벗어난 학문으로 세상 사람에게 아첨함.)

2 다음 문장의 빈칸에 알맞은 한자어를 보기에서 찾아 써 보세요.

보기
各界　　　出世

(1) 그는　出世　의 부푼 꿈을 안고서 고향을 떠나 도시로 올라왔다.

(2) 各界　전문가들은 지구의 환경 오염이 심각하다고 입을 모은다.

 오늘 배운 낱말을 확인해 보세요.

1 보기의 글자로 다음 문장의 빈칸에 들어갈 낱말을 만들어 써 보세요.

보기
각　계　경　세　한

(1) 계속되는 무더위를 버티기에 내 인내심은　한계　에 다다랐다.
　　사물이나 능력, 책임 따위가 실제 작용할 수 있는 범위

(2) 조선 시대의 과학자 장영실은　세계　최초로 측우기를 발명하였다.
　　지구상의 모든 나라

(3) 산불로 살 곳을 잃은 사람들에게　각계　에서 후원이 잇따르고 있다.
　　사회의 여러 분야

(4) 얼굴 눈썹 위로부터 머리털이 난 부분을　경계　로 이마를 구분한다.
　　지역이나 기준이 구분되는 한계

2 다음 문장의 빈칸에 알맞은 낱말을 찾아 써 보세요.

(1) 걸어서　세계　여행을 하는 것은 나의 오랜 꿈이다.

　세계　　세속　　출세

(2) 우리 가족은　세속　에 따라 설날에 모여 떡국을 먹었다.

　세계　　세속　　출세

(3) 공부가 높은 자리에 오르기 위한　출세　의 수단이 되어서는 안 된다.

　세계　　각계　　출세

맞힌 개수　/ 10　★ 오늘 배운 한자　世 界 俗 出 各 境 限

 오늘 배운 한자를 다시 써 보세요.

工 장인 공

功 공 공

 오늘 배운 한자를 다시 익혀 보세요.

1 다음 소리와 뜻에 알맞은 한자성어는 무엇인가요?　　　　　（ ① ）

형설지공
고생을 하면서 부지런하고 꾸준하게 공부하는 자세

① 螢雪之功　　　② 論功行賞
③ 富貴功名　　　④ 他山之石

2 다음 밑줄 친 낱말에 알맞은 한자어는 무엇인가요?

(1) 실패는 成功의 어머니이다.　　　　　　　　　　（ ③ ）
　　① 공로　　② 대성　　③ 성공　　④ 성장

(2) 시장은 어린이를 구한 용감한 시민의 功勞를 표창하였다.　（ ② ）
　　① 공구　　② 공로　　③ 경로　　④ 원로

(3) 작가는 功名을 좇아 세월을 헛되이 보낸 것을 후회하였다.　（ ① ）
　　① 공명　　② 영광　　③ 성공　　④ 목적

오늘 배운 낱말을 확인해 보세요.

1 다음 문장의 빈칸에 알맞은 낱말을 찾아 써 보세요.

(1)　성공　한 사람 중에는 자기와의 약속을 잘 지키는 사람들이 많다.

　가공　　공로　　성공

(2) ○○ 김치 공장은 모든 생산　공정　에서 철저하게 위생을 지킨다.

　가공　　공명　　공정

(3) 전교 어린이 회장이었던 희정이는　공로　을/를 인정받아 졸업식에서 표창장을 받았다.

　가공　　공로　　공정

2 다음 문장에 어울리는 낱말을 골라 ○표 해 보세요.

(1) 이 장난감 로봇은 (공구 / 공로)가 없어도 쉽게 조립할 수 있다.

(2) 옛날에는 높은 신분을 가지고 태어나면 부귀와 (공정 / 공명)을 누렸다.

(3) 목재의 (가공 / 공구) 기술이 발달하여 물과 불에 강한 가구들이 생산되고 있다.

맞힌 개수　/ 10　★ 오늘 배운 한자　加 工 具 程 功 勞 名 成

공부한 날   월   일

오늘 배운 한자를 다시 써 보세요.

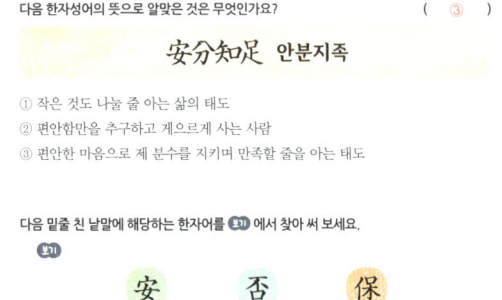

便 편할 편

安 편안 안

오늘 배운 한자를 다시 익혀 보세요.

1 다음 한자성어의 뜻으로 알맞은 것은 무엇인가요?   (③)

安分知足 안분지족

① 작은 것도 나눌 줄 아는 삶의 태도
② 편안함만을 추구하고 게으르게 사는 사람
③ 편안한 마음으로 제 분수를 지키며 만족할 줄 아는 태도

2 다음 밑줄 친 낱말에 해당하는 한자어를 보기 에서 찾아 써 보세요.

보기
安   否   保

(1) 경보음이 울리자 보안 업체에서 오 분만에 출동했다.   → 保安
(2) 오늘은 시골에 계신 할머니께 안부 편지를 쓰기로 했다.   → 安否

오늘 배운 낱말을 확인해 보세요.

1 보기 의 낱말 중 다음 문장의 빈칸에 알맞은 낱말을 골라 써 보세요.

보기
방편   편법   편리   안부

(1) 로봇 청소기가 등장하며 청소가 한결 편리 해졌다.
(2) 작은 놀이라도 편법 을/를 쓰지 않고 공정하게 겨루어야 한다.
(3) 다리를 다쳐서 걷지 못하고 당분간 다른 방편 (으)로 학교에 가야 했다.
(4) 잘 지내는지 안부 을/를 묻는 동생의 목소리에서 다정함이 느껴졌다.

2 보기 의 글자로 다음 문장의 빈칸에 들어갈 낱말을 만들어 써 보세요.

보기
락   보   부   안

(1) 군사 정보는 비밀을 지켜야 하는 보안 사항이다.
　　안전을 유지하는 것
(2) 영상 통화로 외국에 있는 친구의 안부 를 물었다.
　　어떤 사람이 편안하게 잘 지내고 있는지에 대한 소식
(3) 왕은 자신의 안락 만 생각하고 백성의 처지는 돌볼 줄 몰랐다.
　　몸과 마음이 편안하고 즐거운 상태

딱한 개수   / 10

오늘 배운 한자 方 便 利 法 安 樂 否 保

공부한 날   월   일

오늘 배운 한자를 다시 써 보세요.

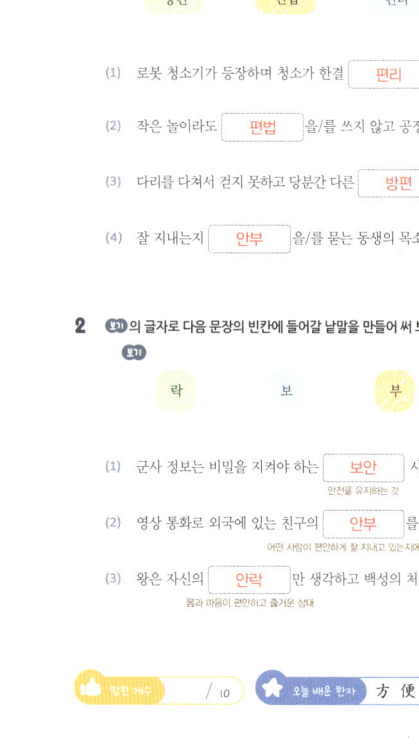

平 평평할 평

和 화할 화

오늘 배운 한자를 다시 익혀 보세요.

1 다음 한자성어의 소리와 뜻을 참고하여 빈칸에 들어갈 한자를 써 보세요.

平 地風波 평지풍파

뜻밖에 일어난 혼란스러움

2 다음 밑줄 친 한자어의 소리를 써 보세요.

(1) 우리 식구는 집안일을 公平하게 나누었다.   → 공평
(2) 감염병에 대한 통제가 緩和되자 해외 여행객이 늘어났다.   → 완화
(3) 연주자의 악기 소리와 가수의 노래 소리가 調和를 이루었다.   → 조화

오늘 배운 낱말을 확인해 보세요.

1 다음 문장에 어울리는 낱말을 골라 ○표 하세요.

(1) 해영이와 나의 우정은 (일순간 / 일평생) 오래도록 이어질 것이다.
(2) 판사가 판결을 내릴 때에는 (공명 / 공평)을 유지하도록 힘써야 한다.
(3) 남과 북이 갈린 우리나라 지도를 보며 (완화 / 평화)의 소중함을 깨달았다.

2 다음 문장의 빈칸에 알맞은 낱말을 찾아 써 보세요.

(1) 그림을 그릴 때는 인물과 배경의 조화 를 생각해야 한다.

| 조화 | 중화 | 완화 |

(2) 발표가 끝나서 긴장이 완화 되자 갑자기 다리에 힘이 빠졌다.

| 조화 | 완화 | 융화 |

(3) 나와 다투고 나서 윤정이가 먼저 화해 를 청했을 때 얼마나 고마웠는지 모른다.

| 조화 | 완화 | 화해 |

맞힌 개수   / 10

오늘 배운 한자 平 和 公 一 生 緩 調 解

오늘 배운 한자를 다시 써 보세요.

死 죽을 사

生 날 생

 오늘 배운 한자를 다시 익혀 보세요.

1 다음 이야기 속 등장인물의 상황과 어울리는 한자성어는 무엇인가요? (　②　)

　나는 만주에서 독립 운동을 할 때, 총에 세 번이나 맞았소. 하지만 목숨만은 겨우 건질 수 있었지. 여기 가슴과 옆구리에 있는 흉터가 바로 그것이오. 독립 자금을 구하기 위해 만주에서 일본으로 건너갔을 때는 기차가 탈선하는 사고가 발생했소. 하지만 그때도 나는 살아남았지. 하루에도 열두 번씩 죽을 고비를 넘겼소. 우리나라가 마침내 광복을 맞이했을 때, 그동안 겪어 온 수많은 일들이 눈앞을 스쳐 가며 나는 뜨거운 눈물을 흘리지 않을 수 없었소.

① 각자도생(各自圖生)　　② 구사일생(九死一生)
③ 문전성시(門前成市)　　④ 자수성가(自手成家)

2 다음 짝 지어진 한자의 관계가 나머지와 다른 것은 무엇인가요? (　④　)

① 대(大) / 소(小)　　② 생(生) / 사(死)
③ 장(長) / 단(短)　　④ 학(學) / 교(敎)

 오늘 배운 낱말을 확인해 보세요.

1 보기 의 글자로 다음 문장의 빈칸에 들어갈 낱말을 만들어 써 보세요.

보기

결　　사　　생　　수　　적　　망

(1) 응급 처치로 환자의 **생사** 가 달라지기도 한다.
　　　　　　　　　　　실과 죽음

(2) 병에 걸린 환자는 수술 도중에 결국 **사망** 하고 말았다.
　　　　　　　　　　　　　　사람이 죽음.

(3) 우리 군은 적군이 들어오지 못하도록 끝까지 성문을 **사수** 했다.
　　　　　　　　　　　　　　　　　죽음을 무릅쓰고 지킴.

(4) 주민들은 마을에 들어서는 쓰레기 처리장 건설에 **결사적** (으)로 반대했다.
　　　　　　　　　　　　　　　　　죽기를 각오하고 있는 힘을 다할 것을 결심하는 것

2 다음 문장에 어울리는 낱말을 골라 ○표 하세요.

(1) 지진이 처음 (파생 /(발생))한 것은 일본 해역 쪽이었다.
(2) 강아지를 잃어버려서 강아지의 ((생사)/ 발생)을/를 알 수 없다.
(3) 골키퍼인 호준이는 우리 반의 우승을 위해 골문을 (사망 /(사수))했다.
(4) 대형 은행들이 무너지자 여러 가지 심각한 경제 문제가 (사수 /(파생))되었다.

 맞힌 개수　　/ 10　　★ 오늘 배운 한자　死 亡 守 決 的 發 生 派

 오늘 배운 한자를 다시 써 보세요.

活 살 활

住 살 주

 오늘 배운 한자를 다시 익혀 보세요.

1 다음 한자성어의 알맞은 뜻은 무엇인가요? (　②　)

死中求活 사중구활

① 죽음을 앞두고 살아왔던 길을 돌아봄.
② 죽을 수밖에 없는 처지에서 한 가닥 살길을 찾음.
③ 죽기를 각오하고 있는 힘을 다하여 나라의 은혜에 보답함.

2 다음 밑줄 친 낱말에 해당하는 한자어를 보기 에서 찾아 써 보세요.

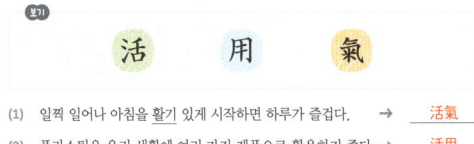

보기

活　　用　　氣

(1) 일찍 일어나 아침을 활기 있게 시작하면 하루가 즐겁다. → **活氣**
(2) 플라스틱은 우리 생활에 여러 가지 제품으로 활용하기 좋다. → **活用**

오늘 배운 낱말을 확인해 보세요.

1 다음 문장의 빈칸에 알맞은 낱말을 찾아 써 보세요.

(1) 길고양이는 **주거** 하는 곳이 일정하지 않다.
　　주차　　　재활　　　주거

(2) ○○ 시청이 도시의 중심으로 **이주** 하려고 이삿짐을 꾸리고 있다.
　　활기　　　활용　　　이주

(3) 할아버지는 한적한 산골 마을에 **안주** 하며 조용하게 살기를 언제나 꿈꿔 왔다.
　　안전　　　안주　　　주변

2 다음 문장에 어울리는 낱말을 골라 ○표 하세요.

(1) 작아진 양말을 ((활용)/ 환기)하여 인형을 만들었다.
(2) 꾸준하게 운동하면 ((활기)/ 재활)을/를 되찾을 수 있다.
(3) 운동으로 생긴 부상은 치료만큼 ((재활)/ 활용)도 중요하다.
(4) 산업화 시대에는 많은 사람들이 시골에서 도시로 (거주 /(이주))하였다.

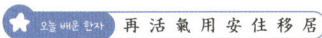 맞힌 개수　　/ 10　　★ 오늘 배운 한자　再 活 氣 用 安 住 移 居

30문항 / 30분 시험 / 시험 일자: _____ 년 ____ 월 ____ 일

성명 (   )

정답과 해설 • 32쪽

문제 1-4

다음 밑줄 친 漢字語한자어를 •보기•에서 찾아 그 번호를 쓰세요.

— 보기 —
① 男妹   ② 次男   ③ 家族   ④ 親族

(1) 우리 두 사람은 남매이다.   (①)
(2) 명절에는 친족들이 만난다.   (④)
(3) 그는 가족의 품이 그리웠다.   (③)
(4) 둘째 아들로 태어난 나는 우리 집 차남이다.
                                       (②)

문제 9-14

다음 漢字한자의 訓(훈: 뜻)과 音(음: 소리)을 쓰세요.

┌─────────────────┐
│ 字 → 글자 자   │
└─────────────────┘

(9) 間   (사이 간)
(10) 孝   (효도 효)
(11) 話   (말씀 화)
(12) 路   (길 로)
(13) 老   (늙을 로)
(14) 活   (살 활)

문제 19-22

다음 訓(훈: 뜻)과 音(음: 소리)에 맞는 漢字한자를 •보기•에서 골라 그 번호를 쓰세요.

— 보기 —
① 長   ② 姓   ③ 物   ④ 便

(19) 길 장   (①)
(20) 물건 물   (③)
(21) 성씨 성   (②)
(22) 편할 편   (④)

문제 29-30

다음 漢字한자의 진하게 표시한 획은 몇 번째 쓰는지 •보기•에서 찾아 그 번호를 쓰세요.

— 보기 —
① 첫 번째   ② 두 번째
③ 세 번째   ④ 네 번째
⑤ 다섯 번째   ⑥ 여섯 번째
⑦ 일곱 번째   ⑧ 여덟 번째
⑨ 아홉 번째   ⑩ 열 번째

(29) 後   (⑦)

(30) 記   (⑧)

문제 5-8

다음 뜻에 알맞은 漢字語한자어를 •보기•에서 찾아 그 번호를 쓰세요.

— 보기 —
① 同時   ② 常侍   ③ 正午   ④ 深夜

(5) 깊은 밤.   (④)
(6) 낮 열두 시.   (③)
(7) 같은 때나 시기.   (①)
(8) 특별한 일이 없는 보통 때. (②)

문제 15-18

다음 漢字한자의 상대 또는 반대되는 漢字를 •보기•에서 골라 그 번호를 쓰세요.

— 보기 —
① 死   ② 地   ③ 問   ④ 入

(15) 出 ↔ (④)
(16) 天 ↔ (②)
(17) 生 ↔ (①)
(18) 答 ↔ (③)

계속

문제 23-28

다음 밑줄 친 한자어의 讀音(독음: 읽는 소리)을 쓰세요.

┌─────────────────┐
│ 漢字 → 한자   │
└─────────────────┘

(23) 너 自身을 알라.   (자신)
(24) 어머니가 飮食을 만드셨다. (음식)
(25) 언니가 동생을 手足처럼 부린다. (수족)
(26) 市場에는 물건을 사고파는 사람들이 모인다.
                             (시장)
(27) 그는 도움을 요청하기 위해 左右를 살폈다.
                             (좌우)
(28) 이번 행사에는 이삼십 명 內外의 사람들이 참
     석했다.   (내외)

수고하였습니다.